建築デザインと環境計画

柏 原 士 郎

編著

朝倉書店

［編集・執筆者］

柏原士郎(かしはらしろう)　武庫川女子大学生活環境学部生活環境学科教授
　　　　　　　　　　　　大阪大学名誉教授

［執筆者］

田中直人(たなかなおと)　摂南大学工学部建築学科教授

吉村英祐(よしむらひでまさ)　大阪大学大学院工学研究科地球総合工学専攻助教授

横田隆司(よこたたかし)　大阪大学大学院工学研究科地球総合工学専攻教授

増田敬彦(ますだたかひこ)　増田敬彦一級建築士事務所代表

飯田　匡(いいだただす)　大阪大学大学院工学研究科地球総合工学専攻助手

木多彩子(きたあやこ)　摂南大学工学部建築学科助教授

阪田弘一(さかたこういち)　京都工芸繊維大学工芸学部造形学科助教授

佐野こずえ(さの)　大阪大学大学院工学研究科地球総合工学専攻

はじめに

　光，風，水などなくして人間は生存しえません．しかし，それらの自然の恵みは，人間にとって脅威ともなります．恵みを可能な限り享受し，脅威を防ぐことが建築デザインの基本です．人類はこれまで，より快適な環境を求めて建築空間を創造してきました．近年の設備機器による環境制御技術のめざましい発達により，外部環境から隔絶した快適な内部環境を生み出すことも可能になってきました．しかし，設備機器による人工環境が，人間の生理や心理に与える影響は十分に解明されているわけではありません．また，世界的に問題となっている地球環境やエネルギー・資源問題からも，可能な限り自然と共生する建築環境の計画が強く求められています．

　この本は，このような現代社会が抱える環境に対する認識をベースにして，建築設計の初学者や建築デザイナーを目指す人達を対象にした環境計画の入門書です．建築をデザインするうえで知っておかなければならない光や風の特性，建築との関係などを建築デザインの立場から提供しようとして編集しました．

　この本は8つの章から構成されていますが，環境計画に関わるキーワードを解説するかたちをとりましたので，どこから読み始めてもかまいません．また，そのときに必要としている部分だけを読んで利用するのもよいでしょう．

　理解を助けるために可能な限り写真や図表を掲載しました．風土に根ざした合理性に富んだ建築をじっくり眺め，先人の知恵を読み取っていただきたい．また，現代の最先端を行く優れた建築家も環境条件を建築デザインに生かす術を心得ています．自然環境に真正面から対峙し，いかにして自分のデザインに積極的に取り込んでいるか，大いに参考にしてください．

　筆者らは，1994年に建築デザインの立場から構造計画に関する基礎知識を提供する「建築デザインと構造計画」（朝倉書店）を出版しました．本書はその姉妹書です．いずれも，建築は総合芸術であると同時にあらゆる技術を総合化したもので，専門分化した知識と共に横断的な知識が必要である，という認識から生まれたものです．しかし，所期の目的が十分に達成できたかははなはだ疑問です．お気付きの点など，読者諸兄からご教示をいただくことができますれば幸いです．

　最後になりましたが，写真や図版などの資料を引用，掲載させていただいた，豊田政男大阪大学大学院教授，桑野園子同教授はじめ多くの方々に対し厚く御礼申し上げます．

　また，資料収集・作成に協力いただいた大学院生諸君，編集をご担当いただいた朝倉書店の方々，そのほか多くの皆様のお世話になりました．著者を代表して，これらすべての方々に心から感謝の意を捧げます．

2005年4月

柏原士郎

目　　　次

1. 建築と環境 ……………………………………………………（柏原士郎）　1
   1.1 環境とは何か ……………………………………………………　2
   1.2 環境倫理学の3つの主張 …………………………………………　3
   1.3 環境の目標 ………………………………………………………　3
   1.4 環境と建築の関係をどう捉えるか ………………………………　5
   1.5 人間の密度と環境 ………………………………………………　9
2. 建築の構成要素と環境 ………………………………………（柏原士郎）　15
   2.1 屋根のデザインと環境 …………………………………………　16
      2.1.1 屋根の機能 …………………………………………………　16
      2.1.2 天井の機能 …………………………………………………　17
      2.1.3 気候・風土と屋根の形態 …………………………………　18
      2.1.4 特殊な屋根 …………………………………………………　21
      2.1.5 屋根のトラブルと対策 ……………………………………　22
   2.2 壁のデザインと環境 ……………………………………………　24
      2.2.1 壁の分類 ……………………………………………………　24
      2.2.2 壁の機能と種類 ……………………………………………　24
      2.2.3 気候・風土と壁 ……………………………………………　28
      2.2.4 壁の材料と性能 ……………………………………………　28
      2.2.5 壁面緑化 ……………………………………………………　30
   2.3 窓・開口のデザインと環境 ……………………………………　31
      2.3.1 窓の機能 ……………………………………………………　31
      2.3.2 窓の分類と名称 ……………………………………………　36
      2.3.3 気候・風土と窓 ……………………………………………　36
      2.3.4 窓の形態と変遷 ……………………………………………　38
      2.3.5 窓の弱点を防ぐ方法 ………………………………………　41
   2.4 床のデザインと環境 ……………………………………………　45
      2.4.1 床の機能と性能 ……………………………………………　45
      2.4.2 気候・風土と床 ……………………………………………　47
      2.4.3 床の高さ ……………………………………………………　48
      2.4.4 床の勾配 ……………………………………………………　52
      2.4.5 床の構成と仕上げ …………………………………………　55
3. 環境要素と建築のデザイン ……………………………………　59
   3.1 光と建築デザイン ………………………………………（飯田　匡）　60
      3.1.1 自然の光と影 ………………………………………………　60
      3.1.2 光をデザインする …………………………………………　61
      3.1.3 屋内照明 ……………………………………………………　63

	3.1.4　都市照明と夜間景観 ……………………………………………………	66
3.2	音と建築デザイン ……………………………………………（飯田　匡）	68
	3.2.1　音　響 ……………………………………………………………………	68
	3.2.2　音響設計の実際 …………………………………………………………	69
	3.2.3　騒音と遮音 ………………………………………………………………	71
	3.2.4　様々な音の利用 …………………………………………………………	73
3.3	空気と建築デザイン …………………………………………（木多彩子）	76
	3.3.1　自然の風 …………………………………………………………………	76
	3.3.2　人工気流 …………………………………………………………………	78
	3.3.3　におい ……………………………………………………………………	80
3.4	熱と建築デザイン ……………………………………………（木多彩子）	83
	3.4.1　断熱効果 …………………………………………………………………	83
	3.4.2　室温調整 …………………………………………………………………	84
	3.4.3　ヒートアイランド現象 …………………………………………………	87
3.5	色と建築デザイン ……………………………………………（佐野こずえ）	89
	3.5.1　色の表現 …………………………………………………………………	89
	3.5.2　色の心理的作用 …………………………………………………………	89
	3.5.3　色の社会的作用 …………………………………………………………	90
	3.5.4　色彩と空間 ………………………………………………………………	91
	3.5.5　色彩と景観 ………………………………………………………………	91
3.6	水と建築デザイン ……………………………………………（阪田弘一）	93
	3.6.1　生活と水 …………………………………………………………………	93
	3.6.2　水廻り ……………………………………………………………………	93
	3.6.3　触れ合える水 ……………………………………………………………	95
	3.6.4　ランドスケープと水 ……………………………………………………	95
	3.6.5　アミューズメント空間と水 ……………………………………………	96
	3.6.6　生物とのふれあいの場 …………………………………………………	96
	3.6.7　水への対処 ………………………………………………………………	97
	3.6.8　地球環境と水対策 ………………………………………………………	98
3.7	緑──植栽 ……………………………………………………（柏原士郎）	99
	3.7.1　環境計画と緑 ……………………………………………………………	99
	3.7.2　造園空間と緑 ……………………………………………………………	99
	3.7.3　緑と建築 …………………………………………………………………	100
	3.7.4　緑の特性と造園計画 ……………………………………………………	101
4. 省エネルギーと建築デザイン ………………………………………（横田隆司）		103
4.1	現代建築に求められる省エネルギーデザイン …………………………………	104

目次

- 4.2 自然エネルギーを利用した省エネルギーデザイン …………………… 107
- 4.3 エネルギー負荷を軽減する省エネルギーデザイン …………………… 109
- 4.4 オフィスビルの省エネルギーデザイン ………………………………… 112
- 4.5 住宅の省エネルギーデザイン …………………………………………… 115
- 4.6 材料・空間のリサイクルによる省エネルギーデザイン ……………… 118

5. 環境と共に生きる建築のデザイン ……………………………………… 123
- 5.1 環境共生と建築のデザイン ………………………………（佐野こずえ）124
  - 5.1.1 環境共生とは …………………………………………………… 124
  - 5.1.2 地球環境の保全 ………………………………………………… 126
  - 5.1.3 周辺環境との親和性 …………………………………………… 128
  - 5.1.4 居住環境の健康・快適性 ……………………………………… 130
  - 5.1.5 支援システム …………………………………………………… 131
- 5.2 建築の非顕在化のためのデザイン手法 …………………（吉村英祐）134

6. 環境の管理と建築のデザイン …………………………………………… 137
- 6.1 防災と防犯 …………………………………………………（吉村英祐）138
  - 6.1.1 環境の安全性 …………………………………………………… 138
  - 6.1.2 火災安全計画 …………………………………………………… 138
  - 6.1.3 被害を軽減する建築計画手法 ………………………………… 141
  - 6.1.4 日常災害 ………………………………………………………… 142
  - 6.1.5 群集事故 ………………………………………………………… 143
  - 6.1.6 防犯環境計画 …………………………………………………… 144
  - 6.1.7 安全性・経済性，そして地球環境問題 ……………………… 146
- 6.2 シックビルディング・シックハウス ……………………（木多彩子）148
- 6.3 環境のメンテナンス ………………………………………（吉村英祐）151

7. 高齢者のための環境計画と建築のデザイン ……………（田中直人）155
- 7.1 高齢者の生理特性 ………………………………………………………… 156
- 7.2 バリアフリー ……………………………………………………………… 159
- 7.3 ユニバーサルデザイン …………………………………………………… 162
- 7.4 アメニティ ………………………………………………………………… 165
- 7.5 モビリティ ………………………………………………………………… 168
- 7.6 視環境計画 ………………………………………………………………… 170
- 7.7 ふれあいコミュニティ …………………………………………………… 172

8. 建築環境工学の基礎 ……………………………………（横田隆司）175
- 8.1 日照・日射 ………………………………………………………………… 176
- 8.2 採光・照明 ………………………………………………………………… 178
- 8.3 熱環境 ……………………………………………………………………… 180

8.4　空気環境 …………………………………………………………… 182
  8.5　空調設備 …………………………………………………………… 183
  8.6　音環境 ……………………………………………………………… 185
  8.7　給排水・衛生器具 ………………………………………………… 186

索　引 ……………………………………………………………………… 189

イラスト：増田敬彦

桂離宮（日本，京都）

ウチヒサールの城砦
（トルコ，カッパドキア）

バナキュラーな建築の智恵

世界中の建物が四角くなる前は，建築は太陽，水，風などの自然の恵みをうまく活かしていた

家並みの屋根に群生する風捕獲器（パキスタン，ハイデラバード・シンド）

メナラ・メシニアガ
（マレーシア，クアラルンプール）
設計：ケン・ヤング
1992

ドイツ連邦議会新議事堂 "ライヒスターク"
（ドイツ，ベルリン）
設計：ノーマン・フォスター
1999

最新の建築

自然と闘うのではなく，自然をうまく使うものが，
優れた建築といえる

ジャン・マリー・チバウ文化センター
（ニューカレドニア，ヌメア）
設計：レンゾ・ピアノ
1998

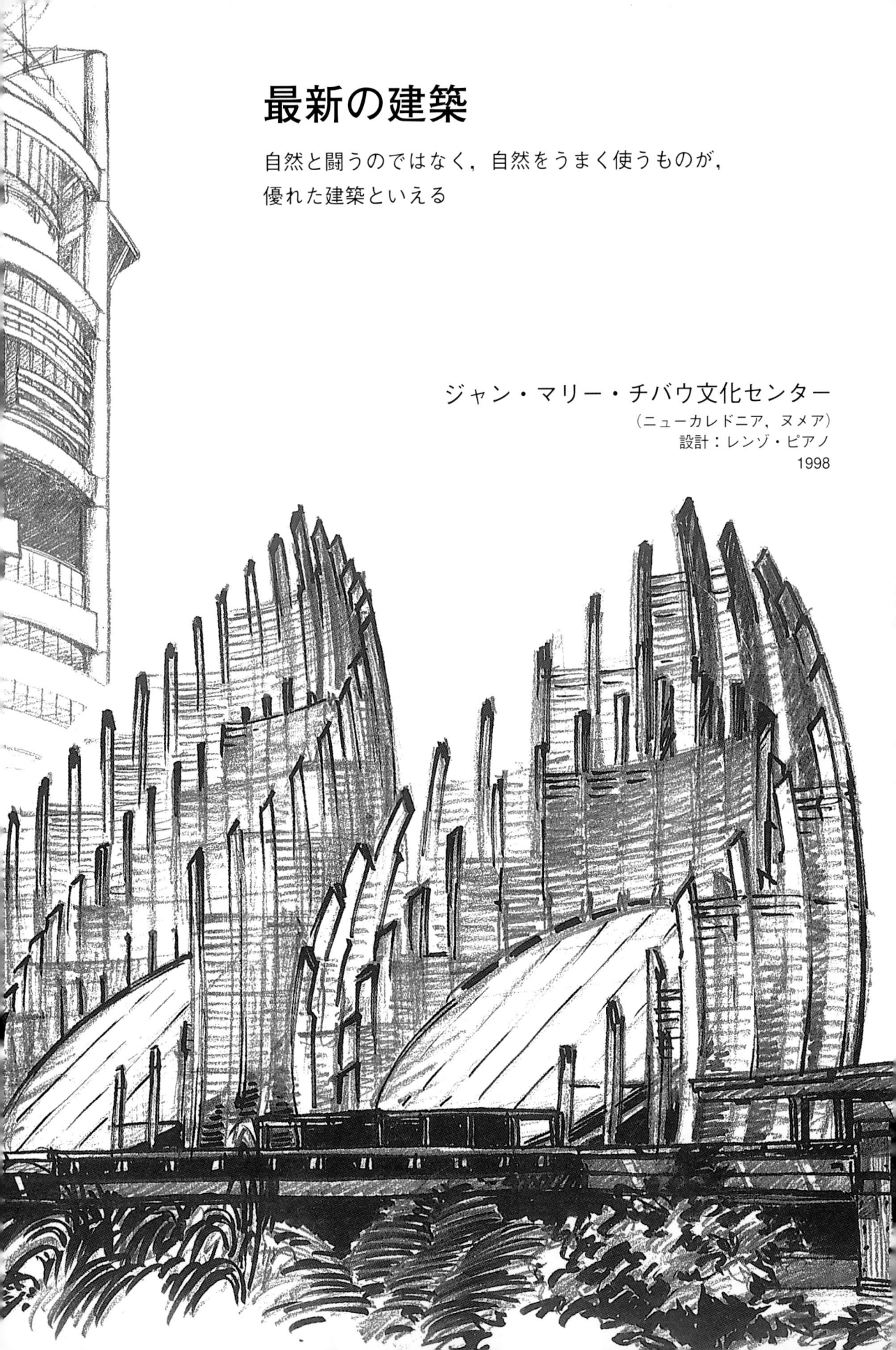

1

建築と環境

バイオスフェア2は，地球(バイオスフェア1)を模して，アメリカのアリゾナ州に建設された，完全閉鎖系生命維持施設である．
内部には熱帯雨林，海，湿地，砂漠，農場，住居などのゾーンが作られ，太陽光と電力のみを外部から供給し，空気や水，食物などは完全な閉鎖系の中で循環する．
独立した生物圏となるこのミニ地球には，地球環境対策や宇宙基地建設の技術開発のプラットホームとしての役割が期待されていた．
1991年から2年間，実際に研究者8名が外界から隔離されて住み込み，実験が行われた．

1.1 環境とは何か

環境とは，人間または生物を取り巻き，それと相互作用を及ぼし合うものとしてみた外界で，自然的環境と社会的環境があるとされている．ここで人間を取り巻く環境をもう少し詳しくみると**表1.1**のように分けられる．

a. 自然的環境

ここでの「自然」とは厳密にいえば「人為の加わらない，自ずからある状態」を指す．しかし，この地球が「宇宙船地球号」(注1)と呼ばれるように，閉じられた一惑星であるから，自然も何らかの人間社会の影響を受けていると考えられる．例えば，近年，地球温暖化(注2)といわれるように，太陽から放射される熱や光は人間社会の諸活動により大きな影響を与え，地球環境が改変され，長期的には生態系の破壊など人類の生存を脅かすことが予測されている．

大気の温度，湿度，風なども人間社会に大きな影響を与える．温湿度の相違により人間の居住形態は異なる．**図1.1**に示すように，ヨーロッパ（アテネ）と日本（東京）とでは，気候の特徴が正反対である．東京や大阪などでは，夏は蒸し暑く，風通しが悪くては耐えられない．一方，ヨーロッパでは，夏は湿度が低いので比較的過ごしやすい．このことは，窓や開口部の取り方に特徴的に現れている．それだけでなく，風土が社会形態の様相や人間の精神構造にも大きな影響を与えることが指摘されている[1]．

人間は直立二足歩行の動物で，大地の上で生活し，大地から大きな影響を受ける．例えば平坦地，丘陵地，山岳地帯，砂漠など大地の性状によって，人間の生活空間の様相は大きく変わる．また，巨大地震が発生すれば，甚大な影響を受ける．

以上のような物理的環境は，人間だけでなく動物や植物にも影響を与えるが，人間を中心に考えると，この動植物も生物的環境として人間に大きな影響を与える．例えば，人間にとって不可欠な酸素は太陽の光と植物，大気中の二酸化炭素から生み出されるものである（**図1.2**）．

b. 社会的環境

人間は社会を形成して生存する動物で，**表1.1**のように複雑な社会的環境をつくりあげてきた．その基本は家庭，地域，国家などの共同体である．

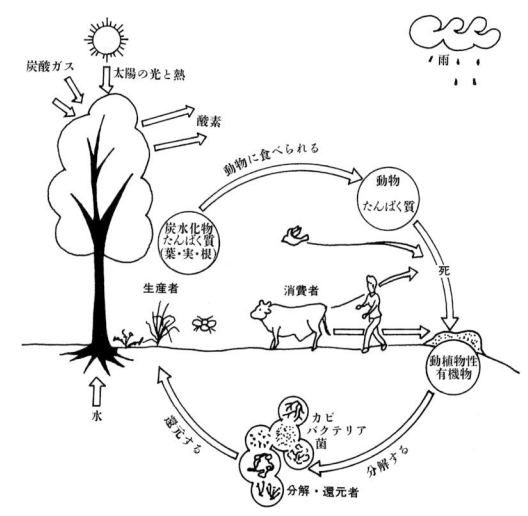

図1.2 生態系の循環図[23]

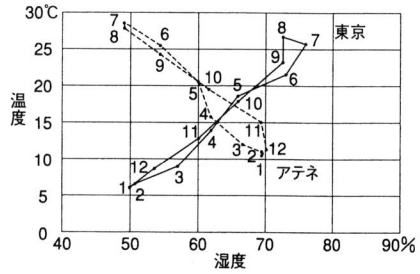

図1.1 地域によるクリモグラフの相違[17]
月別平均気温(℃)：東京，アテネ共に1971年から2000年，月別平均湿度(%)：東京は1971年から2000年，アテネは1961年から1990年．

表1.1 人間の環境

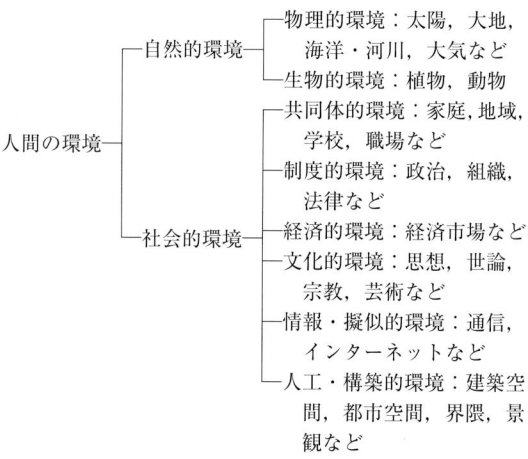

地球は1つといっても，制度的には国家といった大きな枠組の中で人間の生活が営まれる．国家も共産主義社会や資本主義社会のように，異なった思想に基づいた経済システムのもとに形成され，私達の生活を大きく規定する．経済的環境だけでなく，制度的環境，文化的環境が生み出され，これらをもとにして営まれる人間の生活環境を包み込む，構築的環境がつくられる．この人工・構築的環境は建築空間，都市空間，地域空間と階層的な広がりをもつ．人類の歴史は，社会的環境形成の歴史とも考えられる．

このような社会的環境の中においては，建築の環境計画は上記のような多様な側面から考えることが求められる．例えば建築の省エネルギーを考えても，設備機器の省エネ化や空間の形態操作などによる物理的手法もあるが，エレベータの運転管理やサマータイム（注3）の導入など，制度やライフスタイルの変更などによるエネルギー使用量低減の方法もある．ハード，ソフトの両面から総合的に捉えることが重要である．

1.2 環境倫理学の3つの主張

人類は自然的環境からの恵みを享受すると共に，社会的環境を形成することなどによりその脅威を克服することが人類の進歩と考えてきた．しかし，文明の進歩に伴う自然環境の破壊など，人間を含めた生態系の存続すら危ぶむ事態を招いている．これからは私達を取り巻く環境をどのように考えていくか，自然と人間の関係はどうあるべきかが問い直される．この問いに対して探求を進める環境倫理学は建築の環境を考える際にも無関係ではない．

環境倫理学は，①地球の有限性，②生物保護，③世代間倫理という3つの主張を掲げている[2,3]．

a. 地球の有限性

生態系は開いた宇宙ではなくて閉じた世界であるということである．有限空間では，原則としてすべての行為は他者への危害の可能性をもつ．都市・工業文明の発達は，結果として生産・消費・廃棄であり，資源枯渇と環境荒廃という二重の行き詰まりに直面している．建築を生み出す行為は，資源の消費と廃棄につながるので，当然倫理上の問題として捉える必要性がある．

b. 生物保護

自然の生存権の問題で，人間だけでなく，生物の種，生態系，景観などにも生存の権利があるので勝手に否定してはならないということである．環境倫理学は，今日の環境破壊の根底には人間中心主義の価値観があると考えてその批判から形成されてきた．生態系などに関係して，人間は自己の生活を犠牲にしても，保存の完全義務を負うということである．建築をつくるということは，環境を改変することである．植生や生息動物の保護などを念頭において計画を進めることが重要である．

c. 世代間倫理

現代世代は，未来世代の生存可能性に対して責任があるということである．我々はこれまでの先人達が残した様々な遺産の上に現代社会を築いてきた．このような社会を持続させ未来世代の人々に余計なリスクを負わせないためにも，資源の枯渇問題，環境汚染の問題などに真剣に取り組む義務がある．建築に関しても，資源・エネルギーを大量に使用し，しかも竣工時が最高で時間経過と共に陳腐化し，短寿命で終わってしまう現代建築は大きな問題を孕んでいる．

19世紀の中頃，ゴシック建築の豊かな装飾性を高く評価して当時の芸術運動に深い影響を与えたラスキンの言葉は感銘深い．
「家を建てる時は未来永久の為めに建てることにしよう．そして唯現在の快楽の為め，現在の使用の為めのみたらしむることなく，吾々の子孫がそれに対して吾々に感謝するやうなものたらしむるべきである」[4]と．

1.3 環境の目標

これからの環境はどうあるべきか．環境の目標は，①安全性，②保健・福祉，③利便性・機能性，

④アメニティ・文化，⑤経済性，そして現在社会だけでなく，将来を視野に入れた⑥持続・共生社会の確立である．各目標について，少し詳しくみることにする．

a. 安　全　性

まず，環境は安全なものでなければならない．環境は人間の生存，健全な社会を脅かす多くの脅威に晒されている．ほかの動物からの脅威や地震・台風などの自然からの脅威（図1.3）．他国からの侵略，犯罪者の脅威といった人間社会の歪みが生み出した脅威．都市や建築空間では，日常的には交通事故や転倒，転落などの事故．住宅での事故のトップは高齢者の浴槽での溺死であるという（図1.4）．非日常的には，火災や爆発事故，原発からの放射能漏れ事故など．また，人間の生存や社会の進歩のために開発された科学技術すら，環境汚染，環境ホルモン（注4）などを生み出し私達の脅威となっている．次の保健とも関連するが，新建材から発生するホルムアルデヒドによるシックハウス症候群などはその典型である．これらの脅威を防ぎ，安全な環境を形成することが重要な目標である．

b. 保健・福祉

人間が生存し幸せな生活を送るためには，まず肉体的，精神的に健康でなければならない．そのためには，まず内外の居住環境が衛生的であることである．ヨーロッパにおける産業革命以後の都市計画の目標の第1は衛生的な都市をつくることであった．産業革命によって人口が都市に集中し，都市環境は極度に悪化，ペストなどが大流行した．パリではナポレオンIII世によって都市の大改造が行われた（図1.5）．イギリスでは衛生法が制定され，都市の郊外に田園都市（注5）がつくられた（図1.6）．近代建築運動の中心となったCIAM（注6）はアテネ憲章で，都市に〈太陽と空気と緑〉のスローガンを提案した．これらの光と新鮮な空気に満ちた都市をつくるという考え方は，その後わが国のニュータウンを生み出す動機となった．

環境が精神に苦痛，ストレスを与えないことも重要である．過密状態で飼育されたネズミの副腎皮質が肥大したり，低血糖，胃潰瘍になったりする現象は有名である[5]．人間も同様で，居住環境密度の問題は生活環境を考える場合の基本である．

図1.3　地震の脅威（阪神・淡路大震災，1995年1月31日撮影）

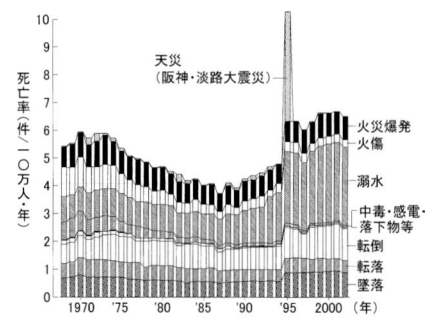

図1.4　建築に関わる事故・災害による死亡者の推移（文献[22]中の直井英雄による図をもとにして作成）

図1.5　ナポレオンIII世によるパリの大改造（19世紀）[20]
(a) 改造前のパリ，(b) 工事中の都市，(c) 改造後の街路．

図1.6　イギリスの田園都市（レッチワース，19世紀前半）[16]

図 1.7 日本の郊外ニュータウン（金剛ニュータウン，大阪府，1984年撮影）[21]

また，郊外ニュータウンのような画一的な住宅地（図 1.7）は，衛生的ではあるが適度な世俗性に欠け，人間性を阻害するのではないかといった意見もある．とくに，成長期の青少年の生活環境から問題を指摘されることもある（注 7）．このような環境と人間の精神との関係は科学的に十分に解明されているわけではないが，これからの社会のあり方に関係する重要な問題である．

これらの人間に関する問題は，年齢や性格，また健常かハンディキャップをもつかなど個々人の身体的，精神的状況によってその具体的な目標や対策が異なる．とくに，これからの高齢社会，ライフスタイルの大きな変化を考えると，社会的弱者の環境をいかに考えるかという福祉からの視点が重要である．

c. 利便性・機能性

人間が生活し活動するためには，環境は利便性をもつことも重要である．家庭における日常生活や仕事などの生産的活動などにおいても，不便で非効率的な状態は肉体的にも精神的にもマイナス要因となる．このことを克服し進化させることが人間社会を進歩させてきた大きな力であった．しかし，時間の短縮や機能を重視して建設された高速道路が公害の元凶となり，地球環境を汚染するといった弊害も生み出している．利便性，機能性，効率性といった近代文明の進歩を生み出したキーワードを，環境の総合的な視点から再考することが重要である．

d. アメニティ・文化

環境は快適で，美しく，感動や心の安らぎを与えることも重要である．人間が動物と大きく異なる点は，精神活動の成果として文化を生み出したことだろう．音楽，絵画，彫刻などの芸術作品，優れた建築や都市景観は人間社会を豊かにする．しかし，近代社会においては，アメニティに富んだ空間や文化的な創造活動が環境破壊につながることもあり，利便性や効率性と同様に，環境とどのように調和させるかの視点が重要である．

e. 経済性

これまでにみてきた安全性，保健・福祉，利便性，アメニティ・文化などは通常，人間の経済活動を伴う．すなわち，経済的な裏付けがあって初めて実現する．近年のボランティアによる環境運動のように，一見経済活動と無関係のようにみえても活動には資金が必要であり，まったく経済と関係がないということはありえない．グリーンコンシューマー（注 8）も，環境問題へ貢献することが経済的なメリットをもって初めて消費行動を起こす．目標とする環境の実現のためには，妥当な経済性の検討と確保が重要である．

f. 持続・共生社会

人間にとって理想的な環境をつくり続けてきたことが，様々な地球環境問題，資源・エネルギー問題を引き起こし，結果として人類の生存を脅かすことにさえなっている．これからの私達の環境にとって重要なことは，持続可能な社会をいかにしてつくっていくかである．そのためには，これまでのような人間中心の環境の形成ではなく，人間を取り囲む動物，植物，さらに物質まで含めたすべての存在物との共生の思想が求められる．

1.4 環境と建築の関係をどう捉えるか

建築の主要な機能はシェルター（shelter）としての機能である．太古の時代，人類が定住し住居をつくるようになった目的は，獰猛な動物や雨，風を防ぎ，夏の暑さ，冬の寒さから身を守ること

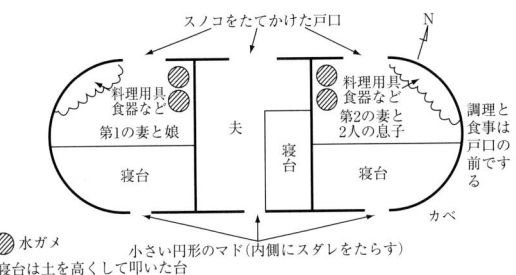

図 1.8 戸外で調理と食事をするバウレ族の住居[14]

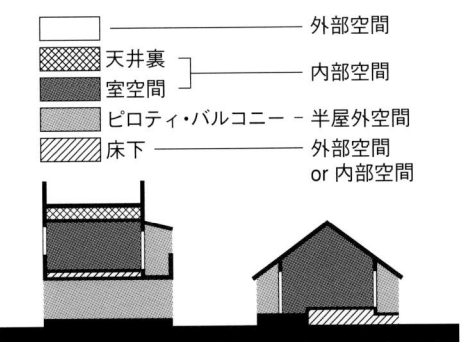

図 1.10 外部空間・内部空間・半屋外空間

図 1.9 屋外での生活（ボローニア）

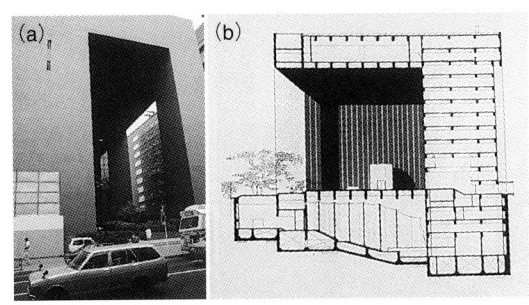

図 1.11 中間領域をもった建築（福岡銀行本店，設計：黒川紀章，1975）
(a) 外観，(b) 断面図．

であった．すなわち，外界から隔離された内部空間をつくることが建築の起源と考えられる．しかし，人間の居住環境は，建築物によってつくられた内部空間だけで完結するものではなく，建築物の外部とも連続し，屋外空間も生活の場として一体的に捉えることが重要である．屋外に調理のスペースを設け，食事するアフリカの住居（図 1.8）や，街路や広場が様々な生活の場となるイタリアの諸都市のように（図 1.9），内外の空間は補完しながら生活の諸機能を充足させている．建築家の芦原義信は「イタリア人は最も狭い寝室をもっているかわりに最も広々とした居間をもっている．なぜかというと，広場や街路はイタリア人の生活の場であり，遊び部屋であり，また玄関のパーラーでもある」と述べている[6]．このように考えると，人間のための環境は，建築物の内部空間と共に，建築物群によって生み出された外部空間，さらに庇の下の空間やピロティなどの中間領域，すなわち半屋外空間（図 1.10）から構成され，それらを総合的に考えることが重要である．図 1.11 は半屋外空間を建築計画のコンセプトの中心として考えている例である．

これらの環境を計画するためには，環境を次の3つの観点から捉えておく必要がある．

a. 場所と地域の環境

1) 環境の段階構成　人間の環境は空間的に，身のまわりの狭い環境から地球環境，宇宙環境までの広がりがある．図 1.12 はギリシャの都市計画者ドクシャデスが示した物理的エキスティックスのスケールである[7]．ここでエキスティックス（ekistics）とは彼が提唱した人間定住社会（human settlement）の科学である．この図で重要なことは，環境には部屋，家屋，近隣，都市，…と段階構成があること，さらにそれぞれの構成要

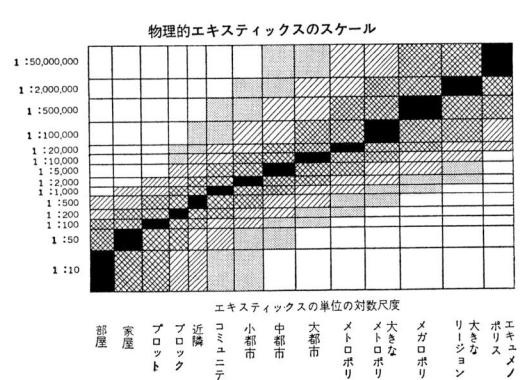

図 1.12 エキスティックスのスケール[13]

素は相互に関連し，重なり合いをもつことである．このことは，建築レベルの計画においても都市レベル，さらにより広い地球レベルへの配慮が必要であるし，逆に，都市レベルの計画においても建築レベル，身体レベルへの配慮が必要なことを示している．この視点は，地球環境がとくに問題とされるこれからの生活環境の計画にはますます重要である．

2) 環境の場所性 建築デザインの第1段階は，設計すべき土地とその周辺環境を十分に読み込むことである．地域の中での立地環境，敷地形状，植生，生息動物，気候条件などのほか，歴史的な土地の履歴も知る必要がある．阪神・淡路大震災において倒壊ビルの隣接地の建物の被害が軽微であったという現象がみられた．実は，倒壊ビルの敷地は埋立て地の軟弱地盤で過去には低湿地であったのである．活断層(注9)の存在も注目されるようになった（図1.13）．

建築の設計は，白紙のような均質空間におけるものではない．その土地土地の特性を把握することが重要なのである．しかし，近代社会における技術力の進歩は，どのような敷地条件でも建設可能で，人工環境によれば快適な生活空間は創りうるという誤った計画思想を生み出してしまった．いわゆる近代社会における「場所性の喪失」である[8]．このような流れに対して，近年，中国において3世紀頃に生まれた風水思想が注目されている．自然環境の中でも，「風」と「水」が気候を左右する大切な要素で，安定した生活を確立するた

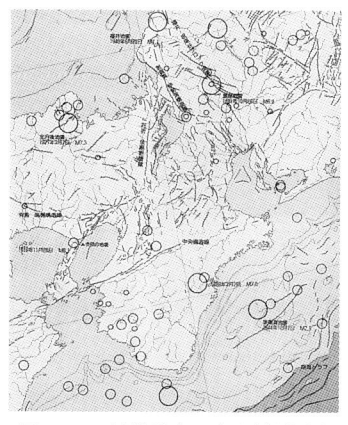

図 1.13 近畿地方の主な活断層[18]

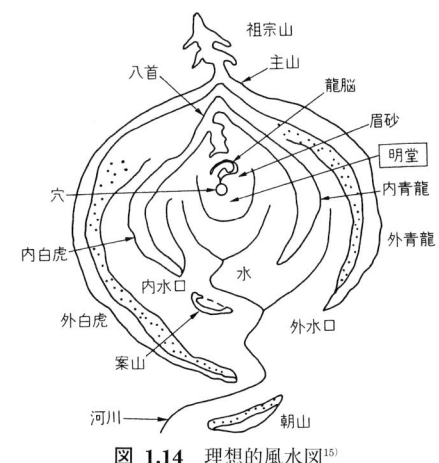

図 1.14 理想的風水図[15]

めには「風」や「水」を制御することが基本であるとする考え方である．地形や方位を重視し，間取りから都市計画まで空間構成の妥当性を判断する「風水術」が生まれた（図1.14）．一見，非科学的と思われてきたこれらの考え方は，近代社会が見失ってきた環境に対する認識に発想の転換を呼び起こす力をもっていると思われる．

3) 風土・地域 地球は太陽系の一惑星である．地表面積の約70%を海洋が占め，その全体を大気の層が覆う．地表付近の環境は動植物の成育に適し，進化の過程で多岐にわたる生物が発生した．地球は，太陽のまわりを約1年で1周する，自身も1日1回の周期で自転する，自転軸が公転軌道面に対して斜めに傾いているといったことから，四季や昼夜の別が生じる．また，球形であることから地表が太陽の熱や光を受ける条件が異なり，地表各地点の物理的環境は均質ではない．このことが，地域ごとの環境条件に適合した多様な動植物の発生，成育につながり，地球上に物理的環境，生物的環境の異なった特徴をもつ「風土」が生まれた．

人間はほかの動植物と異なり，技術力により自らの生理的特質に適合した環境を外部環境（自然的環境）から隔離した環境（人工環境）としてつくり出すことができる．そのため，地域の自然的環境，すなわち風土に合った特徴ある建築が生まれた（図1.15）．

しかし，人間の技術力のめざましい進歩は，自然的環境を人工的に克服し，風土と関係のない建

図 1.15 風土から生まれた建築
(a) トルコのカッパドキア（撮影：豊田政男）[14]，(b) 鹿児島の分棟型民家（江戸時代末期）．

築をつくるようになった．

ところが，人工環境の維持には莫大なエネルギーと資源が必要である．このことが現在の地球環境問題を引き起こす元凶の1つになっている．生態系の破壊や人類の生存を脅かす地球環境問題を解決するためにも，持続可能で，ほかの生物と共生できることが，これからの居住環境を創造する場合の基本となるべきである．

哲学者の和辻哲郎は，風土と人間の精神構造の関係を論じ，モンスーン，砂漠，牧場という風土の3類型を設定し，日本をはじめ世界各地の民族，文化，社会の特質を見事に浮き彫りにした[1]．このように，環境を風土というかたちで認識し，風土から生まれた民族や社会，文化の容器として建築を考えることがますます重要になってきている．

b. 主体ごとの環境

客体としての環境（実質環境）を人間（主体）がどのように把握するかは，環境の計画の基本である．人間は年齢，身体状況また民族や国民性によっても環境の把握や環境から受ける影響が異なる．

1) 年 齢　小学生時代に広いと思っていた校庭が成人して訪れたときに意外に狭く感じたといった経験は誰にでもあるだろう．同一の面積（環境）でも年齢によって異なって感じることがあるということである．このような例だけでなく，通常，音，明るさなどに対する生理的な反応は年齢によって異なり，通常，高齢になるに従って衰えてくる．年をとると，視力が落ち，目の水晶体（レンズ）も黄色く変色して青や紫の色が見えにくくなる．標識などの文字に青や紫を使うと，高齢者の注意を引きにくくなることをサイン計画などを行う場合には知っておく必要がある．

2) 身体的・精神的状況　環境（客体）の捉え方は，人間（主体）の肉体的，精神的状況によって変わる．通常，健常者と呼ばれる人達が行動する場合に問題のない環境も，目や耳の不自由な人達，また歩行が困難な人達にとっては大問題となることがある．建築や都市のバリアフリー化の必要性は，これら身体的にハンディキャップをもった人達が可能な限り不自由なく行動するために求められるものである．このことは，肉体的な障害だけでなく，精神的に何らかの障害をもつ人達にとっても同様である．例えば，精神に障害をもつ人達の中には，高温に対する反応が鈍く，高熱のストーブなどに接触していても感ぜず大火傷になるといったことがある．このような人達の生活環境を考えるときには，そこで生活する人達の生理，心理を十分に把握しておく必要がある．

ここで重要なことは，一口に健常者といっても人間は個々人，肉体的，精神的状況が異なり，何をもって健常かということを定義づけることが案外難しいことである．加齢によって身体が不自由になるし，突然の病気で日常の行動が取れなくなることもある．また，非常時，例えば停電によって暗闇になった場合，視覚に障害のない健常者よりも視覚障害者のほうが空間知覚が優れ，避難行動もスムーズにいくといったことも考えられるのである．

3) 民族・国民性　ヨーロッパの人達が日本を訪れてまず感じることは，公共的な場で音がうるさいことである．わが国は相当な騒音大国らしい．商店街の宣伝放送，店内でのBGM，鉄道駅での案内放送や車内アナウンスなどはかなり耳障りらしい．

わが国でも集合住宅では他住戸からの騒音が苦情のトップである．ヨーロッパではとくに厳しく，夜は水洗の水を流さないように自粛している例もあるという．このように音1つとっても，国民性（主体）によって環境（客体）の受け止められ方が異なる．踏切りのカンカンという警報音も，ヨーロッパの人達にとっては教会の鐘の音に似て心地よく感じられるといった調査結果もある

(図 1.16）[9]．環境の受け止め方が国民性によって異なるということを認識しておくことは，これからの国際化に向けて建築を考える場合には，ますます重要になってくる．

c. イメージとしての環境

厳然として存在する物理的環境（客体的環境）も，人間の心の中では主観によって独自の環境（主体的環境）を形成する．紀元前 7 世紀のバビロニア人の世界観によれば，大地は平たい円盤のような形をなし，それを取り巻く世界の海の上に浮かんでいると認識されていた．このような主体が客体をどのように認識するかは，環境を考える場合には重要である．人間が何を美しく，心地よく，快適に感じるかといった主体の反応が，建築の計画をする場合のよりどころで，そのためには客体的環境（刺激）と主体（人間）の反応の関係を知ることが必要である．錯視（図 1.17）や知覚の恒常性（注 10）といった現象はその例である．

このような環境像（イメージ）と実質環境との食違いを明確に指摘した K.コフカ（1935 年）のスイスに伝わる有名な話を引用しておこう[10]．「ある冬の夕方，吹雪の中を騎馬の男がボーデン湖畔の宿に着いた．主人はいぶかり，あなたはいったいどちらから来たのかと尋ねた．男が指さす方向を見た主人は仰天して，"よくまあ湖を渡ってきたものだ"というやいなや，男は驚きのあまりがっくりと膝から崩れるように死んでしまった」というのである．

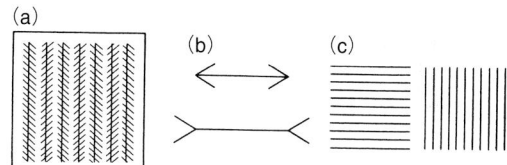

図 1.17　平面形における錯視[17]
(a) ツェルナーの図形，(b) ミューラー〈リアーの図形〉，(c) ヘルムホルツの図形．

1.5　人間の密度と環境

エレベータに 1 人で乗っているときに，他人が乗り込んでくると目的のフロアまでのわずかの時間でも何となく気まずい思いをすることがある．また，超満員の電車など，他人と接触するような状況ではエレベータ内とはまた違った心理的なストレスを感じると同時に，汚れた空気，におい，蒸し暑さなど生理的にも気分が悪くなることがある．このように，人間自身が環境を構成する重要な要素である．通常，低密度であれば快適で，高密度になると様々な問題が発生し，場合によっては群集事故が発生する．

環境計画を行う場合，どのような密度を想定するか，計画する空間の適正密度は何かなどは重要な検討事項である．

空間のスケールは電話ボックスなどの狭いものから，エレベータ，部屋，建物，地区，地域，国，地球といった様々な段階がある．

地球環境にとっても水資源や食料，エネルギー資源などの有限性から，適正な人口密度，人口規模は最も重要な問題である．ここでは，建築の環境計画に必要なパーソナルスペースや建物内，さらに住宅地の人口密度についてその概略を述べる．なお，詳しくは，文献[11]などを参照されたい．

a. パーソナルスペース

人は誰でも他人に踏み込まれたくないバブルのような領域を身体のまわりにもっている（図

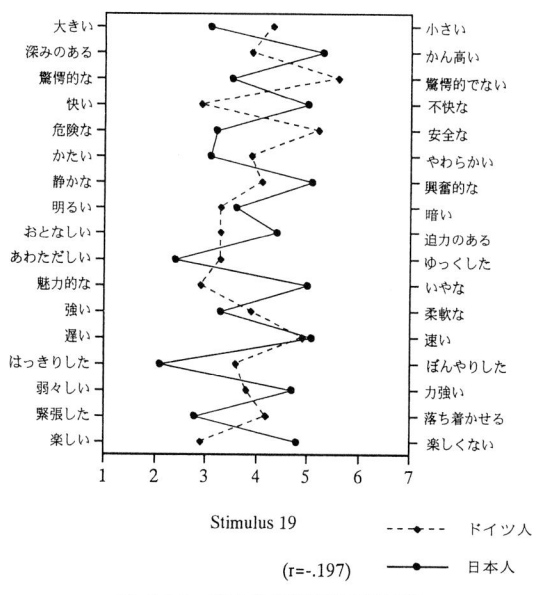

図 1.16　鐘の音の印象評価結果[9]

図 1.18 人の分布と個体間距離

1.18)．一方，他人とまったくコミュニケーションのない生活も耐えられない．状況によって適度な距離を保ちながら対人関係をつくり上げている．アメリカの文化人類学者のE.T.ホールは人間観察をもとに，人間相互の距離に次のような4つのレベルが存在することを見出した[12]．

① 密接距離：約 45 cm 以内で，ごく親しい人どうしに許される．

② 個体距離：約 45〜120 cm で，手を伸ばして相手の身体に触れることができる．プライベートな関係が成立する．

③ 社会距離：約 120〜360 cm で，身体の接触は難しい距離．個人でない用件や社会的な集まりの際にみられる．

④ 公衆距離：約 360 cm 以上で，講演などの公的な機会にみられる．

我々は，通常，このような人間どうしの距離的な関係性をうまくとりながら日常生活を送っているが，過密状況が生じると，ストレスが生じたり生理的な異常をきたす．

b. 建物内の人員密度

人はどれくらいの密度に耐えうるか．公衆電話ボックスと同一面積 0.7 m² のスペースでの実験によると 13 人/m² になると急にうめき声や悲鳴が多くなる[11]．このようなケースは現実にはほとんどないが，超満員の電車のドア付近では 10 人/m² 程度にはなっている．建築の計画において，群集事故を起こさないためにも，どのような密度を想定するかは重要である．また，このような高密度の問題だけでなく，建物内の在籍人数（建物人口）は建築の計画の基本である．規模計画，エレベータ台数，便器や洗面器など衛生設備の個数，避難・安全のための避難施設・設備，また室内換気なども建物人口をもとにして計画される．表 1.2 は，消防法施行規則，防災計画指針や実測調査をもとにした提案値[11]である．実際の計画時には，より詳細な法規，指針などの資料調査や時間的な変動を考慮することも必要であるが，概略の検討をつけるためには参考になるだろう．

c. 住宅地の人口密度

世界的に高密度で有名な九龍半島（香港）のジョーダンロード地区の人口密度は，わが国の高層高密度団地の 10 倍程度，ネットで 13,000 人/ha と驚異的なものであるという．このような超過密状態では，家族全員が同時に就寝することもままならない．人口密度は生活環境の質と密接な関係があり，地域環境を考える場合の基本的な指標である．密度レベルと地域の状況をみてみよう（図 1.19）[11]．

① 100 人/ha 以下：戦前にできた郊外や山の手の高級住宅地のレベル．東京の田園調布，関西の芦屋の山の手などが代表的な所である．1 戸当りの敷地面積は 500 m² を超える．

② 100〜200 人/ha：1 戸建ての住宅からなる中流の住宅地で，1 戸当りの敷地面積は 250 m² 程度が多く，良好な環境を保っている．

③ 200〜300 人/ha：かなり密集した郊外の住宅地や，1 戸建ての住宅地に 2 階建ての長

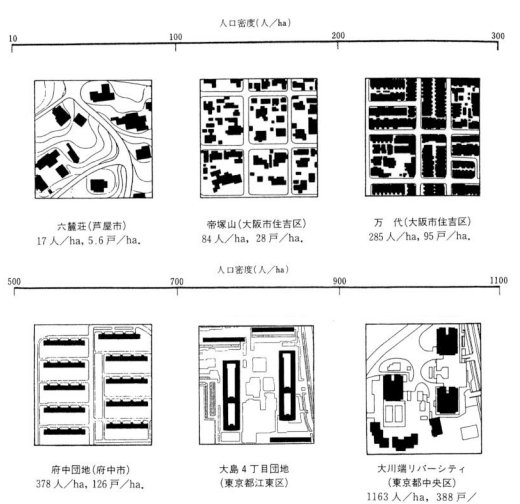

図 1.19 地域の状況と密度レベル[11]

表 1.2 建物人口の算定基準（単位は 1 m² 当りの人数）[11]

建物種別	消防法施行規則	防災計画指針	実測調査による資料および提案値
事務所	従業者数 +（そのほかの者が使用する部分の床面積×0.33）	0.25	レンタブル面積×0.23
百貨店 小売店舗	従業者数 +（客が飲食・休憩する部分の床面積×0.33） +（客用のそのほかの部分の床面積×0.33）	一般店舗および 一般売り場　0.5 特売場　1.0 混合売場　0.75	小売店舗　　0.23 百貨店　通常月　0.34 　　　　12月　0.69 　　　　特売場　1.2
喫茶店 飲食店	従業者数 +固定いす席数 +（そのほかの部分の床面積×0.33）	大衆食堂　1.0 レストラン　0.75	客用面積×0.6 　料理店　0.38 　喫茶店　0.51 　飲食店　0.42
キャバレー・ダンスホールなど	従業者数 +固定いす席数 +（そのほかの部分の床面積×0.33）	キャバレー　1.0	キャバレー　0.3 ダンスホール　1.35 スタンドバー　0.8 酒場　0.4 パブ・バー　0.4 ディスコ　0.65
遊技施設	従業者数 +遊技具使用者数 +固定いす席数	1.0	パチンコ　1.0 パチンコ　0.84 ゲームセンター　0.62
劇場 映画館	従業者数 +固定いす席数 +（立見席部分の床面積×5） +（そのほかの部分の床面積×2）	客席部分　2.0	客席部分　1.6
集会室 会議室	——	集会室・宴会場　1.5 会議室　0.75	——
図書館 美術館	従業者数 +（閲覧室・展示室・会議室・休憩室の床面積の合計×0.33）	図書室　0.5	会場延べ面積×0.2
学校	教職員数 +児童・生徒・学生数	教室　0.75	——
医療施設	従業者数+病床数 +（待合室の床面積×0.33）	大病室　0.25 小病室　0.1 診療所　0.1	一般病院患者数 　延べ床面積×0.03（入院患者） 　+延べ床面積×0.05（外来患者）
ホテル・旅館など	従業者数 +ベッド数（和式では客室床面積×0.17） +集会・飲食・休憩部分のいす席数 +（同上部分の床面積×0.33）	ホテル客数　0.1 旅館　0.25 一般ロビーなど　0.25	コマーシャルホテル 　　宿泊部分×0.05 リゾートホテル 　　宿泊部分×0.02 都市旅館　宿泊部分×0.1 景勝地旅館　宿泊部分×0.05 団体旅館　宿泊部分×0.6
寄宿舎	居住者数	0.25	——

屋や，アパートが混在した地域．1戸当りの敷地面積は 100 m² から 200 m² 程度になる．

④ 300人/ha 以上：このレベルを超えると，居住地としての環境は通常悪くなる．ただし，京都の伝統的な町屋や，4, 5 階建ての集合住宅団地もこのレベルであるが，居住環境としては良好である．

⑤ 500～600人/ha：下町の木造密集地域な

どで，日照などの環境条件は悪く，防災上も問題がある．集合住宅の団地では，高層東西軸，南面配置タイプの場合の密度である．

⑥ 800人/ha：戦前にあったスラム地区の密度．

⑦ 1,000人/ha：超高層集合住宅の団地や南北軸中廊下タイプの高層団地の密度．日照条件などに問題がある．

以上のように，地域の環境は人口密度の状況により大きく影響される．地域的な計画においては，まず，人口規模，人口密度を想定する必要がある．

参 考 文 献

1) 和辻哲郎：風土—人間学的考察，岩波書店，1943
2) 加藤尚武：環境倫理学のすすめ，丸善，1991
3) 加藤尚武編：環境と倫理，有斐閣，1998
4) ラスキン著，高橋松川訳：建築の七灯，岩波書店，1997（原著：1880）
5) 内田俊郎：動物の人口論—過密・過疎の生態をみる—，日本放送出版協会，1972
6) 芦原義信：屋根裏部屋のミニ書斎，丸善，1984
7) ドクシャデス著，磯村英一訳：新しい都市の未来像，鹿島出版会，1965
8) クリスチャン・ノルベルグ＝シュルツ著，加藤邦男訳：ゲニウス・ロキ，住まいの図書館出版局，1994
9) 桑野園子：騒音評価と心理学，日本音響学会誌，Vol.58, No 7, 377-378, 2002
10) 宮地伝三郎・森 主一：動物の生態，岩波書店，1953
11) 岡田光正：空間デザインの原点，理工学社，1993
12) エドワード・ホール著，日高敏隆・佐藤信行訳：かくれた次元，みすず書房，1970
13) 磯村英一編：増補・都市問題事典，鹿島出版会，1969
14) 泉 靖一編：住まいの原型I，鹿島出版会，1971
15) 渡邉欣雄：風水思想と東アジア，人文書院，1990
16) Robert Lancaster：Letchworth Garden City In Camera, Quotes, 1986
17) 岡田光正ほか：建築計画1（新版），鹿島出版会，2002
18) 活断層研究会編：新編日本の活断層，東京大学出版会，1991
19) 豊田政男：不思議と感動II，鋼構造出版，2002
20) 芸術新潮，Vol.45, No.10, 1994
21) 住宅・都市整備公団関西支社編：まちづくり30年，住宅・都市整備公団関西支社，1985
22) 財団法人日本建築防災協会：特殊建築物等調査者講習テキストI（平成16年版）
23) 宮脇 昭：人類最後の日，筑摩書房，1986

注1 宇宙船地球号（Spaceship Earth）：アメリカの経済学者，K.ボールティングらが提唱した新しい地球観．地球を1つの閉鎖系として捉え，政治，経済から環境問題まですべてを国家中心システムから転換し，世界利益に立脚し地球規模で認識しようとするもので，地球を宇宙船にたとえた．

注2 地球温暖化：地球上の気候は，19世紀に終わった寒冷な小氷期気候から温暖な気候へ移り変わっている．特に近年は二酸化炭素など赤外線を吸収する気体が人間活動のために増加することにより温室効果が働き，今世紀の気候はさらに温暖化することが予測されている．

注3 サマータイム（summer time）：夏時間．夏の間だけ時計を標準時刻より一定時間進めて，昼間の時間を有効に利用するために実施される制度．温室効果ガス排出量の6％削減を約束した京都議定書（1998年）を受けて制定された大綱にも，推進すべき地球温暖化対策の1つとして含まれている．

注4 環境ホルモン：環境中にある人工の化学物質が生物の体内で，あたかもホルモンのようにふるまい，生体内のバランスを崩す疑いがあることが近年明らかになった．これを外因性内分泌攪乱物質と呼ぶ．環境ホルモンという言葉は造語で，学術的には批判もあるが，わかりやすく一般的に使われている．ダイオキシンや，PCB・シマジンなどの農薬，スチレンなどのプラスチック関連物質などで，面倒なことはこれまでの化学物質の安全基準よりはるかに低い濃度で影響がでること，胎児などに世代を超えて影響を与え，奇形などの被害を与える可能性があることである．

注5 田園都市（garden city）：18世紀のイギリスの産業革命により引き起こされた大都市地域の過密状況を救済する方法として，田園的環境の中に工場地区，住宅地区や商業施設などの都市的施設を計画

した田園の魅力，都市の魅力をあわせもった都市が，E.ハワードにより提案された．この考え方で，ロンドンの郊外にレッチワース，ウェルウィンなどがニュータウンとして建設された．

注6 CIAM：Congres Internationaux d'Architecture Moderne（近代建築国際会議）の略．1928年スイスのラ・サラの城館で第1回会議を開き，建築を社会的，経済的局面において捉えるという姿勢を確認した．W.グロピウス，ル・コルビジェをはじめとする近代建築の開拓者達が集まり，S.ギーディオンが書記長を務めた．第2回のテーマは「最小限住宅」で，第3回から第5回まで主に住宅や都市計画をテーマとして議論された．特に第4回会議のアテネ憲章は都市計画の原則を定めたものとして有名である．戦後，会議は再開されたが，若い世代のグループ「チーム10」の要求の前に，解散となった．

注7 郊外問題：例えば酒鬼薔薇事件（1997年）に関して評論家の吉岡忍は「暮らすための機能しか備わっていないニュータウンは表向き，性的なものを徹底的に排除しており，思春期の中学生がビデオや雑誌などのちょっとした刺激に簡単に引きつけられてしまう要素がある」と指摘している．その後，藤原智美の「家族を「する」家」（プレジデント社）など，郊外の住宅地を舞台とする家族問題を取り上げた小説などが多く出版された．

注8 グリーンコンシューマー（green consumer）：1980年代後半に入って地球環境問題への関心が著しく高まる中でイギリスで民間の個人・団体によってグリーンコンシューマーの語を用いながら，消費者に環境への負荷の少ない商品の選択を呼びかけるガイドブックが出版され，この語が一挙に市民権を得ることになった．そして，「環境にやさしい」商品を消費者が選択するための目安となるマークを付ける「環境ラベリング」もこの語と共に世界的な広がりをみせるようになった．

注9 活断層：地質時代のうちの最新の時代，すなわち新生代第四紀に活動し，現在も活動が続いているとみなされる断層．活動は間欠的であり，数百年か数千年に一度の急激な動きとして発現するのであるが，人類の目からみれば突然の地震と感じられる．都市近傍の活断層が活動すると，阪神・淡路大震災（1995年）のように甚大な被害の出る直下型地震を起こすことがある．

注10 知覚の恒常性：知覚は網膜像だけで決定されるのではない．網膜に写る刺激条件が変化しても，知覚像はそれに応じた変化を示さず恒常性を保つ傾向がある．この現象を恒常現象という．例えば，ある対象から2倍の距離に離れると，網膜像は1/2の大きさになるが，知覚される大きさはほぼ同一に保たれる．

2

建築の構成要素と環境

　オーストラリアのニュー・サウス・ウエールズ州に建つニコラスハウス（1980年）は可動ブラインドなどを利用し，空調の必要がない，季節を感じさせる家である．
　人が衣服を着替えるように，家も環境の変化によって調整可能であることが設計者グレン・マーカットの建築理念である．彼はオーストラリアで仕事をすることに徹底してこだわり，その敷地特有の日照，風向き，水の流れ，植生を読み込んで，設計を行っている．

建築をシェルターとして，外部環境から隔絶した内部環境を創るための装置と考えると，その構成要素は通常，屋根，壁，床である．しかし，外部の自然環境は人間にとってなくてはならないもので，内部と外部を結ぶ機能として窓や開口も重要な構成要素である．

そこで，建築のデザインを行う場合に重要なこれらの構成要素と環境の関係について考えてみよう．

図 2.2 屋上の子供の遊び場（マルセイユ，ユニテ・ダビタシオン，設計：ル・コルビジェ，1947, 1952，作図：柏原誉）

2.1 屋根のデザインと環境

建築の内部空間とその上空の外部空間を仕切る目的で作られる建築の部分が屋根である．屋根は建築のデザインを決める重要な要素である．平らな屋根，勾配のある三角形の屋根，丸い屋根，それぞれ印象が異なる．また，勾配のある瓦屋根でも，屋根の形を見ただけで日本の建築か中国の建築かが容易にわかる（**図 2.1**）．街並みや都市の景観にとっても屋根の形は重要な役割を果たしている．

図 2.3 自動車工場（フィアット）屋上のサーキット（ミラノ，1916-24 年）[5]

ここで大切なことは，なぜそのような形になっているのかということである．建築の形態は，その機能性や芸術性（美など），構造上の合理性などによって決まる．そこで，まず屋根の機能や気候・風土と形態の関係などについて考えてみよう．

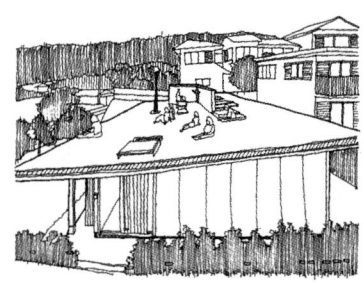

図 2.4 屋根の家（設計：手塚貴晴・手塚由比，2001，作図：柏原誉）

2.1.1 屋根の機能
a. 内部空間を守る機能

屋根の機能は，まず，雨，直射日光，騒音，視線など建物の外部からの影響を遮ることである．また，寒冷地などでは内部の熱を外へ出さないことも重要な機能である．屋根が軒（庇と同じ）を

図 2.1 日本と中国の屋根形態の相違
(a) 日本：唐招提寺，(b) 中国：福建泉州開眼寺大殿

出す形態の場合には，外壁などの建物のほかの部分を守る機能も果たす．

通常は必要のない特殊な機能だが，第 2 次大戦中には，空からの爆撃を防ぐための防空機能が重視され，関連する研究も進められた．

b. 屋上としての機能

屋根が水平に近い場合には，屋上として床の機能も果たす．集合住宅では，子供の遊び場（**図 2.2**）や物干し，病院では，患者の休息，運動，百貨店では遊園地，ショッピングセンターでは駐車場といった多様な使われ方がある．そのほか，屋上庭園，空調機器など設備の設置，また，ヘリポート

の設置が法的に義務づけられることもある．図2.3は，自動車工場の屋上を走行テストのサーキットとした例である．

図2.4は屋根を生活の様々な機能の場として積極的に使おうというコンセプトを中心に据えたユニークな住宅である．「屋根の上でご飯を食べたい」というクライアントの希望に応えて設計された．立地条件を生かし，眼前に広がる景色を寝転がって眺めることもできる．かつて，屋根に布団を干し，そこに寝転がった記憶が呼び起こされる．屋根の機能の再発見である．

c. 視覚的な機能

屋根の形態は外観的にも建築の印象を決める重要な役割を果たす．さらに，外観だけでなく，内部空間のデザインとも密接な関係がある．室内空間の上限を構成する面が天井である．通常，室内空間と小屋裏などの空間とを区画するために設けられる仕切状のものを天井と呼ぶが，屋根や床の下面がそのまま室内空間の上限になっているものも天井と呼ぶ．この場合，屋根の下面がすなわち室内空間の上面であるから，外観，内観双方のデ

図 2.5　楽器の機能をもつ教会建築（ランスの教会）

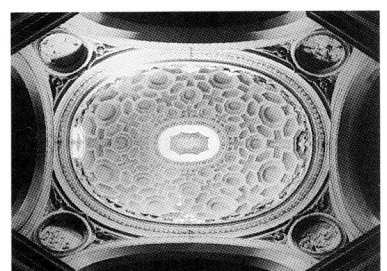

図 2.6　古典建築の天井のデザイン（サン・カルロ教会堂，ローマ，設計：ボルロミーニ，1638）

図 2.7　民家のダイナミックな小屋裏（高山市，吉島家住宅）

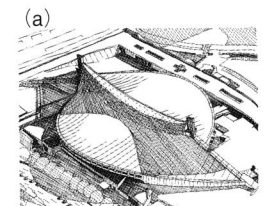
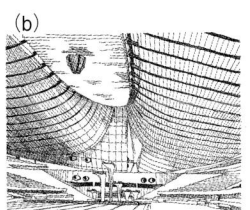

図 2.8　屋根形状が内部空間に反映した屋内競技場（国立屋内総合競技場，設計：丹下健三，1964，作図：柏原誉）
(a) 鳥瞰，(b) 内観．

ザインを統一的に設計する能力が要求される．例えば，人類が創造した最も優れた建築であるといわれるゴシック建築では，天にも昇るような荘厳な室内空間の形が都市のランドマークともなる印象的な外観を生み出している．また，内部の形態は視覚的に優れているだけでなく，パイプオルガンによる教会音楽を最も効果的に響かせる楽器の機能も果たしている（図 2.5）．古典建築ではとくに天井のデザインが重視された（図 2.6）．

日本の伝統的な木造住宅では，梁などの架構部材や垂木などの屋根を構成する部材をそのまま現して野地板を天井面とすることがある．図 2.7 に示すように古い民家などでは，小屋裏を見せることによりダイナミックで感動的な内部空間が生み出されている．瓦屋根の美しい家並みを構成する民家が，内部空間においても優れた環境をつくり出している例である．

このような日本の伝統的な屋根のイメージを現代建築に生かしたものとして丹下健三の国立屋内総合競技場（図 2.8）がある．屋根形状が内部空間のダイナミックな美をも生み出した優れた建築である．

図 2.9 コンサートホールの天井の形態（ベルリン・フィルハーモニック・コンサートホール，設計：ハンス・シャロン，1963）[1]

2.1.2 天井の機能

内部空間を仕切る天井を設けると内部空間は上部の天井裏と室内空間に分かれる．この場合，天井には2つの機能がある．

a. 視覚的，音響的機能

室内空間の美観上，小屋裏や床下を隠す機能である．天井裏には梁などの構造部材や空調ダクトなどの設備機器が納められ，視覚には入らない．また，室内音響を重視する建築の場合には，天井面の反射あるいは吸音（注1）の機能をもつ．天井をどのようなデザインにするか，視覚的にも音響的にもその処理は重要である（図2.9，断面図は図2.106参照）．

b. 断熱効果

天井裏を空気層として断熱効果をもたせることである．天井裏の空気層を密閉すれば十分な断熱効果はある．しかし，屋根の裏面で空気が冷やされると結露（注2）が生じやすくなる．これを防ぐためには，天井を断熱的にし，屋根裏は適度に換気を行うのがよい．

屋根の下方に天井を設けない場合は，屋根自身に断熱効果をもたせなければならない．現代建築では，種々の断熱材が開発されているが，古い民家などの茅葺き屋根では，厚く葺かれた茅材自身が優れた断熱効果をもつ．

このように，天井を設けるか否かは，視覚上も，また設備計画，室内環境計画にとっても重要な検討事項である．なお，通常，階高を低く抑えるために天井を張らないこともあるが，室内の温熱環境を考えて，最上階では天井を設ける．したがっ

て，最上階の階高は高くなる．

2.1.3 気候・風土と屋根の形態

屋根の機能を考えると，気候・風土が屋根形状に大きな影響を与えることは容易に理解できる．逆にいえば，屋根の形と風土が関係のない建築は，自然と共生する考え方が生かされていないと解釈される．自然の恵みや脅威を中心に据えた環境計画は今後ますます重要になってくるだろう．そのためにも，気候・風土と形態の関係について知る必要がある．

a. 雨量と屋根

日本のように降雨量の多い気候条件では，屋根形状は屋根面が傾いた勾配屋根が合理的である．雨のほとんど降らない地域では，屋根面が水平に近い陸屋根でも問題はない（図2.10）．

屋根の防水機能は，雨の降り方，屋根の水勾配（雨水の排除のためにつける勾配），屋根葺き材の防水性，屋根下地の処理方法などに関係してくる．雨の降り方については，単なる年間降雨量だけでなく，一時にどの程度激しい降り方をするかや，降雨時の風の強さが防水性の大小を決める条件になる．雨は垂直に降るだけでなく，風によっ

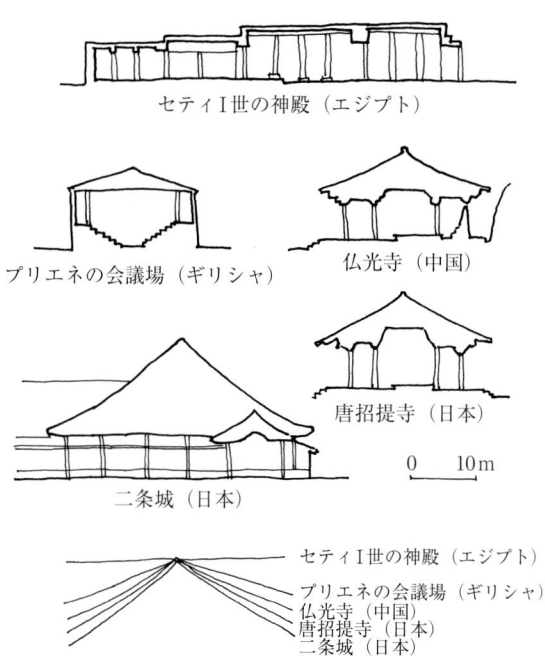

図 2.10 風土と屋根の勾配

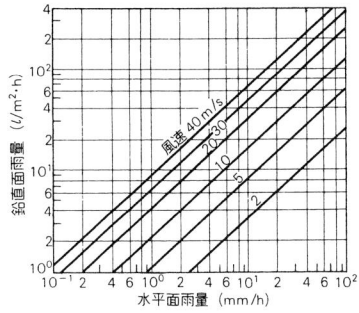

図 2.11 風速と横降りの関係[6]

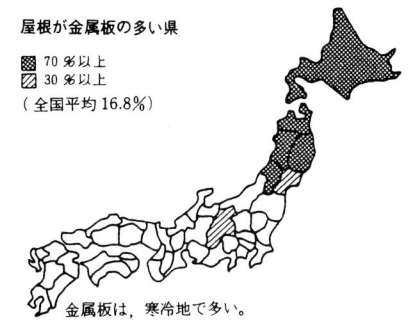

図 2.12 風土と金属板屋根[3]

て横降りし壁面から侵入することも考えねばならない（図2.11）．これを防ぐためには，庇の出を大きくすることが効果的である．このことを考えると，同じ日本の中でも，降雨条件の厳しい地方では，屋根勾配を大きくとり，庇，軒の出を大きくとることが必要になる．

伝統的な茅葺き，瓦葺きは勾配が大きく，近代的な工業材料を用いたアスファルト防水，シート防水，金属板を用いた屋根は1/100程度の緩い勾配が可能である．

わが国においても，ヨーロッパの現代建築のデザインの影響（注3）から，陸屋根の建築が主流になっている．しかし，屋根のデザインが，気候条件に密接に関係することを考えると，陸屋根を採用する際にはそれなりの注意が必要である．雨量の多い地域では防水層に隙間ができないようにしなければならない．そのためには，下地材が鉄筋コンクリートのような強固なものであることが要求される．変位，たわみの大きい木造や鉄骨造などの場合には特段の工夫がない限り不向きである．

b. 雪と屋根

雪国では，降水のほかに屋根の上の積雪が問題になる．積雪への対策には大きく2つの方法がある．1つは，屋根勾配を大きくし，雪が滑り落ちて，屋根の上に積もることを避ける方法（落雪方式）．もう1つは，雪質が比較的乾いていて軽い地域において，屋根勾配を緩くして，風で雪を吹き飛ばしてしまう，または積んだままにしておく方法（無落雪方式）である．中途半端な勾配にすると，積もった雪が屋根面を滑り，屋根を壊したり，大量の雪の落下の震動で窓ガラスを割るなどの損

傷が発生する可能性がある．最近では，熱で雪を融かして内樋で排水する融雪方式の屋根（スノーダクト屋根，注4）も工夫されている．

図2.12は屋根が金属板の多い県を示したものである．積雪寒冷地域では，瓦が積雪や氷結で割れるために，トタンなどの金属板による屋根が多い．

c. 茅葺き屋根

伝統的な茅葺き屋根の場合には（図2.13），屋根葺き材そのものが断熱的なものとなっており，天井がなくても夏涼しく，冬暖かい家となっている．

では，なぜ茅葺き屋根に防水性があるのか．図2.14に示すように屋根面に降った雨水の量は下に流れるに従って増加する．図のハッチの部分は，雨量が増加することを示している．雨量が増加すると浸透量も増加するので，その浸透量に対処するためには，屋根の長さ（L）が大きいほど，茅の葺厚（D）を厚くする必要がある．茅葺き屋根の重厚な美しさが生まれる原理である．風土に密着した先人の知恵から生み出された合理的な建築デザインである．

しかし，このような茅葺き屋根は断熱性には優

 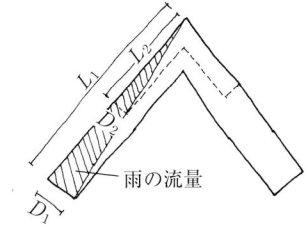

図 2.13 伝統的な茅葺き屋根（岐阜県，白川郷） 　　図 2.14 雨と茅葺き屋根の厚さの関係

図 2.15 風を捕らえる屋根の形状（パキスタン，ハイデラバード）[2]

れているが，防火上また耐久性においては問題がある．普通の茅葺き屋根は，耐用年数が 20 年程度といわれ，葺き替えには相当の費用がかかる．

家の建て込んだ都市部では，近くの火災の飛び火による類焼の可能性を考えると，屋根材は不燃性のものでなければならない．

d. 景観と屋根

街の景観は屋根の形で決まるといっても過言ではない．すなわち，風土と景観は密接な関係にある．図 2.15 に示した特異な景観は，パキスタンのハイデラバードにおける屋根の形で，空につきでた奇妙な装置は風捕獲器（wind catcher）である．この装置によって涼しい風をすくい取り，多層階の住居の隅々まで導き入れることができるという．

わが国においても，諸外国においても，美しい街並みは屋根の形と色が調和し規則性が読みとれる．最も大きな特徴は，「妻入り」か「平入り」かということである（図 2.16）．妻入りとは，大棟と平行な方向，すなわち建物の妻側に入口がある場合をいう．入母屋造や切妻造では入口側に破風が見える．一方，平入りでは大棟と直角方向に入口がある．すなわち建物の長手方向に入口がある．構造的には，梁の長さを短くするのが合理的である．梁に直角に大棟がかかるので，当然，妻入りは間口が狭く奥行きが長い．平入りはその逆である．伝統的な京都や高山などの街並みは平入り（図 2.17），篠山や出雲崎などは妻入り（図 2.18）と地域による特徴がみられる．ドイツのローテンブルグなどは典型的な妻入りの街並みである（図 2.19）．では，なぜそのような違いが生じるのか．様々な理由はあるが定説はない．しかし，丹後半島の伊根町の街並みは明確な理由が読み取れる．海と山に挟まれたこの漁村は，舟を家の下に引き入れる舟屋で有名である．舟屋は舟の形状から必

図 2.17 平入りの街並み（中山道本山宿）[7]

図 2.18 妻入りの街並み（新潟県，出雲崎）
(a) 鳥瞰，(b) 街並み景観．

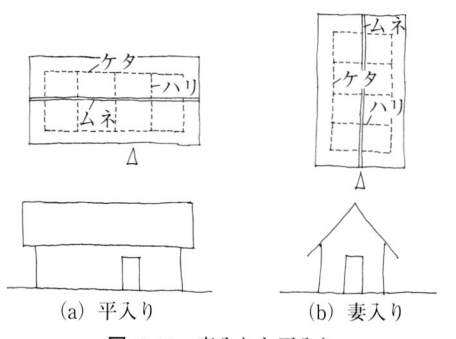

(a) 平入り　　(b) 妻入り
図 2.16 妻入りと平入り

図 2.19 ローテンブルグの妻入りの街並み（撮影：吉村英祐）

図 2.20 舟屋のある伊根町（山側の平入り と海側の妻入り）[9]

図 2.22 様々な機能をもつ屋上緑化（なんば パークス，設計：大林組，2003）

図 2.21 伊根町の景観
(a) 海からの眺め，(b) 街路からの眺め（山側の平入りと海側の妻入り）．

然的に妻入りとなる（**図 2.20**）．海側からの景観は特徴的である（**図 2.21**(a)）．ところが，道を隔てた山側は敷地の奥行きが狭いために必然的に平入りとなる（**図 2.20**）．蛇行する道を歩くと，海側は妻入り，山側は平入りという街並みが視野に入る独特の景観を形成している（**図 2.21**(b)）．

今日，技術力の進歩により，様々な形や色の建築が実現可能になった．そのため，それぞれの風土から生まれた調和のとれた美しい街並みは崩壊の危機にある．これまでに長い時間をかけて創り出されてきた優れた文化遺産を次世代に受け継いでいくことも，環境計画の大きな課題である．

2.1.4 特殊な屋根
a. 屋上緑化

建築の上部，勾配屋根やビルの屋上部分を緑化することを屋上緑化と呼んでいる．風土に根ざした草屋根や，屋上庭園も屋上緑化に含まれる．こ

の屋上緑化が近年注目されているのは，都市のヒートアイランド現象（注5）の緩和，断熱効果による室内環境への外部環境の影響緩和，冷暖房負荷の低減による省エネ効果などのためである．

緑化による大気の浄化や野鳥の飛来などによる自然環境の回復，草花や樹木による人間的な環境の創出など複合的な機能も期待されている（**図 2.22**）．

このような様々な効果を有効ならしめるために建築デザインにとって重要なことを列挙する．構造上の荷重負荷の増大への対処，雨漏り防止のための建築材料・構法などの検討，植栽可能な断面寸法などディテールの検討，気候・風土に合った植栽・樹種の検討など．すなわち建築の屋根の本来の機能をふまえ総合的に考えることである．

b. 開閉する屋根

建築の内部空間に外部の自然環境を導き入れるのは通常，窓や壁に開けられた開口である．しかし，屋根面から光を取り入れるトップライトは，設け方によっては，採光上もまた空間演出の上か

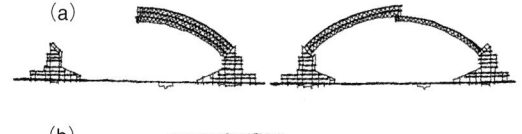

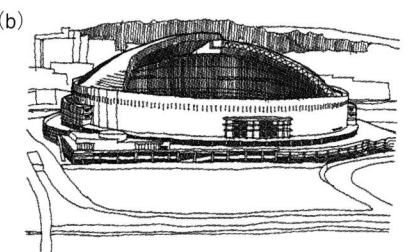

図 2.23 開閉するドーム（福岡ドーム，設計：竹中工務店，作図：柏原誉）
(a) 断面図，(b) 外観．

らも大きな効果が生み出せる方法である．開閉式であれば，光だけでなく新鮮な空気も導き入れることが可能で，春，秋の中間期には快適な内部環境を創出できるだろう．近年，このような考え方が大規模なドーム球場などのスポーツ施設に導入されている(**図 2.23**)．雨天であれば閉じ，天候がよければ開く．施設の稼働率も上がる，省エネルギーにもなる，フィールドの天然芝の成育にもよいという考え方である．

しかし，大規模な可動式屋根のための莫大な初期投資や室内の温湿環境保持のためのエネルギーコスト，屋根を開閉するためなどのランニングコスト(注6)が予想される．稼働率からみた採算性だけでなく，本来，屋外の自然の中で行われていたスポーツなどを人工環境で行うことの是非を原点に立ち返って問い直すことも必要であろう．

c．ドーム建築――屋根・壁の連続性

竪穴式住居，アメリカインディアンのテント式住居(**図 2.24**)，エスキモーの氷の家などはいずれも屋根と壁の区別はない．元来，住居の原型の洞窟には屋根，壁，床の区別はなかったはずである．バックミンスター・フラー(注7)は，このような

図 2.24 アメリカインディアンのテント式住居[8]

図 2.25 ドーム建築(ジオデシックドーム，設計：バックミンスター・フラー)[11]

図 2.26 プラスチックドームによるマンハッタン計画(設計：バックミンスター・フラー)[10]

空間を近代技術を駆使し，巨大な球形の皮膜によるドーム建築として創り出した(**図 2.25**)．さらに彼は，マンハッタン計画においてニューヨークの町にすっぽりとプラスチックドームをかぶせ，既存の町をそのままにして町全体に自由な気候調整を行うことを提案した(**図 2.26**)．巨大な人工環境を創造することは，人類の夢の1つである．このようなプロジェクトが，現代の自然環境重視の時代に妥当かどうか問題はある．しかし，これからの宇宙時代を想定すると，基地の建設などに生かせる可能性も秘めている．

2.1.5 屋根のトラブルと対策

屋根には多様な機能があり，その機能に応えるデザインがなされなければならない．重要なことは，屋根のデザインがその土地の風土に見合った合理的なものであるかどうかということである．工業技術の発達による多様な優れた材料や構法の開発，また空調技術の進歩により，快適な人工環境を生み出すことが可能になった．このことから風土性への配慮に欠ける屋根のデザインが多くみられる傾向がある．技術力にたよって気候・風土のことを考えないデザインは，様々なトラブルを生む．

a．雨漏り

わが国の建築で最も多く発生する問題は雨漏りである．雨漏りは竣工直後に発生することもあるが，屋根材の経年劣化などにより年月がたってから発生することもある．雨漏りは，建築本来の機能を損なうだけでなく，建物本体の寿命を短くする．

雨漏り防止の原則は，屋根材として耐水性・防水性，耐久性の高い材料を採用すること，その屋根材は構造材の変形に追従できること，適切な屋根勾配をとること，谷をつくらないことなどである．とくに重要なことは，材料の選択，ディテール，施工とも時間的な耐久性である．また，陸屋根などでは，排水ドレインを落葉やゴミなどで詰まらせないよう定期的に点検，清掃を行うなどメンテナンスを怠らないことである．

b. 断熱性能

断熱性能の低い屋根は，エネルギーの無駄な消費から，ランニングコストの増加につながる．現代建築では，内部に外部の自然光を取り入れ，快適な内部空間を創出する方法としてガラス屋根やトップライト（2.3節参照）がしばしば使われる．しかし，これらはわが国の気候・風土を考えると雨仕舞，断熱性能に問題が多く，十分な対策を取る必要がある．安易な使用は，雨漏りや結露，エネルギーロスにつながる．いずれも現代社会の大きな問題である．地球環境，エネルギー・資源問題に関係するという認識が重要である．

参 考 文 献

1) Henri Stierlin：Encyclopaedia of World Architecture 2, Office du Livre, 1977
2) B. ルドルフスキー著，渡辺武信訳：建築家なしの建築，鹿島出版会，1984
3) 鈴木成文：住まいを読む，建築思潮社，1999
4) domus, No.875, 2004
5) domus, Ferrari 2004 パンフレット
6) 日本建築学会編：建築設計資料集成1「環境」，丸善，1978
7) 小林昌人：民家の風貌，相模書房，1994
8) 仙波喜代子編：小屋の力，ワールドフォトプレス，2001
9) 建築文化，Vol.151, No.596, 1996
10) 都市デザイン研究体：現代の都市デザイン，彰国社，1969
11) 日本建築学会編：近代建築史図集，彰国社，1966

注1 吸　音：音波が媒質中を伝播するとき，または媒質のある境界面に当たった場合，何らかの変換機構によって音のエネルギーの一部がほかのエネルギーに変わる現象．

注2 結　露：壁，天井，床などの表面あるいは内部の温度が空気の露点温度以下に下がり，建築材の表面に露を結ぶこと．

注3 現代建築のデザイン：産業革命を契機としてヨーロッパを中心とした建築のデザインは大きく変わったが，その多様な動向の中でも個人や地域の特殊性を超えて，世界的に共通な様式へと向かう建築として1925年にドイツのW. グロピウスが国際様式を提唱し，その後の現代建築に大きな影響を与えた．その特色は装飾の排除，シンメトリーよりバランスの重視，量感より空間感覚で建築を捉えていくことの3点に要約される．

注4 スノーダクト屋根：北海道で開発された屋根で，屋内を通る内樋が室内の暖房の熱により熱せられ雪を融かし流す原理を使っている．無落雪方式の屋根として有効であるが，枯葉やホコリ，カラスが運んできたゴミなどが樋に詰まると雨漏りの原因ともなるので，樋の掃除などメンテナンスが重要である．

注5 ヒートアイランド：熱の島ともいう．都市地域を覆っている高温な大気．都心と郊外との温度差は5～6℃以上あることもあり，都市の上空は高温な空気が帽子をかぶったように覆っている．原因は，燃料消費による人工熱の発生，都市を覆う大気の汚染による温室効果，熱容量の大きいコンクリートやアスファルトで被覆されているため夜間に熱が放出されること，都心部は高層建築が多く，凹凸が多いため換気されにくいことなどである．

注6 ランニングコスト：建物，設備などを維持管理，稼働するための費用．

注7 バックミンスター・フラー（1895～1983）：アメリカの構造技術者．1927年より最小のエネルギーで最大の効果を引き出す意味の造語からなるDymaxion計画を推進し，住宅や自動車の設計を行った．また基本単位となる四面体と八面体の組み合わせにより，廉価で迅速な大空間の構成を可能にしたジオデシック・ドームを開発した．著書「宇宙船地球号」（1967）などと共に，地球環境のあり方に対する様々な提案を残した．

2.2 壁のデザインと環境

　壁とは，通常，建物の内と外を区画したり，建物内部の空間を区画するために鉛直またはそれに近い角度で設けられる構築物を指す．屋根，床，天井なども空間を区画するものであるが，人間の移動，視線の方向が主として水平方向であることもあって，設計の初期段階の平面計画では，壁をどのように考えるかがとくに重要である．

2.2.1　壁の分類

　空間の仕切から考えた場合，外部空間を2つに仕切る「外部壁」，外部空間と内部空間を仕切る「外周壁」，内部空間を2つに仕切る「間仕切壁」がある．間仕切壁のうち，とくに共同住宅などで2つの住戸間を仕切る壁を戸境（こざかい）壁，あるいは界壁（かいへき）と呼ぶこともある（図2.27）．

　また，壁の片面だけを指す場合には，外部空間に面する「外面壁」，内部空間に面する「内面壁」と分類される．

　壁の位置による名称としては，窓台の高さより下部の「腰壁」，鴨居の高さより上部の「小壁」などがある．また，開口部まわりについては，開口部の上部の「たれ壁」，側部の「袖壁」などがある．

2.2.2　壁の機能と種類

a. 壁の機能

　音や熱，光，風，雨など様々な環境因子を遮断したり反射したりして，求められる内部空間の性能をつくり出すことである．

　例えば，外周壁の主要な機能は風雨，外部の光・熱，音，臭気，外部火災などの進入を遮断することである．しかし，このような物理的な環境因子だけでなく，外部からの視線などを遮り，内部のプライバシーを守る機能，外部の不快な景色などを遮断する機能，泥棒など社会的因子の進入を防ぐ機能もある．一方，内部で発生する音，光・熱，臭気，火災などが外部に出ることを防ぐ機能もある．特殊な例だが，刑務所の壁は，囚人の逃亡を防ぐという重要な機能がある．

　間仕切壁の主要な機能は，外周壁の機能と同様に，物理的な環境因子や社会的な環境因子を遮断することである．そのほか，内部空間における両側の空間の用途によって下記のように様々な要求が考えられる．

① 防火壁：建物内の延焼を防ぐための防火区画を形成しうる耐火性が高い壁．
② 防煙壁：天井に沿って広がる煙を防ぐための不燃性のたれ壁．
③ 防音壁：録音スタジオの周囲などに使われる壁で二重壁などにして遮音性を高めた壁．遮音壁．
④ 吸音壁：音楽ホールなどで反響を防ぐために設けられた凹凸などを有する壁．
⑤ 防熱壁：冷凍室の周囲など外部の温熱環境を遮断する目的で，断熱材を豊富に用いた壁．防寒壁．
⑥ 防水壁：高い防水性を要求される地下室などに用いられる壁．
⑦ 放射線シールド壁：レントゲン室など放射線を扱う室の周囲に放射線の遮断を目的に設けられた壁．
⑧ 蓄熱壁：太陽熱などを時間をおいて取り出すための熱容量の大きな壁．
⑨ 採光壁：ガラスブロックのように光は通すが，ほかのほとんどの環境因子は遮断する壁．
⑩ 収納壁：間仕切壁で収納の機能を一体としてもっている壁．

b. 収蔵庫の壁

　正倉院の校倉（図2.28）は，外壁が木材を横に重ねてログハウス風に組まれた収蔵庫である．この校倉造の構法は，木材の乾燥時には収縮して通

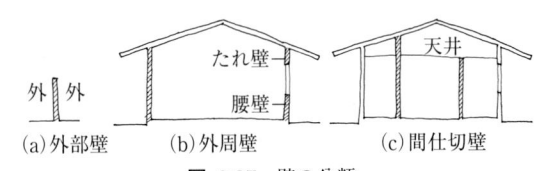

図2.27　壁の分類
(a) 外部壁，(b) 外周壁，(c) 間仕切壁．

図 2.28 正倉院の校倉
(a) 遠景，(b) 近景．

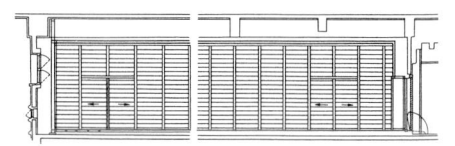

図 2.29 博物館の収蔵庫（大和文華館，設計：吉田五十八）[3]

風を，高湿時には膨張して密閉状態を創り出している．宝物にとって適正な温湿環境を自然の力を利用して生み出した 1,300 年前の古代人の見事な知恵である．現代の鉄筋コンクリート造ではこのような内部環境がつくれないので，美術館や博物館では，内部に木造で二重に部屋をつくる入れ子構造としている（**図 2.29**）．コンクリート壁と木造壁の間の空気層により内部の温湿環境をコントロールしようとする考え方である．

c. 動 く 壁

壁は通常動かない固定壁であるが，目的によっては，動く「可動壁」が使われることがある．例えば，美術館の展示のための壁は，展示内容によって壁の位置を変えうるように計画される．**図 2.30** は回転式の壁としたものである．動く壁は，開口部におけるドア，引き戸，回転窓，上げ下げ窓などと原理的には区別しにくいものもある．共通する注意すべき問題は，固定壁と比較し気密性などの保持が困難なことである．採用する場合には使用場所によって水，音，熱，煙などの遮断性能を十分に検討する必要がある．ホテルの宴会場などでよく使われる可動間仕切も隣室の音が苦情の原因となることがある．

d. 支える壁，支えられる壁

以上のように様々な機能や性能をもつ壁があるが，そのほか，建物を支えることが主たる機能の「耐力壁」（ベアリングウォール），風や地震など水平方向の力に対してとくに強い抵抗要素をもつ「耐震壁」など構造上必要な壁がある．ヨーロッパの石や煉瓦を用いる組積式構造の建築の壁は基本的に耐力壁であるが，日本の木造建築のような軸組式構造の場合は「非耐力壁」が原則である．なお，建物の外周壁で，工業製品化された非耐力壁をカーテンウォール（帳壁）と呼び，現代建築では，外壁デザインの主要なものとなっている．

e. 視野と壁の高さ

人間の視線はほぼ水平で，**図 2.31** に示すように約 60 度程度のコーン状の視野をもつ．このことから外部空間において建物を見た場合，視野の中で壁面の占める面積，空の占める面積によって開放感が異なる．例えば，広場では建物の高さ（H）の 2 倍の奥行のスケールの広場では囲われた印象を与える．それ以上大きくなるほど，より開放的な広場となる（**図 2.32**）．この法則性は内部空間でも同様に適用できる．視野の中に占める天井の面積が増えると圧迫感が増加する．壁が人間の眼の高さより高くなると，視覚的には空間は分割さ

図 2.30 美術館の回転式の壁（群馬県立近代美術館，設計：磯崎新，1974）
(a) 閉じた壁，(b) 回転時の状況，(c) 展示室からの眺め．

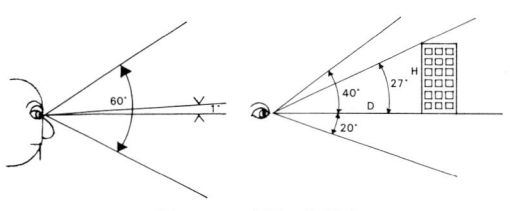

図 2.31 人間の視線[7]

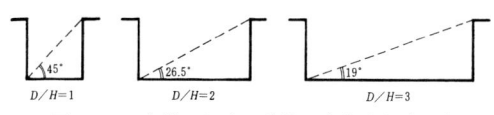

図 2.32 広場における建物の奥行きと高さ[2]

図 2.33 ローパーティション

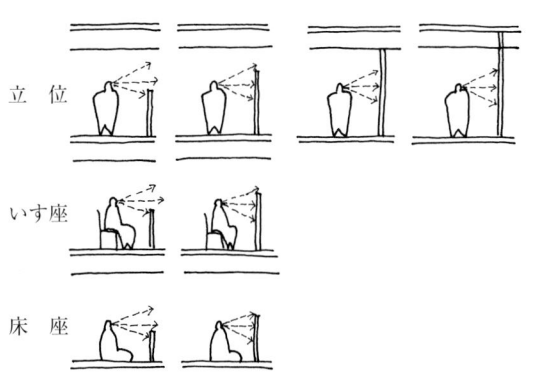

図 2.34 内部空間における壁の高さ

図 2.35 壁面の絵画（メキシコ大学中央図書館，設計：シケイロス，1953）[8]

図 2.36 樹木を写し込むミラーガラス（栃木県立美術館，設計：川崎清，1972）

れる．大部屋を視線より高い可動壁で小部屋に分割する方法もある．音や温熱環境に関して問題なければ，内部機能の変化に対応させて部屋のレイアウトが変更できる有効的な方法である．

最近では，いすに座った作業中の状態では囲われた環境を形成し，立った場合には視線が通る壁（ローパーティション，図 2.33）が採用されることが多くなっている．プライバシーの確保と，職場でのコミュニケーションの両面を考えたものである．

内部空間における壁の高さは3種類ある．天井より低い壁，天井までの壁，上階のスラブ（床版）まで達する壁である（図 2.34）．それぞれの性能を表 2.1 に示す．視覚的な性能は人間の姿勢，すなわち，立位，いす座，床座によって異なる．集合住宅などで火災の延焼や有毒ガスの蔓延を防止するためには，住戸間の壁は上階のスラブまで達するものにしなければならない．

f. 情報伝達機能

視野に関する法則は建築の立面などのビジュアルデザインを考える場合にも重要である．壁面の造形，色彩は見る人の心理に大きな影響を与える．この場合，見える範囲，対象物までの距離によって，何がどの程度見えるかが決まる（視認距離）．美術館では絵画の展示，教室などでは黒板，スクリーンを設置するためには壁面は欠かせな

表 2.1 壁の高さと性能

壁の高さ	要因	視線の遮断	遮音	室温の遮断	火災・煙・ガスなどの遮断
天井より低い壁	目の高さより高い	○	×	×	×
	目の高さより低い	×	×	×	×
天井までの壁		○	△	△	×
上階スラブに達する壁		○	○	○	○

○ よい　△ 問題あり　× 悪い

図 2.37 商品のイメージを伝える壁（ルイ・ヴィトン六本木ヒルズ店，設計：青木淳，エリック・カールソン，アウレリィオ・クレメンティ，2003，撮影：吉村英祐）

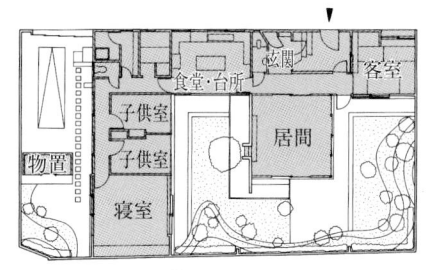

図 2.39 優れた外部空間を生み出す内部空間の計画（正面のない家，西宮市，設計：坂倉建築研究所，1962）

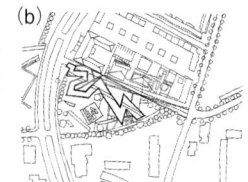

図 2.40 樹木を避けて設計された建築（ベルリン，ユダヤ博物館，設計：リベスキンド，1998，作図：柏原誉）
(a) 外観，(b) 配置図．

い．建築の内部だけでなく，建築の外面壁は，様々な情報を伝達する機能をもつ．メキシコの建築家シケイロスが設計したメキシコ大学の建築の壁面には教育と文化を象徴する絵が描かれ，近代主義と民族主義を融合させた独自の建築を生み出している（図 2.35）．図 2.36 の栃木県立美術館では，敷地にもとからあったニレの木をミラーガラスの壁面に写し込み，環境をより強く印象づけることを設計コンセプトの中心に据えている．最近の商業建築では，壁面のデザインで商品のイメージを伝達しようとしている例が数多くみられる（図 2.37）．

g. 「地」を生み出す壁

壁は建築空間を生み出すために外部空間から内部空間を切り取る機能をもつ．建築デザインの主要な目的は，どのような内部空間を創るかという点にある．しかし，それと同時に切り取られた外部空間をどのようにデザインするかということも環境計画にとって重要である．図 2.38 はゲシュタルト心理学における「図」と「地」の関係を示したものである．建築デザインにおいては，建物を「図」，外部空間を「地」と捉えることができる．ここで重要なことは，「地」の部分を単なる「残部空間」としないことである．優れた設計は，建築が存在することによって生み出された外部空間も内部空間と同様に我々に感動を与える．このことは，内部空間の設計と同時に，外部空間の設計を考えることも必要であるということである．図 2.39 はあるコートハウスの平面図である．建築とコートが一体的にデザインされていることが理解できるだろう．

さらに，すでに存在する樹木などを残すことを優先し，外部のデザインを考えることから建築のデザインがスタートすることもある．図 2.40 は，リベスキンドの設計によるベルリンのユダヤ博物館である．敷地にある樹木を避けて建物は設計された．内部と外部の空間が響き合う優れた建築が生まれた．

h. 複合機能

壁の設計で重要なことは，その機能は単一ではなく，構造的な機能，音や熱など物理的な様々な環境因子を制御する機能，また人間の行動や心理をコントロールする機能などが複合化されているということである．自然にもたれかかることができる壁，象徴的に空間を仕切る壁，情報を伝達する機能をもつ壁など，1つの壁に多くの意味をもたせうるほど優れたデザインであるともいえる．

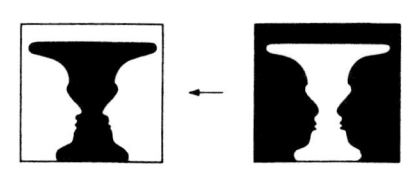

図 2.38 図と地[1]

図 2.41　開放的な木造軸組構造（京都，詩仙堂）

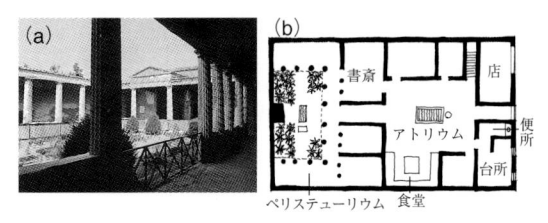

図 2.42　コートハウス（イタリア，ポンペイ，BC 400 年頃）
(a) 内庭[4]，(b) 平面図．

2.2.3　気候・風土と壁

建築の主要な機能がシェルターの機能であるから，その形態は屋根と同様に気候・風土に大きく影響される．吉田兼好（注1）が『徒然草』の中で「家の作様（つくりやう）は，夏を主とすべし．冬はいかなるところも住まる．暑きころ悪き住居堪へがたきことなり」と述べた．わが国の夏は高温多湿で，風通しの悪い家は住めない．このことを考えると，日本では窓や開口の取り方が重要で，壁に対する意識は比較的低い．ただし，これは近代以前の京都を中心とした日本文化の考え方で，現代社会では北海道から沖縄まで日本全体の風土を一律に捉えることに問題があることはいうまでもない．

伝統的な木造建築では，構造的には柱，梁で構成される軸組構造で，柱間は，大部分が開口部となり，通常，引き戸などで仕切られ，壁となる部分は比較的少ない（**図 2.41**）．冬には隙間風の進入により寒さが厳しいという欠点はあるが，夏には引き戸を開け放つと外部と一体化し通風により厳しい蒸し暑さに耐えることができた．

一方，ヨーロッパなどでは日本と逆の風土で，夏は暑くても湿度が低く比較的過ごしやすい．石や煉瓦の組積造建築では構造的に壁が多く，窓は小さくなるが，この形態が室内環境にとっても合理的である．このような気候条件だけでなく，他民族の侵略などが多い地域では，外部に対して窓や開口部を小さくし，壁面を多く取ることが外敵を防ぐために有効なのである．街路に対しては入口を小さく取り，壁で囲まれた空間の中に中庭を設けるコートハウス（**図 2.42**）の形式が生まれた．

このように工業技術が未発達の時代には，気候・風土や地域の社会状況に合わせて建築の形態が生み出された．そこには，自然環境と共生していく人間の知恵や工夫がある．

現代建築では，科学技術の発達により，工業製品化された建築材料や設備機器により，内部環境は人工環境として比較的容易にコントロールすることが可能になった．そのために建築の形態は世界のどこに立地するかという風土性は問題でなくなり，それよりも形態の造形性，新奇性，奇抜さ，面白さ，また，建築を情報発信の媒体として捉えることが優先される傾向がみられるようになった．その結果，外壁面のデザインは世界で共通化し，オフィスビルなどでは，断熱効果の少ないガラス張り，通風不可能なはめ殺し窓が主流となっている．

しかし，壁の本来の断熱機能を考えると，気候条件に合った合理的な形態かどうか疑問である．地球環境問題，エネルギー・資源問題を考えると，建築のデザインにおいて壁はどうあるべきか，風土を考え，自然との共生を重視した先人の知恵に学ぶことが必要である．

2.2.4　壁の材料と性能
a．構成材料

壁の構成材料については，壁自身を支えている躯体に相当する部分，直接，空間に面している仕上げの部分，躯体部分と仕上げ部分に挟まれた下地の部分に分けて考えられる．もちろん，コンクリート打ち放しの壁のように3つの部分が一体で分けることができないものや，逆に下地が何層にも分けられるものもある．

b．壁の性能

計画上重要なことは，壁の防水性能，断熱性能，

遮音性能，耐衝撃性能，耐火性能などで，使用される部位によって要求される性能とそのグレードが異なる．まず，風雨に晒される外周壁では，上記のすべての性能をもつ必要がある．雨量の多いわが国では，その中でもとくに耐水性能，防水性能は最も重要である．性能は施工直後の初期性能と共に経年劣化の少ないものでなければならない．近年開発された工業製品で長い年月を経た経験がないものは，採用に当たって十分注意する必要がある．劣化しにくいものと同様，汚れにくい材料，清掃などにより汚れを落としやすい材料，汚れても目立たない材料などチェックすべき項目は多い．その点，伝統的に使われてきたものは，永年の風雪を経験し生き残ってきた材料として信頼性が高い．

断熱性能は，空隙の多い材料ほど高い．空気の熱伝導率が小さいという原理によるものである．断熱材は繊維質断熱材，粉末質断熱材，多孔質断熱材に大別される．なお，その強度は非常に弱く，ほとんど自重に耐える程度であるから，加重をかけないような設計が必要である．空気の熱伝導率が小さいという特性から，設計手法として空気層を形成し，断熱効果を高めることもある．最上階に天井を設け，天井裏を空気層として断熱効果を高める方法もその例である．また，近年，ガラスのカーテンウォールを二重にし，空気層を形成するダブルスキンの方法も省エネ効果を高める方法として用いられている（4.3節参照）．

遮音性能は材料の重さと壁厚に関係する．すなわち重い材料ほど，壁が厚いほど遮音性能は高い．この点からいえば，木造建築よりも石や煉瓦でつくられた組積式構造のほうが遮音性がある．

音に関連して，壁の音反射の程度も室内設計では重要である．一般的に石や煉瓦，コンクリートなどの堅い材質ほど反射の程度は大きく，響く．ヨーロッパの宗教音楽や交響曲などは石の文化から生まれたもので，残響時間が重視される．一方，木の文化から生まれた邦楽は，残響音を嫌う．このことは，コンサートホールと能楽堂の音響設計の際には重要なポイントである．

ヨーロッパのタピストリー（壁掛け織物）は，

図 2.43 都市の夜景

石や煉瓦でつくられた住宅などの室内の残響音を和らげ，視覚的にも柔らかな空間を演出するための道具として生まれたものである．

c． カーテンウォール

現代建築ではガラスが外周壁に多用される．ラーメン構造（注2）の柱間に設置されることもあるが，カーテンウォールとして使われることが多い．断熱性，遮音性，耐衝撃性，耐火性，いずれの性能にも劣るガラスがなぜ多用されるのか．オフィスビルについて考えてみると，内部空間としては，採光条件がよいので，奥行きの深い，広い開放感のある事務室が確保できること，外観としては，シャープで近代的なイメージが創出できること，また，工業製品として施工が容易で，工期が短縮可能なため経済的にも合理性をもっていることなどである．ガラスの透過性は夜間のビルの光による演出にも最適で，現代的な都市の魅力的な夜景をつくり出している（**図 2.43**）．

これからの地球環境保全の時代に建築デザインで重要なことは，ガラスの欠点をいかにして克服し，その長所を効果的に使うかということである．ガラス壁をダブルスキンにし空気層を形成することにより断熱効果を高める方法や，ガラスブロックなどの半透過性の材料を効果的に使用する方法などが試みられている．

d． 間仕切壁や内面壁の性能

間仕切壁では，とくに遮音性能に問題が起こりやすい．集合住宅やホテルなどで隣接した住戸や隣室の音が聞こえるという問題である．

音に対する感覚は国民性によっても異なる．わが国の木造建築の遮音性能はヨーロッパの石や煉瓦でつくられた建築に比べて劣っている．旅館な

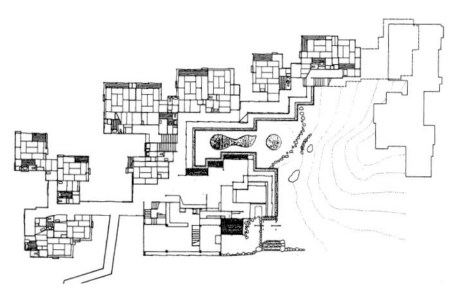

図 2.44 高級旅館におけるプライバシー確保（都ホテル佳水園，設計：村野藤吾）[6]

どでは遮音性がほとんどない襖1枚隔てて宿泊するといったことが普通であった．お互い音をたてない，聞いていても知らぬ振りをするなどの文化的背景やそれなりのマナーがあったのだろう．また，高級旅館では1組しか泊めない，あるいは離れの形式で距離をあける室配置によりプライバシーを確保するなどの手法が取られた（**図 2.44**）．このような過去の例を参考にして設計する場合に重要なことは，その文化的な背景や使われ方まで含めて理解することである．

内面壁では，水を使う浴室，洗面所，キッチンなどでは耐水性が必要であるなど，室内空間の特性を考えて壁の材料を選択する．住宅で最近とくに問題となっていることは，壁の仕上げ材としてホルムアルデヒドなどの化学物質を発散する材料を用いることによるシックハウス症候群（注3）である．科学技術の進歩から生まれた新建材の，かつてはなかった新しい深刻な問題である．設計者は，工業製品を建築材料として選択する場合には，各種の要求性能やデザイン上の観点，経済的な観点と共に，材料の人体に与える化学的な特性についても環境計画の視点から十分な検討が必要である．

2.2.5 壁面緑化

蔦で覆われた甲子園球場，蔦の絡まるチャペルなど，外壁面が植物で包まれたロマンチックな情景は古くからあった．しかし，近年注目されている「壁面緑化」は，ヒートアイランド現象の緩和，照り返し防止効果，大気浄化効果など，地球環境問題，省エネ効果など，その目的とする機能は明確化している．しかし，効果は屋上緑化ほどではない．採用するにしても，植物は生きものであるから，植物の特性を十分に理解する必要がある．安易な採用は効果が発揮できず，設計時のイメージどおりにならないことがある．とくに，植栽後の水やりなどの維持管理には手間がかかるので十分に検討しておくことが重要である．

参考文献

1) 岡田光正ほか：建築計画1（新版），鹿島出版会，2002
2) 岡田光正：空間デザインの原点，理工学社，1993
3) 岡田光正ほか：建築計画2（新版），鹿島出版会，2003
4) Alfonso de Franciscis：ポンペイ，Inter-dipress，1972
5) a+u, No.339, 1998
6) 川道麟太郎：雁行形の美学，彰国社，2001
7) 芦原義信：外部空間の設計，彰国社，1975
8) 日本建築学会編：近代建築史図集，彰国社，1966

注1 吉田兼好：鎌倉末期の歌人．徒然草のほか自撰家集がある．
注2 ラーメン構造：各接点で部材が剛に接合されている骨組．力学的には曲げ材，圧縮材，引張材が結合されている形式である．
注3 シックハウス症候群：6.2節参照

2.3 窓・開口のデザインと環境

窓とは，採光や通風などの目的のために壁または屋根に設けられた開口部の総称である．出入りのために設けられた開口も通風や採光の機能をもつことが可能であるし，窓から出入りをする場合もあるので，窓と開口の区別を明確にすることが困難なこともある．窓や開口は内部空間の環境計画にとっても，またその配置，形態が建物の表情を決めるというデザイン上の理由からも重要な要素である．

2.3.1 窓 の 機 能

機能を大別すると，①通風・換気・排煙，②採光，③建物の内部から外の眺望を得ること，あるいは外から内部をのぞき見ることである．また，④出入りに利用することもある．そのほか，⑤内部の気配を外部に伝える機能もある．

a. 通風・換気・排煙

いずれも空気の特性に関するものである．

1) 通 風 英語のwindowが「風の目」を意味するように，通風は本来，窓の第1の機能と考えられる．とくに，日本のように夏に蒸し暑い国では，通風は建築を考える場合にはまず考慮しなければならないことである．通風には窓をどのようにとるかが重要である．わが国の伝統的な木造建築は，軸組式構造で，柱，梁で構成されるので，比較的窓や開口部は自由にとれる．風土に合った合理的な形態である．

一方，ヨーロッパは歴史的には石や煉瓦による組積造であったので，必然的に窓や開口は小さくなり，構造的にもいかにして大きな窓をとるかが建築技術者の課題であった．近代になって鉄骨や鉄筋コンクリートによるラーメン構造が開発されて，初めて現代建築は壁から解放され，自由に窓や開口をとることができるようになった．

しかし，近年，空調技術などが発達し，人工的に温湿度管理が可能になったことや人工照明の発達により，設計における窓の重要度は低くなっているように思える．ガラス窓を設けてもはめ殺しにして，自然の風を取り込むことができないデザインが多々みられる．四季を感じさせる香りや風の微妙な動き，また，省エネルギーのことを考えるとその土地の風の動きを知り，それを設計に生かすことを考えるべきである．オフィスビルの設計において，全面カーテンウォール，ガラスはめ殺しで開閉できないデザインが普及している．空調により快適なオフィス空間が生み出されているようにみえるが，一旦，地震などにより長期停電になったことを想定してみよう．夏期であれば暑くて耐えられない空間になる．造形優先で環境への配慮の欠けるデザインは避けるべきである．

図 2.45 は昭和30年代から40年代にかけて大量に供給された階段室型集合住宅の窓の開閉状態を調査したものである[1]．階段室型は南北に窓をとることができ，採光・通風に優れ，しかもプライバシーが確保できるので，高い居住性をもっている．片廊下型の場合も北側に窓をとることはできるが，廊下の通行を考えると，開放することは難しく通風条件はよくない．生活面から有効な窓を考えるとき，開閉窓を設置するだけでなく，プライバシーの確保など生活行動の面から本当に有効であるかどうかの検討が重要である．

さらにその地域の風の流れを読みとることも大切である．**図 2.46** は東京と大阪における常風方

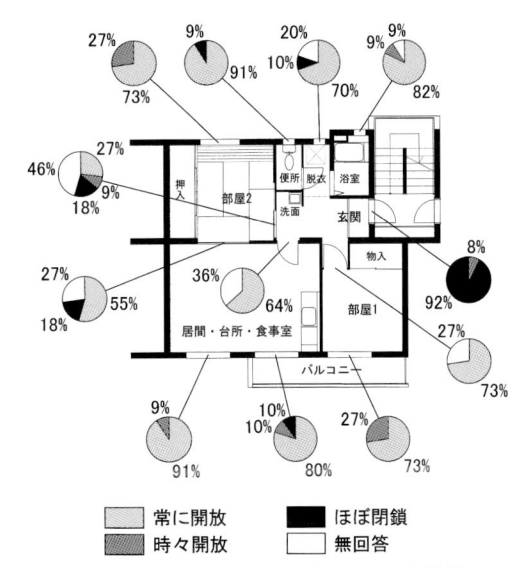

図 2.45 階段室型集合住宅の窓の開閉状態
（夏の暑い日を想定，千里ニュータウン，新千里東町）[1]

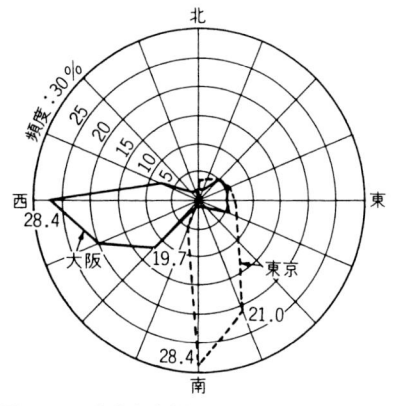

図 2.46 東京と大阪の風配図（8月14日）[6]

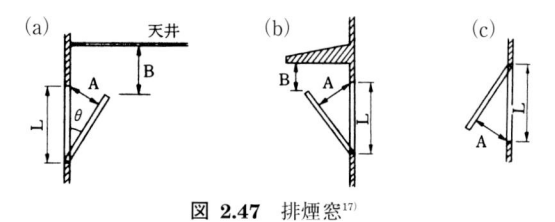

図 2.47 排煙窓[17]

(a) 内倒し窓（有効開口高さ A は $L\sin\theta$ とする．ただし，B が有効排煙以内でかつ $L\sin\theta$ 以上のこと．B が $L\sin\theta$ 以下であれば，B の高さを有効開口高さとする）
(b) 外倒し窓（有効開口高さ A は $L\sin\theta$ とする．ただし，B が $L\sin\theta$ 以下であれば，B の高さを有効開口高さとする）
(c) 突き出し窓（有効開口高さ A は $L\sin\theta$ とする）

向を示したものである．東京は南風，大阪は西風が多いことがわかる．住宅などの設計での窓や開口の取り方が地域によって変える必要があることがわかるだろう．

2） 換　気　建物内の空気を外気と入れ替えることが換気である．建物内の空気は，人間の活動や燃料の燃焼によって汚れ，臭いも問題になる．最近問題になっているシックハウス症候群のように，内装材や家具などに使われている新建材から発生する有害物質も人体に悪影響を与える．このような空気環境を人間の活動や建物・物品の保存に適するように改善することが換気の目的である．

換気の方法には，自然換気と機械換気がある．自然換気のうち風力換気は風上と風下の圧力差によって換気を行うもので通風ともいう．通風には窓が最も有効で，換気量は風速に比例し開口面積と共に多くなる（8.4節参照）．

送風機や換気扇による機械換気は自然換気に比べて換気量と室内圧力を一定に保つことができるが，設備機器の初期投資（イニシャルコスト）や維持管理，エネルギーの経費（ランニングコスト）などの問題を考えておかねばならない．また，建物内外での騒音の発生にも注意が必要である．

オフィスビルの空調の電源を夜間や週末に切ると，夜間のビルの適当な通風がなくなって，朝出勤してきた人たちが汚れた空気を吸うことになり，その結果様々な症状を引き起こす状態をシックビルディング症候群（SBS：Sick Building Syndrome）という．

1991年以来，アメリカで話題になったもので，調査を行ったデンバーのアレルギー・呼吸研究所では，検査したビルの75％までが構造上の問題よりも通風に問題があったとしている[2]．レジオネラ菌によって起きる在郷軍人病もこのSBSの1つと考えられている．老朽化したビルのダクト内に細菌が繁殖し，空調吹き出し口から撒かれたものである．今後，日本でも大量のオフィスビルの設備が老朽化した場合に起こりうる問題である．

一見進歩しているように考えられる機械換気にも落とし穴がある．原始的な方法にみえても空気の物理的な特性を十分に理解して，自然の力による換気をまず検討することが重要である．

3） 排　煙　一般に排煙とは中にたまった煙を外に出すことであるが，建築ではとくに火災によって発生した煙を外部に出すことを指す．近年，とくに内装材などに化学製品が使われ，一旦火災になると有毒ガスが発生しガス中毒により死亡に至るといったケースが多い．内装材だけでなく，家具，また百貨店などの商業施設では，商品が燃焼したときに有毒ガスを発生するものが多い．出火時にいかにして早く排煙するかが防災上とくに重要である．排煙の方法には，換気と同様に自然排煙と機械排煙がある．平常時の通風や採光のことを考えても，また機械設備にはコストがかかることを考えても，可能な限り自然排煙で対処し，どうしても対処できない場合には，機械排煙を採用するのがよい．自然排煙のためには，適

切な窓や開口の計画が求められ，排煙のことも考えた平面計画や断面計画が重要になる（図 2.47）．

b. 採 光

採光とは，室内や中庭に昼間の自然光（昼光）を取り入れて物の見やすい環境を形成したり，明るい雰囲気を演出することである．人工の光源による人工照明に対して，自然照明または昼光照明ともいう．自然光（昼光）の源は太陽で，きわめて大きな自然エネルギーである．直射日光に含まれる紫外線は健康に有用な働きをするが，過剰な紫外線は白内障，皮膚炎などの原因にもなる．また，化学作用によって敷物や家具の退色などを引き起こす．採光に必然的に伴う熱は冬季には暖房の役割を果たすが，夏期には快適性を損なう要因となる．このように昼光は人間にとって大きなメリットがあると共にデメリットもあり，適切に建物の内部に取り入れる技術が重要である．

昼光は，地域，季節，時刻，天候などにより大きく変わるという変動性も特色である．時間的に安定し，空間的に均一な照明条件が強く求められる工場などにおいては，その変動性は不都合であり人工照明にたよらざるをえない．しかし，人類は昼光に条件づけられて進化してきた．人間の生活には昼夜を反映したリズムがあり，生理的にもそれに対応した体内時計をもって環境にうまく順応している．人間の生活と昼光は本質的に不可分である．窓から入ってくる昼光は，外部の自然との接触を意味し，明るさだけでなく，眺めや天候の様子も知らしてくれる．また，昼光によって見る事物の色は正しい色彩として受け取られる．明るさが外部の自然の状況によって変化する環境は，単調感や倦怠感に陥ることを緩和し，生活や作業が遂行できる．

このように採光は人間にとって本質的に重要であるから，建築基準法において人が常時居住する窓の大きさの最低基準が指定されている（注1）．ここで重要なことは，建築の用途は固定したものではなく，将来，用途転用（コンバージョン）が求められる可能性がある．例えば，オフィスビルからマンションに転用するといったケースである．その際採光面積が足りないといった問題が起こることが考えられる．これに対処するには，転用可能なように，余力ある構造耐力や階高，開口面積などに余裕をもたせておくことである．

昼光による部屋の明るさは，窓の大きさ，天井高，縦長窓か横長窓か，分割するかしないかなどが関係する．昼間，自然光を中心にした生活や仕事をすることを想定する場合には，奥行きの深い部屋は避けるべきである．

大正時代のオフィスビルは自然の通風，採光を主眼に設計されていたので，中庭を設け，部屋の奥行きは浅く計画されている（図 2.48）．

採光の方式には，外壁面に設けられた鉛直な側窓（がわまど）によって側面から採光する側光，屋根または天井面に設けた天窓（トップライト）からの頂光，頂光と同じく上方から採光するが，採光効果や雨仕舞の必要から高所に設けた鉛直な頂側窓を利用する頂側光がある（図 2.49）．

側窓は最も一般的で雨仕舞に対する配慮や施工

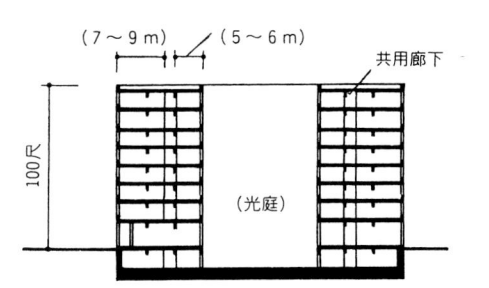

図 2.48 通風，採光を主眼にした大正時代のオフィスビル[10]

図 2.49 採光方式

図 2.50 側窓
(a) ロンシャン教会堂，(b) ラ・トゥーレット（設計：ル・コルビジェ）

図 2.51 トップライト（ラ・トゥーレット，設計：ル・コルビジェ）

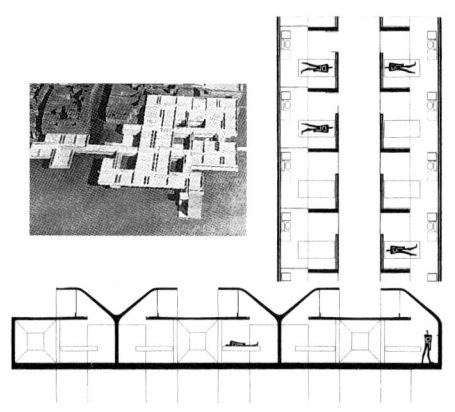

図 2.52 ベニスにおける頂側窓の病棟計画（設計：ル・コルビジェ，1964）[15]

図 2.53 水の反射光を取り入れる（MITのチャペル，設計：エーロ・サーリネン，1955）[18]

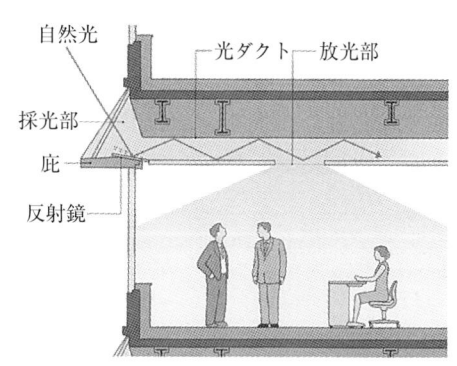

図 2.54 反射鏡で光を取り入れる（光ダクトの例）[19]

が比較的容易である．開口の取り方によって内部空間に様々な効果を演出できる（図 2.50）．

トップライトは開口の大きさに比して採光量は多く，上方より流入する光が室内の雰囲気形成に強力に働くので，建築家は空間演出の手法として採用することが多い（図 2.51）．しかし，窓の断熱効果は劣っているので，夏季の強い日差しの差込や冬季の室内温度の流出により，内部空間の温熱環境は悪化することを考慮しておかねばならない．また，結露や雨仕舞への適切な対策が不十分で欠陥建築になってしまうケースもある．

頂側窓は工場建築に採用されるのこぎり屋根がその代表的な例である．図 2.52 はル・コルビジェによる病棟の計画である．頂側窓からの間接光が考えられている．病室のあり方として妥当かどうか疑問が残るが，光の取り入れ方としては興味がある．照明光に自然光が求められる美術館や博物館ではこの方式が採用されることが多く，わが国では北側採光が原則である．

そのほか特殊な採光方法としては，地面や水面よりの反射光を取り入れる底光（図 2.53），昼光を直接導入することが難しい地下室や大建築物の中心部へ反射鏡によって採光する方法，鏡を内張りした光ダクト（図 2.54）や光ファイバーなどを利用する採光方法もある．

c. 眺　望

室内から窓を通して時々刻々変化する風景を眺めることは，人間に大きな安らぎを与える．逆に，窓のない閉鎖空間に長期間滞在すると，精神的な異常をきたすことは，数多くの研究で明らかにされている．潜水艦乗組員に神経症的な行動が観察されているし，海中実験室で30日間滞在した乗組員にも睡眠障害が起こり対人関係にも問題が起こっている[3]．これには，閉鎖空間の大きさ，活動内容，被験者の人数や性格など様々な要因が影響していると考えられるが，外部の様子がうかがえる窓の有無は大きな要因であろう．人間は順応性が高いから，窓のない地下室や地下街などで長時

間働いていても,すぐに精神的に悪影響が現れるわけではない.しかし,人類の長い自然との共存の歴史を考えると,生理的にもまた心理的にも自然から隔絶した空間は,人間の居住空間としてふさわしくない.その意味からも窓は外部空間と内部環境を結ぶ重要な役割を果たしている.

美術館や博物館では,展示空間での長時間の鑑賞疲れを museum fatigue という.このような疲れを癒すために適当な箇所に外部の木々や水辺が眺められる休憩室を取ることが必要である.

外部の見え方は,窓の取り方によって大きく変わる.通常は人間の水平方向の目の高さや視野の範囲からその壁面での配置は決まる.この場合も,生活様式がいす座か床座かによって窓台の高さが異なる.日本の伝統的な床座の場合には,視線が低くなるので,窓台は低くする必要がある.いす座を想定した窓台の高さであると視線が遮られ圧迫感を与える.周辺の景観よりも空や木々の梢を見せたい,隣接した建物などを視野から消し,足元の植栽だけを見せたいといった場合もある(図 2.55).外部のある樹木だけを見せるためにスリット状に開けるなど,設計者のイメージによる内部空間の演出に大きな役割を果たす.

窓は内部からの見通しだけでなく,外部から内部を見通す機能もある.その典型はショーウインドウであるが,オフィスビル内の人の動き,レストランで食事をする様子,店内の商品陳列などを街路から窓を通して眺められることが町の活気を演出することにもなる.夜間には内部の照明によりその効果は一段と高まる.窓は建物の表情を決める重要な要素であるが,都市景観においても,昼夜によって様相の変わるその情景は都市のイメージを決めることにもなる(図 2.56).

d. 出 入 り

開口には通風,採光,眺望などを主要な機能とする窓と,出入りを主要な機能とする出入口があるが,両者を明確に区別することは難しい.出入口が通風・採光の役割を果たすこともあるし,出入りを考えた掃出し窓(注2)もあるからである.窓にはさらに,火災時などにおいては,有効な避難経路として考えておく必要がある.避難階段などが使えない事態では窓が唯一の避難経路となる.そのことを想定すると,窓の外にはバルコニーや一時待機可能な庇などが必要である.図 2.57, 2.58 のようにせっかく窓から脱出しても行き場がないために悲惨な事態となるケースが多い.このことを考えても,窓は開閉可能な形態とし,高層階の場合には窓の外のバルコニーや庇などに脱出した後,滞留可能なスペースを確保する工夫も必要である.集合住宅やホテル,病院など,高層化し多人数が居住する建物ではとくに重要である.このような内部からの避難と共に,消防隊が救助のために外部から内部に進入する場合にも開口は使われる.有効な進入口がなく手間取り,

図 2.55 足元の窓[20]

図 2.56 昼夜の都市景観の相違[7]

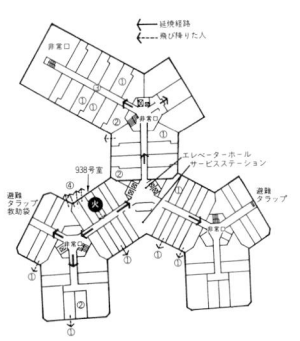

図 2.57 ホテル・ニュージャパンにおける延焼経路と死亡者の位置(岡田光正:火災安全学入門,学芸出版社)[8]

図 2.58 大然閣ホテル(韓国)の窓からシーツロープをつくって脱出する人びと[22]

大惨事になった火災も多い（注3）．百貨店などの商業施設では，商品の退色を防ぐことや壁面に商品を展示することを優先して，外壁に窓を設けることを避ける傾向がある．しかし，通風，排煙，採光，眺望だけでなく，避難など防災上有効な窓の機能を十分に認識して適切な設置計画を立てるべきである．なお，特殊なケースだが，精神病院の窓や開口は，平常時，患者が逃亡することを防ぐために，内部からは解錠できず，非常時のみ遠隔操作により電気的に解錠可能な方法がとられることがある．そのほか，防犯上からは窓は泥棒などの進入口となるのでそれに対する対処も必要である．非常時に脱出可能で賊の進入を防止するという矛盾した2つの機能をもつ窓の工夫が求められる．

e. 内部の気配を外部に伝える

窓を通してかすかに聞こえてくる音楽やコーヒーの香りに惹かれて喫茶店に入るといった経験は誰にでもあるだろう．窓には視覚，聴覚，臭覚などに訴えかけ，内部の気配を外部に伝える機能がある．

とくに木造文化の国日本では，遮音性能の低い住居から漏れてくる音が，独特のサウンドスケープ（注4）を生み出すことがある．音楽評論家の吉田秀和は，日々通る2mにも満たない小径での体験から次のように述べている．「径のある一角から，時おり三味線の音がしてくるのである．(中略)こういう楽の音にふれると，いかにこれが，小径にぴったりの音楽かと感嘆しないではいられない．いや，この音楽は，小径と同様，この国の自然と文化が一体になって生みだしたもの，その精粋にほかならないということに気づく」[4]．

一方，石造文化のヨーロッパでは，石の壁に反響する音響効果からバロック音楽が生まれ，ゴンドラで歌われるカンツォーネはベニスの街に響きわたる．建築が音楽文化に与える影響は大きい．

図2.59はガウディの未完の大聖堂，サクラダファミリアである．聖堂上部の塔には数多くの開口が設けられている．完成の暁には，内部でパイプオルガンが演奏され，その音が上昇，塔の無数の開口からバルセロナの街に荘厳な音楽を響きわたらせるための装置なのである．そのために開口の断面形状は，街へ伝わる圏域を想定して穿たれている（図2.59(c)）．

2.3.2 窓の分類と名称

窓には，機能，形態，位置，開閉方式，構造形式などにより非常に多くの分類，名称がある．機能によって分類すると，換気窓，採光窓，のぞき窓，防火窓，排煙窓，防水窓，防虫窓，遮音窓，気密窓，放射能遮断窓などがある．

また，形態によって分類すると，一般的な角窓，丸窓，六角窓，八角窓など，位置によっては，天窓，高窓，欄間窓，出窓，掃出し窓，開閉方式によって引き違い窓，上げ下げ窓，回転窓，開き窓，はめ殺し窓などに分けられる．シカゴ窓（注5）のように真中をはめ殺しにし，両サイドを上げ下げ窓にしたものもある．構造形式では網窓，格子窓，連子窓（図2.60，注6），無双窓（注7），下地窓（注8）などがある．そのほか，建具を重ねた二重窓，三重窓もある．

2.3.3 気候・風土と窓

現代では，建築材料や施工技術の発達，環境を

図2.59 音楽を流すことを考えた聖堂(サクラダファミリア，設計：ガウディ)
(a) 林立する塔，(b) 塔に穿たれた開口，(c) 開口のディテール．

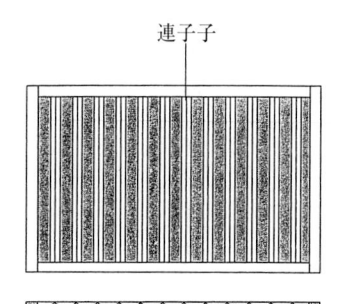

図2.60 連子窓

制御する空調技術の発達により，世界中どこでも同じような形態の建築をつくることが可能になった．しかし，合理的な建築の形態は，本来，気候や風土などの環境条件に順応したものである．機械力や有限な化石燃料などのエネルギー資源を使って人工環境をつくることは極力避けるべきであろう．このような認識は，地球環境の悪化や資源・エネルギーの枯渇問題の解決が迫られている今日，ますます重要になってきている．

このことを考えると，風土のなかで自然環境と共生してきた伝統的な建築の形態やそれを生み出した先人の知恵を知ることは，これからの建築の環境計画に有意義なことである．そこで，ここでは気候や風土と窓の関係を概観してみよう．

窓の取り方や形態は風土や気候によって変わる．同じ木造建築でも風土によってその形態が異なる．日本は夏に高温多湿で通風がとくに求められる．豊富な木材を使った軸組式構造は，窓や開口が大きな制約なしに比較的自由に取れ，合理的で風土にあった形態である．**図 2.61** は，伝統的な建築と庭園の関係を示したものである．夏には南の石庭は太陽光により熱せられ空気は上昇する．それに引きずられ，北の庭の植え込みの間を通った冷たい空気は建物に流れ込むという原理である．北の斜面に植えられた木々は南からの光でより鮮やかに眺めることができる．通風，採光，眺望を見事に形にした先人の知恵である．同様の原理は，京都の町屋にも当てはまる．前面街路の空気の上昇により坪庭からの冷風が建物の中を通るという仕掛けである．さらに，夏季には障子を簾に換え，より快適な環境が生み出されている．

それでは，風土の異なるヨーロッパについてみてみよう．アルプスの北側，ドイツを中心とする北ヨーロッパ諸国は石材よりも木材が豊富な木造建築圏である．しかし，寒冷地であるため壁を厚くし，窓は小さくする必要がある．構法としてはハーフティンバーやログハウスの形態をとる．ハーフティンバーとは，軸組式構造でありながら木の斜材が多く，壁式構造に近い構造形式である（**図 2.62**）．ログハウス（**図 2.63**）は丸太を積み上げて壁を構成する構造形式で，断熱性に富むが大きな開口は取りにくい．

一方，アルプスの南側の南ヨーロッパは風土的には地中海性気候で温暖，雨が少なく建築に使えるような木材は少ないが石材は豊富である．石や煉瓦が使われる石造建築圏である．組積造なので窓は小さくなるが，夏期も湿度が低いので，内部環境も比較的過ごしやすい．

組積式の場合の問題は，窓などの開口部を構造

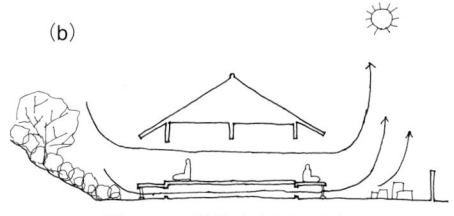

図 2.61 建築と庭園の関係

図 2.62 ハーフティンバー（ドイツ，ローテンブルク）

図 2.63 ログハウス（フィンランドの木造の教会）[14]

図 2.64 石造建築の街並み（イタリア，サンジミニアーノ）

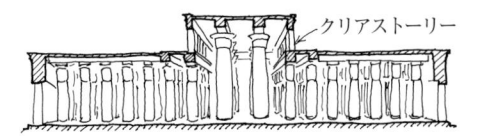

図 2.65 クリアストーリー（エジプト，カルナックのアモン神殿，BC 1300 年頃）

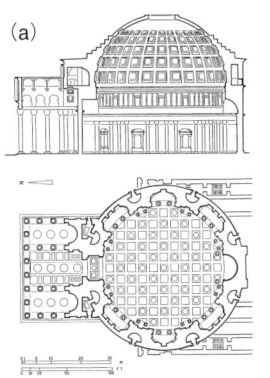

図 2.66 パンテオンのトップライト（ローマ，120 年頃）
(a) 断面と平面，(b) 内観．

的にどのようにしてもたせるかということである．開口上部にまぐさを設けたり，アーチ状にするなどの工夫がされる．横幅の大きい開口がとれないことから必然的に縦長の形状になり，まぐさやアーチのデザインに様々な工夫が見られる．このような窓は石造建築の特徴となって，魅力的なヨーロッパの街並みの景観をつくり出している（図 2.64）．

2.3.4 窓の形態と変遷
a. ヨーロッパの窓

窓の起源は古く，壁画や彫刻などに残された情報からも建物の始まりとほとんど同じであると考えられる．ここではまず，壁にいかにして窓や開口を設けるかという困難克服の歴史をもつヨーロッパを中心にみてみよう．

エジプトの神殿建築ではクリアストーリー（clerestory）という採光方法がとられた（図 2.65）．多柱式の中央ホールは高い円柱で支えられ，両側のホールの柱は低く，その差を利用して高窓がつくられた．ローマ帝政期にガラスの入った窓が出現した．縦長の矩形で，枠をしっかりとデザインし，上部には三角形やくし形の破風が載る形がつくられた．上部が半円形のアーチ形窓も多く用いられた．ローマのパンテオンのように，ドーム最上部に丸い天窓があけられることもまれではなかった（図 2.66）．ボールトの側面から採光する手法もしばしばみられる．初期キリスト教教会堂においてもクリアストーリーの手法が用いられた．このような窓の機能はその大部分が外部の

光を内部空間に導き入れ，宗教的な雰囲気を演出するために設けられたものである．窓はゴシック時代に大きな変貌を遂げる．フライングバットレス（図 2.67，注 9）によるゴシック建築の合理的な構造方式は窓の面積を飛躍的に増大させた．リブボールトや尖頭アーチなどの採用により，それまで重々しい石の壁に小さく開けられていた窓が一挙に拡大された．ステンドグラスの発達がこれに呼応し，バラ窓をはじめ大きな窓を通して教会堂内部に充満する光は，神々しさを建築空間に与えた（図 2.68）．このような華麗な窓は宗教建築以外の建築に普及し窓を華やかなものとした．

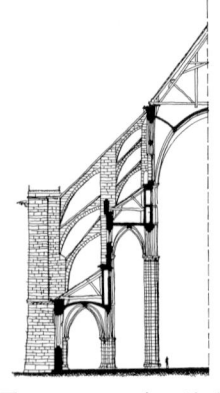

図 2.67 フライングバットレス[16]

図 2.68 聖堂のバラ窓（パリ，ノートルダム寺院）

ルネッサンスになるとゴシックに対する反動として，窓は古代ローマの単純さに回帰する．上部が半円形のアーチ形窓や破風飾付きの矩形の窓が再び威厳に満ちた形として好まれた．

バロック建築では曲線や波打つ形が愛好された．16世紀にはロココ時代に一般的になった丈の高く，幅の狭い両開きのフランス窓（French window）が開発され，その後も好んで使われた．

イギリスでは同じ頃，上下2つの窓枠のある上げ下げ窓（ダブルハング，double-hung）が開発され改良を加えながら使用された．

b. 日本の窓

わが国では，奈良時代以前には，家形埴輪や家屋文鏡から窓の存在は確かめられているもののその詳細はよくわからない．窓の種類や構造が明らかなのは仏教建築伝来以後である．基本的に木造の軸組構造なので開口は床まで大きく取れ，通風，採光にはとくに問題はない．ヨーロッパの窓に相当する和様建築に伝統的に用いられた窓は，「連子窓（注6）」である．連子子の隙間から採光する．隙間からは光と共に風も通るが，これを防ぐために連子の内側に板扉をつけたり障子をたてるものもある．

鎌倉時代に伝来した禅宗様（唐様）建築では，「花頭窓（**図2.69**）」が使われた．方形が普通である連子窓に対して，これは独特の曲線をもつ窓である．

ヨーロッパの窓も窓枠やまぐさを飾ったり，アーチ形にすることがあるが，東西に共通した興味ある現象で，窓は建築のデザインを決める重要な要素であることを示す証でもある．

平安時代の寝殿造の建具である半蔀（はじとみ）は，上部のみを開ければ窓を開いたのと同じ状態になる（蔀戸，注10）．しかし，下部の高さは80 cmほどもあったから，床に座った状態では外界への視線は遮られてしまう．近世の書院造では，外部に面する開口部の大半は床上から障子を入れたので視線の点からも問題ない．座敷には読み書きするための固定化された出文机（だしふづくえ）が設けられ，その前面に採光のための窓が取られた（**図2.70**）．書院の窓は座った状態で庭が眺められるように窓台の高さは45 cm内外を基準として障子が入れられた．これが和風住宅の窓のデザインの基本である．

農家や町屋に用いられた下地窓（したじまど）は格子状に組んだ壁の下地である小舞（こまい）を塗り残して窓としたもので，簡便，質素なものであった．これがデザイン的に高められるのは近世初頭の茶室においてで，その後，数寄屋風の建築を特色づける重要な要素となった．

茶室では多彩な展開をみせ，小空間に多くの窓を穿つのが茶室の1つの特徴である（**図2.71**）．織

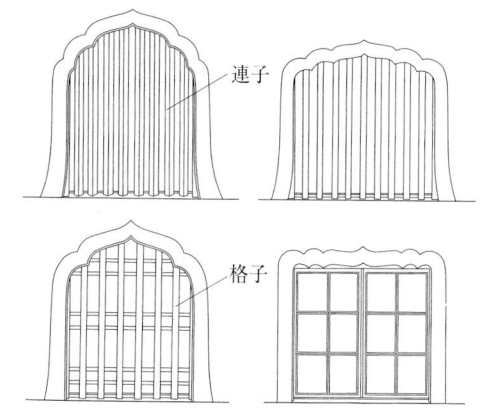

図2.69 花頭窓[9]

図2.70 書院の窓[20]

図2.71 茶室の窓（高桐院，松向軒）[20]

田有楽斎の九窓亭は9つの窓を，遠州派の八窓軒では8つの窓を有する．茶室は極小の空間の闇に窓から外部の淡い光を取り入れ，幽玄の宇宙的空間を創り出したのである．

c. 現代の窓

窓の形態，窓に対する考え方が本当に大きく変わるのは，産業革命を契機とした工業化社会になってで，建築材料の大量生産と構造技術，施工技術の発達によるものである．

鉄骨やコンクリートの大量供給は，ヨーロッパをそれまでの組積造形式にたよらざるをえない建築から解放し，柱，梁で組み立てる軸組造形式の建築を可能にした．有名なル・コルビジェのドミノシステム（図2.72）は，壁からの解放，大地からの解放を求め，横長窓，ピロティ，屋上庭園などその後の近代建築に大きな影響を与えた5原則を示した（図2.73）．

この壁からの解放はガラスの大量供給によって拍車がかかる．ミース・ファン・デル・ローエはガラスのカーテンウォールによる摩天楼を提案（図2.74），W.グロピウスはバウハウスの校舎で実践した（図2.75）．シカゴでは，現在のオフィスビルの起源とも考えられるライタービル（図2.76）が建設された．構造は鉄骨の軸組構造，柱間にガラス窓が取り付けられた．真中をはめ殺し，左右を上げ下げ窓とした開閉形式で「シカゴ窓」と呼ばれた．

新しい工業技術は，様々なタイプの窓をつくり出し，外壁をすべてガラスの窓とすることも困難ではなくなり，窓を支える構造形式も多様化し進化している．

しかし，開閉できる窓の複合的機能の重要性を再認識し，太陽の自然エネルギーや風を窓を介して適切に利用することが，地球環境問題やエネ

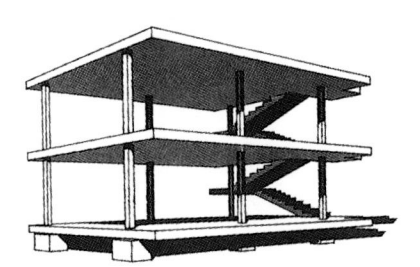

図2.72 ル・コルビジェのドミノシステム（1915年）[15]

〈ピロティ〉・〈屋上庭園〉

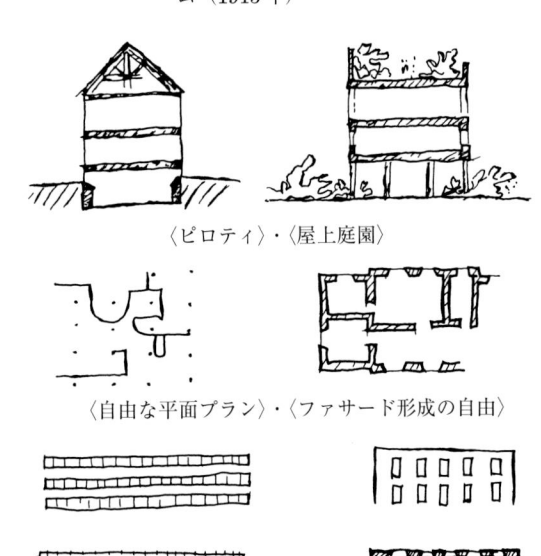

〈自由な平面プラン〉・〈ファサード形成の自由〉

〈横長の窓〉

図2.73 ル・コルビジェの5原則[15]

図2.74 カーテンウォールによる摩天楼（ミース・ファン・デル・ローエの提案模型）[12]

図2.75 バウハウス（ドイツ，デッサウ，設計：グロピウス，1926）[13]

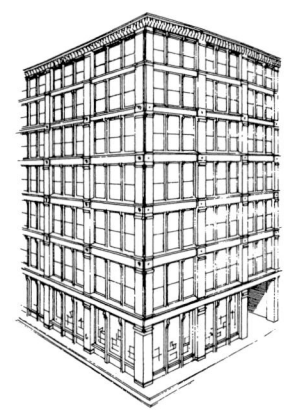

図 2.76 ライタービル（シカゴ，設計：ウイリアム・ル・バロン・ジェニー，1879）[23]

ギー資源問題を考えても今後ますます重要になってくるだろう．

2.3.5 窓の弱点を防ぐ方法

窓には生活環境に欠くことができない重要な多くの機能がある．その一方弱点も多く，設計上の適切な対策が必要である．

a. 風　雨

建物は雨仕舞が重要であるが，窓枠や建具は，その構造上も施工上も問題を起こす可能性が多い箇所である．また，窓ガラスは汚れやすくメンテナンスに手間がかかる．

これらを防ぐためには，庇などを出したり，窓枠・建具を壁面より奥に設けるなど直接雨がかからない工夫が必要である．

b. 断熱，遮音

夏季には日射による熱も問題になることがある．熱線吸収ガラスが開発されているが，効果は期待されるほど大きくない．庇を設けたり，ガラス戸の外側にガラリ戸，または内側に障子を設け直射日光を遮る方法を工夫すべきである．

とくに庇は，太陽の高度に対応させて日射をコントロールできる優れたデザイン手法である．

簡便な方法としては，テントや簾，葦簀（よしず）などの日除けを用いる．ガラスは熱伝導率が大きいので，冬季など室内の温度が逃げやすく，また遮音性も劣る．ペアガラス（注 11）や二重サッシ，防音サッシによって断熱性を高める．障子を設けるとガラス戸との間に空気層が形成されるので，断熱効果が発揮できる．

障子には，これまでにも示した様々な機能があるが，紙を透過する淡い光を室内に導き入れ，障子の桟の幾何学的な美しさと共に空間演出の重要なデザインボキャブラリーとなっている（図 **2.77**）．

空調により室内の温度をコントロールしている場合，出入口から人が出入りすると，室内の空気が流出，外気が流入し，温度差によってエネルギーロスとなる．これを防ぐには風除室（図 **2.78**）や回転ドアを設置する方法がある．回転ドアには人力によるものと機械力によるものがある．機械力によるものは，センサーにより回転，停止が制御されているが，センサーの感度の信頼性には問題（注 12）があるので使用は避けたい．

c. まぶしさ

昼光は場合によっては，まぶしさの原因になったり敷物や家具を退色させる．カーテンやブラインド，ガラリ戸，障子などを設け，窓面の輝度を抑える工夫が必要である．

図 2.77 障子の美（桂離宮，古書院）

図 2.78 風除室（資生堂アートハウス，静岡県，設計：谷口吉生・高宮真介，1978）

d. 視　線

外部からの視線を防ぐことも必要になることがある．曇りガラス，型ガラスにする，カーテン，ブラインド，障子，ガラリ戸を用いる，格子を設けるなど工夫する．

e. 火　災

窓は火災時にも弱点をもつ．とくに，外部からの火災の延焼を防ぐためには，延焼の恐れのある部分については網入りガラスにすることが法規でも定められている．

f. 衝　撃

通常の窓ガラスは強風時の飛来物の衝撃，また泥棒などの破壊行為にも弱いので，必要箇所には網入りガラスや強化ガラスを使用する．格子を設けるのも有効である．

とくにガラスのカーテンウォールのような大量のガラスを壁面に使用する建築では，地震時などの落下に対する配慮が必要である（**図 2.79**）．

また，1974 年 8 月 30 日に東京丸の内のオフィス街で発生した三菱重工ビル爆弾事件は，ガラスの恐ろしさを教えてくれた．同ビル正面入口に置かれた時限装置付きの爆弾が爆発，その衝撃で同ビルはもとより近隣のビルの窓ガラス 2,500 枚が割れた．昼食時で歩いていたサラリーマンの頭上からガラスの破片が雨のように降り，死者 8 名を含む 500 名近い死傷者が発生した．今日，わが国でも爆弾テロなどの発生が予想されている．それに対処するためにもバルコニーや庇を設けるなど計画上の十分な配慮が必要である（**図 2.82** 参照）．

g. 転　落

窓の設計で重要なことは，転落を防止する機能をもたせることである．開閉窓の場合，窓台を高くする，手すりを設けるなどの対策が考えられるが，サッシのデザインにより転落を防ぐ方法も考えられる（**図 2.80**）．人体の重心を考えた設計が必要である．

h. 泥棒や虫の侵入

泥棒への対策としては，格子，雨戸・シャッターの設置などがあるが，回転窓や滑り出し窓の場合には，開口部を人間の頭の寸法より狭くする．虫に対しては，網戸を設ける．

i. 放射線，電磁波など

最近は窓に放射線や電磁波などを遮断する機能が求められることもあり，それぞれ特殊な対処方法が必要になる．

j. 総合的な対策

窓の弱点は主としてガラスの弱点で，一般の壁に比べて透光性があり，対衝撃性，断熱性，遮音性，耐火性などが劣るという特性をもつことにある．この弱点を総合的に克服する方法は，開口部に雨戸やスチールシャッターを設けることである．戸建住宅では雨戸が一般的であるが，**図 2.81** に示すように，必ずしも全国一律ではない．雨戸の設置率は台風地域で高く，雪国では低く風土性がある．雪国で設置率が低いのは，雨戸が凍りついて開かなくなってしまうからである[5]．

集合住宅では，震災時の大火を想定して全面にシャッターを降ろすように計画された東京都江東区の防災拠点の例がある．昭和 7 年に竣工し現在

図 2.79 地震時のガラス落下への配慮（1995 年の阪神・淡路大震災時における大阪市内のビルでの被害状況）

図 2.80 転落防止のサッシ
（a）外観，（b）内観．

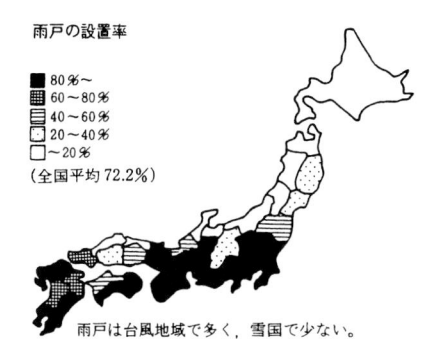

図 2.81 地域による雨戸の設置率の相違[5]

も使用されている大阪ガスビルディング（注13）は外部の窓のすべてにシャッターが設けられている．これにより大阪大空襲による大火から類焼を免れた．建築家の非常時のことも想定した優れた設計能力が発揮された好例である．

バルコニーを設けることも，複合的な効果がある．地震時のガラスの落下による被害防止，窓ガラスの清掃などに有利，直射日光を遮る省エネ効果など．また，窓の弱点ではないが，窓から脱出した場合の避難スペースの確保など．

かつて，ホンダの創業者の本田宗一郎は本社ビルを建設する際，1つだけ注文をつけた．「どのような地震があっても，絶対，通行人に怪我をさせないように」．この指示に従って，設計者はオフィスビルには珍しく，全面にバルコニーを設置した（**図 2.82**）．設計者がその優れた複合効果を十分に理解した上で採用したのはいうまでもない．

図 2.82 バルコニーを設置したオフィスビル（ホンダ青山ビル，設計：椎名政夫，1985，撮影：吉村英祐）

参 考 文 献

1) 長谷川貴則：階段室型共同住宅の居住環境の再評価に基づくストックの長期活用に関する研究，大阪大学修士論文，2004
2) 現代用語の基礎知識，自由国民社，1999
3) 関　邦博ほか：人間の許容限界ハンドブック，朝倉書店，1990
4) 吉田秀和：音楽展望，講談社，1978
5) 鈴木成文：住まいを読む―現代日本住居論，建築資料研究社，1999
6) 岡田光正ほか：建築計画1（新版），鹿島出版会，2002
7) W. シヴェルブシュ著，小川さくら訳：光と影のドラマトゥルギー，法政大学出版局，1997
8) 岡田光正：火災安全学入門，学芸出版社，1985
9) 横山秀哉：コンクリート造の寺院建築，彰国社，1977
10) 岡田光正ほか：建築計画2（新版），鹿島出版会，2003
11) Henri Stierlin：Encyclopaedia of World Architecture 1, Office du Livre, 1977
12) 森田慶一：西洋建築入門，東海大学出版会，1971
13) S. Giedion：Space, Time and Architecture, Harvard University Press, 1963
14) Lars Pettersson：Finnish Wooden Church, Otava, 1992
15) W.Boesiger：Le Corbusier 1910–65, Verlag fur Architectur, 1967
16) Robert Einaud：Aesthotics and Technology in Building, Harvard University Press, 1965
17) 建設省住宅局建築指導課監修：新・排煙設備技術指針1987年版，日本建築センター，1987
18) l'architecture d'aujourd'hui, No.356, 2005
19) 関根雅文：オフィスの光環境（自然光との共存），Re, No.142, 2004
20) 水野克比古：座敷歳時記，京都書院，1988
21) W. Boesiger and O. Stonorov：Le Corbusier 1910–1929, Les Editions d'Architecture, Erlenbach–Zurich, 1948
22) A. Elwood Willey：Tae Yon Kak Hotel Fire, Korea, High–Rice Building Fires and Fire Safety, NFPA, No.SPP 18
23) F. ハート：鋼構造デザイン資料集成，鹿島出版会，1978

注1　採光基準：居室に必要な窓面積のその床面積に対する割合（開口率）は，小・中・高等学校などの教室では1/5，住宅，病院の病室，診療所，寄宿舎の寝室などでは1/7，これらの建物のそのほかの居室では1/10とされる．

注2　掃出し窓：室内の塵を掃き出すための開口部で，その下部を床と同一平面に設けた窓．

注3　窓からの救出：2001年9月1日（土）午前1時に東京都新宿区歌舞伎町で発生した雑居ビル火災では，ペンシルビルの前面窓が広告看板などで塞がれていたことなどから避難経路の確保，消防隊の進入ができず，死者44名，負傷3名を出す大惨事となった．

注4　サウンドスケープ：音の景観，音風景と訳し，音楽，言語，騒音，自然音などの様々な音を聴覚によって把握する景観をいう．カナダの作曲家マリー・シェーファーが1960年代後半に提起した概念で，ランドスケープ（風景）からの造語．視覚にたよりがちな近代の知覚への批判が込められている．

注5　シカゴ窓：19世紀末シカゴで高層ビルが開発された際，そのファサードを特徴づける1つの要素となった窓形式．中央の広い部分ははめ殺し，両側の狭い部分は上げ下げ窓という方式．

注6　連子窓（れんじまど）：細い木を一定の間隔で並べた窓を連子窓といい，その細い木を連子子（れんじこ）と呼ぶ．連子子は，正方形の角材を45度回転させて用いる．後に，連子の形に板に彫り込んだだけで，通風，採光の用をなさないものも現れる．

注7　無双窓：無双連子を取り付けた窓．無双連子は，板連子をつくりつけにした内側に，同形の連子の引き戸を設けたもの．一方に引けば一面の板張りのようになり，他方に引けば普通の連子に見えるもの．

注8　下地窓：壁を塗り残したように壁下地を見せた窓．多く茶室に用いる．

注9　フライングバットレス（flying buttress）：ゴシックの教会堂建築において，身廊部を覆うボールトの側圧を外側のバットレスに伝えるために，側廊の屋根の上に掛け渡された石のアーチ．

注10　蔀戸（しとみど）：格子戸の裏を板で塞いだ戸で，通常は上下2枚を組み合わせて用いる．上半分は吊り下げ，下半分は柱間にはめ込む．戸を開けるときは，上は外側にはね上げて軒先から金具で吊り，下半分は取り外して収納した．

注11　ペアガラス：ガラスは熱伝導率が大きいので，二重にして空気を封じ込めて断熱効果を高めたもの．

注12　回転ドア：2004年4月に東京・六本木ヒルズのビルに設置された自動回転ドアで六歳の男児が挟まれて死亡するという事故が発生した．この事故を契機に全国的な調査が実施され，それまでに全国で約300件の事故が発生していることが判明した．なお，海外においても，六本木での事故の2週間前にドイツ・ケルンで男児死亡事故が発生し，自動回転ドアの基準の見直しが行われている．

注13　大阪ガスビルディング：1933年に安井武雄の設計により建てられた大阪ガスの本社ビル．外壁は1，2階が黒御影と花崗岩張り，3階以上は白色半磁タイル．2階の連続出窓サッシはドイツ製ステンレスが使われた．当時の設計・設備の最先端技術により計画された．

2.4 床のデザインと環境

　建築空間の下部にあり，その上に人間や物品が載り，種々の生活が行われる水平な面が床である．屋根，壁などと共に，建築空間をつくる最も基本的な要素である．水平な面といっても，水はけにはわずかな勾配がつけられるし，内部空間の必要性から勾配床となることもある．また，建築の下部を構成する要素という意味で，斜路や階段を床の一種とみなす場合もある．

　建築家の芦原義信はヨーロッパの建築を「壁の建築」，わが国の建築を「床の建築」とした（図2.83）[1]．高温多湿で床座の文化をもつわが国では，とくに床の計画は重要である．

2.4.1 床の機能と性能

　床の機能と性能は次のとおりである．

a. 支える機能

　人や物の重量を支える機能として構造強度が十分あること（注1）．なお，構造形式によっては，水平剛性が求められることもある．

b. 仕切の機能

　ほかの空間との仕切の機能として，熱や音などを十分遮断できるものであること．とくに，外部環境に接する屋上階（屋根）や最下階の床は外の温度変化や騒音，また，水や湿気などを十分遮断するものでなければならない．マンションなどでの苦情の1位は上階の騒音が下の住戸に伝わることによるものである．集合住宅の設計においては，壁と同様，床の遮音性能にも細心の注意が必要である．

　放送スタジオでは，外の音が伝わるのをできるだけ防ぐために，浮床（クッション材で浮かせた床）にすることが多い．

　床には活動空間としては仕切るが，通気性を求める場合もある．たとえば，白川郷の合掌造の民家では1階の囲炉裏の煙が上階の簀の子状の床を通して上昇し，蚕を飼育している空間を暖め，さらに茅葺きの屋根まで上昇して茅の虫除け効果を発揮する．建物の外に張り出した縁（えん）や山荘のベランダなども，風通しを考えて，角材や板を間をすかして並べて張る．外部なので雨がたまることも防ぐ．

c. 生活・活動スペースとしての機能

　床の上で行われる種々の生活や行動，活動に対応可能な適切な性質が備わっていること．すなわち，床を使う目的によって，それぞれ違った性能が必要になる．

　1) 水に対する性能　水がかかったり，水を使ったりする床では耐水性や防水性が求められる．すなわち，仕上げ材が水の使用に耐えうる性能（耐水性），また，水を使用する床からほかのスペースに漏水しない性能（防水性）が必要である．業務用の厨房，病院の手術室，学校のトイレなどでは，設計の初期段階から床は水洗いするか否かを明確にしておく必要がある．

　マンションやホテルの浴室も浴槽から湯があふれ，床の防水性能がよくない場合，漏水し階下に被害が及ぶといったトラブルもある．設計には細心の注意が必要である．

　2) 上足，下足に対する性能　靴を履いたまま利用する床は，滑りにくさ，汚れにくさ，摩耗のしにくさなどが重要である．平常時は滑らなくても，雨の日には，濡れた床は滑りやすくなることがある．とくに，高齢者の転倒は大きな傷害につながる可能性があるので床材の選択には注意が必要である．大理石や石を鏡のように磨いた床はデザイン的には優れていても，転倒事故につながることもある．公共的な空間で採用するには慎重な検討が必要である．

　床に設置される点字ブロックは，足の裏の触覚で進行方向などを指し示す機能をもつ．しかし，コース上に障害となるものがあるとその機能は発揮されない．このことは，環境の計画には，物的な計画と同時に，その使い方，マナーなどのソフト面が重要であることを教えてくれる．

図 2.83　床の建築と壁の建築
(a) 床の建築，(b) 壁の建築．

靴を脱いで，素足やそれに近い状態で使う床では，滑りにくさ，汚れにくさ，摩耗のしにくさのほか，冷えず，適度な吸湿性があり，感触のよい床であることが求められる．日本は上下足を履き替える床座の文化をもつ．畳は，優れた多くの特質をもつ床材としてこれからも大切にしなければならない．図 2.84 は，鉄平石を張った居間の床に2畳の車付きの台を置き（動く床），洋風の住居に床座も可能な仕掛けを考えた独創的な住宅である．設計者の清家清は，終戦直後の建築界にそれまでの常識にとらわれない斬新な住宅のコンセプトを提示した．そこにも伝統的な畳が使われているのは興味深い．

住宅だけでなく，上下足履き替えの問題は，学校や病院，また埃などを嫌う精密機器などを扱う研究所や工場でも重要である．

ホテルと伝統的な旅館の違いの1つに下足の履き替えの有無がある．ホテルでは靴のままホテル内を行動できるが，本格的な旅館では玄関で履き物を脱ぐ．このことは上下足履き替えの問題だけではない．両者の建物内での宿泊客のマナーにも反映する．ホテルのロビーなどのスペースは外部に開かれたパブリックな性格を有し，待ち合わせの場所として利用されることもある．一方，旅館では館内はすべて宿泊客など関係者に限定された空間で，浴衣のまま館内を歩くことも許される．いずれにしても，計画対象の設計の初期段階で履き替えの必要性の有無を決めておく必要がある．履き替えスペースや下足箱の必要性，通常は段差をつけるので，床の高さ，床仕上げなどが検討事項となる．

3） 特殊な性能　例えば，体育館や柔道場では，適度な弾力性が必要であるため，スプリングなどをいれた防振床が使われることがある．コンピュータ室やインテリジェントビル（注2）では，配線を床下に納められるように，通常，フリーアクセスフロアと呼ばれる二重床にする．

劇場のステージの床も特殊な機能をもつ．そこでは様々な演技，動作が行われるので，適度なクッション性をもつ木材が張られる．木の床は釘が使用できるので舞台装置の設置にも適している．本格的な劇場は，床下の空間に特徴をもつ．奈落（図 2.85）と呼ばれ，舞台の床の上下，回転，スライドなど多様な演出に応えうる装置を納めている．

能舞台では，足拍子がよく響くように，束立て床としないで3間四方の舞台幅一杯の長い大引きまたは根太で床を支え，地面を深く掘り込んで

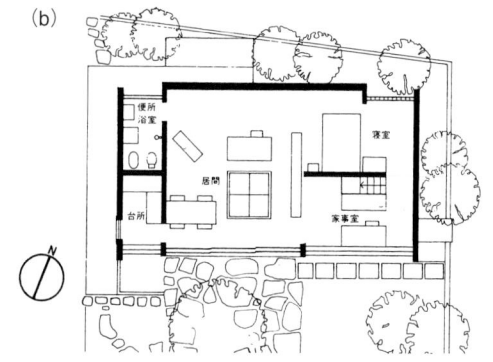

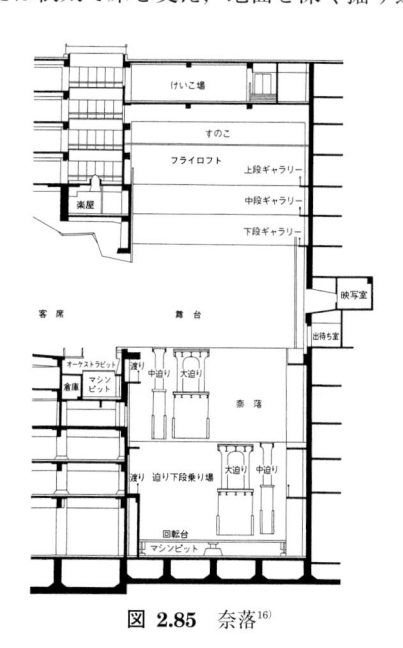

図 2.84　2畳の動く床（清家清設計の自邸，1954年）
(a) 庭よりみる外観，(b) 平面図[12]．

図 2.85　奈落[16]

床下の空間を十分に大きく取り，さらにカメ（甕）を埋めるという伝統的な手法がある（図 2.86）[2]．踏むと板と板のすり音がする仕掛けの「鶯張り」の廊下は泥棒よけ，忍者よけのためともいわれ，京都の知恩院のものが有名である．

アダプタブルステージと呼ばれる劇場では，上演される内容によって様々なタイプのレイアウトが可能なように，ステージ，客席とも位置，高さが変えられるように計画されている（図 2.87）．

ドーム球場のフィールドには人工芝が張られることが多いが，天然芝が張られる場合には，太陽の自然光が必要になるので，フィールドを建物の外部にスライドさせることも行われている．埼玉スタジアムでは，油圧式ジャッキで床を上げ，台車により外部に引き出す方式，札幌ドームではホバークラフトの原理で床を浮かせ外部に引き出す方式が採用されている（図 2.88）．

床は本来固定されたものであるが，高度な技術力によって様々な要望に応えうる可動性のある床が可能になった．しかし，機械力による方法には莫大なイニシャルコストと共に大きなランニングコストも予想される．的確な稼働率の予測を行い，採算性を十分に検討した上で採用することが重要である．

2.4.2　気候・風土と床

ヨーロッパでは，多くの場合，室内で靴を脱ぐ習慣がないため，屋外の地面から建物の中に入る際，床張りの室内と外部との機能的な差は大きくない．床は建築空間の底面として捉えられる．

一方，日本においては，雨量も多く，夏季には高温多湿で，雨仕舞や通風を考えると，開口部が大きく，高床の建物が合理的である．このことからも，屋内で履き物を脱ぐという生活様式が生まれた．漢字の「床」は本来は寝床の意味である．床の上で寝，床に座し，食事をし，両手を畳について挨拶をする．世界的に有名な映画監督の小津安二郎は，畳の上にカメラを置き，ローアングルで日常的な家庭生活を表現した（図 2.89）．日本文

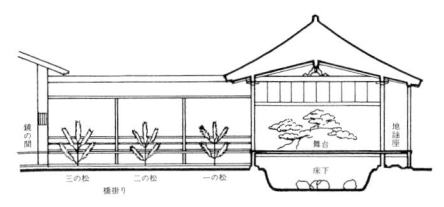

図 2.86 能舞台床下のカメ[2]

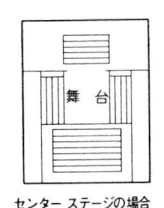

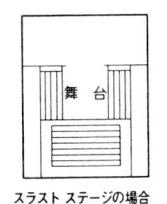

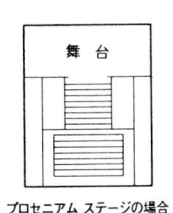

図 2.87 アダプタブルステージ[16]

図 2.88 札幌ドームの動くフィールド（設計：原広司，2001 年）

図 2.89 茶の間の情景（小津安二郎「麦秋」1951）[19]

図 2.90 南ベトナムの高床式住居[14]

化の本質を床に見出したのである.

　日本のように湿度の高い地域では,木造床を地面より高く上げることは,通風により部材の腐食を防ぐことにもなる.そのためにわが国では,木造骨組みによる床は基礎に通気口をとり,地面より45cm以上あげることが義務づけられている.

　高床は高温多湿な風土をもつ地域の建築の特徴である.東南アジアなどの高床式住居（**図 2.90**）では床下からの涼風を得るために,竹材などを簀の子状にした床が使われる.

　一方,韓国のオンドル（3.4.2項参照）は寒冷地における床暖房の伝統的な手法である.近年,わが国では,温水などによる床暖房が普及しているが,韓国の床下に温風を送り,床自身を暖める古くからのこの方法も熱の特性を生かした合理的な方法である.

　床をつくるということは,そこに生活空間,活動空間を生み出すということである.丘陵地や山岳地帯の斜面に床をつくることにより,人間の居住環境は拡大した.それだけでなく,通常の環境条件では味わえない眺望や空間体験が得られる.このことは,水上に床をつくることも同様である.様々な土地の条件を生かし,床を設けることにより,魅力的な空間の創造が可能になる（**図 2.91**）.

2.4.3　床　の　高　さ

　人間の生活環境の形成過程を考えると,原初的

図 2.91　落水荘（カウフマン邸）の床の設定（設計：F.L.ライト,1936年）[10]

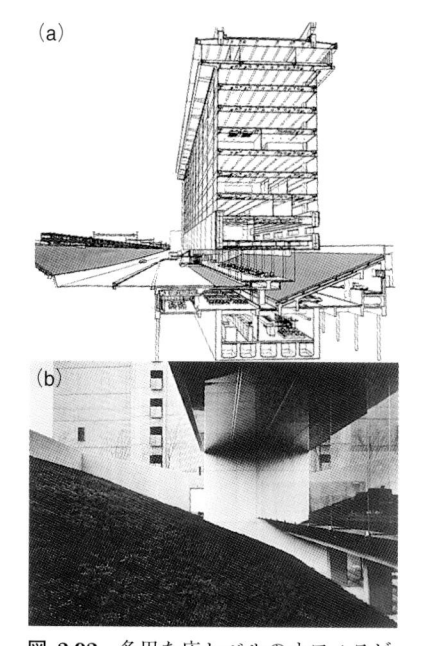

図 2.92　多用な床レベルのオフィスビル（ポーラ本社ビル設計：日建設計,1971）
(a) 断面図,(b) 1階エントランスロビーと昇り庭の空間構成.

には大地そのものが床であった.しかし,厳しい外部環境に対処することや空間の有効利用から様々なレベルの床が生み出された.人間の活動空間の創造には床レベルの設定と,どのように積層させるかがとくに重要である.

　図 2.92は様々な床レベルを工夫したオフィスビルである.内部空間と外部空間に多様な関係性が生み出されていることが読みとれる.

　建築の設計の最初の段階で決めなければならないことの1つにグランドライン（GL）を敷地のどこに設定するかということがある.通常は建築の1階の床の高さがGLより高い位置となるように決める.GL（＋0）のポイントが決まると,床の高さをそこからいくら上げるか下げるかを検討し断面計画を進める.その際,床の高さを決める要因は,①水への対策,②地面からの解放・地面の解放,③通風・採光,④眺望・視線・視野,⑤人間や物の動作範囲,⑥人間の行動能力や心理,⑦空間のヒエラルキーなどである.

a.　水への対策

　建物と敷地との関係を考えたときに重要なことは,雨水などの水が建物の内部に浸入しないこと

である．そのためにはまず，敷地の水上（みなかみ）はどこかを知り，豪雨のときなどの水の動きを想定して，水の浸入を防ぐことを考えて内部空間の床の高さを検討する．住宅を例にして考えると，街路からの敷地への取り付きは一段高く，アプローチより玄関ポーチを一段高く，ポーチより玄関土間，玄関土間より玄関の床というように奥に進むほど床高を高く設定するのが原則である（図 2.93）．内部空間においても脱衣室の床は浴室より高くする（注3）．

水は雨水だけではない．立地によっては洪水，高潮，津波などが考えられる．非常時も想定した対策が必要である．桂離宮（図 2.94(a)）やミース・ファン・デル・ローエが設計した有名なファーンズ・ワース邸（図 2.94(b)）も近くを流れる川の氾濫を想定して高床を採用している．

地下室を設ける場合にはとくに注意が必要である．豪雨などに対しては地域レベルの広がりの中で考えておくことが重要である．敷地自身には一見問題がなくても広域的にみて低い位置にある場合，雨水の道筋に当たり大量の水が地下室に浸入して死者が発生することもある（注4）．現代の都市は過去には谷であったり水面であったところが埋め立てられたところもある．設計の初期段階では敷地の過去の履歴を読みとることも重要である．

b. 地面からの解放・地面の解放

高床式の建物は，水の浸入を防ぐことや，動物からの防御などから生まれたものだが，床下の半屋外空間を様々な活動のために活用するなどの機能もある．

ル・コルビジェの提案したドミノシステム（図 2.73 参照）はピロティという手法により積極的に半屋外空間を活用しようとするもので，地面を公共的な空間として解放することにもつながる．丹下健三は広島平和記念公園でこの考え方を採用し，見事な公共空間を生み出した（図 2.95）．

公共的な空間だけでなく，住宅などで敷地が狭い場合でも自然を取り込んだ解放的な設計が可能になる（図 2.96）．

図 2.93 住宅の床高の設定[18]

図 2.94 高床の建築
(a) 桂離宮（京都，江戸時代初期），(b) ファーンズ・ワース邸（設計：ミース・ファン・デル・ローエ，1950 年）[11]．

図 2.95 広島平和記念公園（設計：丹下健三，1955 年）

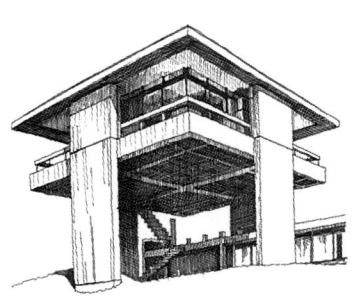

図 2.96 スカイハウス（設計：菊竹清訓，1958 年，作図：柏原誉）

ピロティの空間は，雨や直射日光から守られるため，子供の遊び場や憩いのスペースなどに使われるほか，駐車・駐輪のスペースなど多様な機能に応えることができる．これらの様々な使われ方，機能を考えて断面の寸法計画をたてる．

c. 通風・採光

通風・採光は環境計画の基本である．計画すべき敷地の風の道を読み取り，窓や開口の取り方を検討するが，床の高さも関係する．通常，地面より高くなるに従って風量は大きくなる．夏の暑さや湿度を考えると，木造住宅などの1階の床は地面より上げ，床下を風が通るようにするのがよい．

採光は窓や開口の断面寸法が大きいほど内部空間の奥まで昼光が入る．自然光を考えると，階高，天井高は大きい方が効果的である．蛍光灯などの人工照明が発達していなかった明治・大正時代の建築の天井高が高いのは，自然光にたよっていたことも理由の1つである．自然エネルギーの活用は，現代においても見習うべきである．

d. 眺望・視線・視野

超高層のオフィスビルにおいて最上階はレストランなどが配置される場合が多い．眺望を楽しみながら食事させようというねらいである．眺望は高いほどよいのが通常で，断面計画においても重要なポイントである．古くは天守閣，現代でも展望台などは眺望を考えて床の高さは決められる．

住宅においても，キッチン，居間は地面に近い方が機能的であるが，2階以上の上階にもってくる，あるいはピロティにより持ち上げ，1階を高い位置にもってくる場合がある．家族が集まるスペースの眺望がよくなる，また採光，通風の条件もよくなるといったメリットを優先させたためである．

一方向に多人数で対象物を見る場合，前の人の頭が邪魔になることがある．これを防ぐには，後ろほど床を高く階段状にする方法が考えられる（**図2.97**）．スポーツ競技場の観客席，劇場・映画館などの客席床が該当する．ステージの床を高くするのも観客の見やすさを考えたものである．

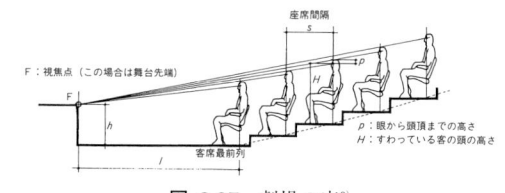

図 2.97 劇場の床[9]

e. 人間や物の動作範囲

天井高や階高は，建物の内部空間での人間の活動や物品の寸法から決まる．具体的には身長に人間の視野も含めて，圧迫感を与えない余裕寸法を加えて天井高は決まり，天井懐がある場合には，その断面寸法を加えて階高となる．

物品には家具など人間の動作寸法から決まるものもあるが，展示空間などでは巨大な飛行機や船などが展示されることもあり，とくに天井高や階高に上限はない．

建築が複合化し，下階にこのような展示空間や劇場，スポーツ施設などの大空間が納められる場合も当然上階の床高は高くなる．

一般的な設計で必要なのは，自動車の駐車場を屋内にとる場合である．乗用車など自動車の種類によっては，通常の階高よりは低く抑えることも可能で，住宅などで，グランドレベルに駐車スペースを設け，1階をその上にもってくるには有利である．

f. 人間の行動能力と心理

床の高さ・階高は，人間の上下の移動能力に関係する．昭和30年代に大量に建設された5階建階段室型の集合住宅は歩行能力の限界だといわれた．商業施設の計画で階段で上下移動する場合，2階よりも1階のほうが客の吸引力がある．

床の高さの問題は人間の移動能力だけではない．C.アレグザンダーは，「高層建物が，人間をおかしくするという証拠は山ほどある」という[3]．彼は，アパートの高さと精神障害の発生率など心理的な問題，健康の問題に関する研究結果を示し，住宅でもオフィスでも，建物が4階を超えると問題が発生しはじめると述べ「4階建の制限」を提案している．

高さによる抵抗を克服するにはエレベータやエスカレータなどの機械力にたよる方法があるが，

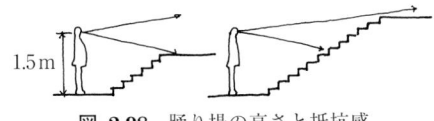

図 2.98 踊り場の高さと抵抗感

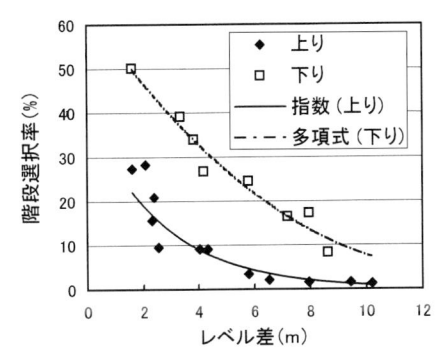

図 2.99 階段とエスカレータの選択率[5]

図 2.100 パルテノン神殿に至るアプローチ
(a) アゴラからのアクロポリスの丘の遠景, (b) アゴラからの近景, (c) 山門の遠景, (d) 山門の近景, (e) 視界に入ったパルテノン神殿.

建物の高さを低く抑える, 床の高さを低く設定する, 歩きたくなるような階段やスロープを設けるなど, 少しでも抵抗感を和らげるきめ細かな設計も必要である.

芦原義信が設計したソニービルは, 平面を「田の字型」に分け, 階高を4分割, 4つの展示フロアを順次回転移動する空間構成とした. 1回の移動高低差が少ないので高さへの抵抗が少なくなるしくみである.

階段の踊り場や上のフロアが視野に入るか否かは心理的にも重要である. 人間の眼の高さ, 1m50cm前後がその分かれ目で, 踊り場などが視野に入るほうが抵抗感は少ない (図 2.98)[4].

多人数が利用する駅などで, 階段とエスカレータが併設されることがある. レベル差がある大きさ以上になると, 上りにおいてはエスカレータの選択率が急に高くなる (図 2.99)[5]. このことから2つのことが教えられる. 1つは, 階段を使うことを前提にすると, 人間の能力を考えたレベル差の設定が重要であること, もう1つは, あるレベル差以上になる場合は, エスカレータの設置が有効であるということである. なお, 高齢者にとっては, 階段は下りのほうがつらくなるという (注5). 筋力が衰え, 関節の痛みなどの症状が出てきて, 下りのほうが片脚にかかる負担が大きくなるためである. このことを考えると, 1本しかエスカレータがない場合には, 高齢者にとっては, 上りより下りに動かしたほうがよいということになる.

g. 空間のヒエラルキー

古くから洋の東西を問わず, 宗教建築でも宮殿建築でも尊いものは奥に位置し, 奥にいくほど床を高くするという断面構成をとる. すなわち, 尊さのヒエラルキーを空間のヒエラルキーに置き換える手法として床の高さがある. 雛祭りに飾られる雛壇はその典型である. 都市においても山の手, 下町などの住み分けがみられる. 日本建築の書院造においても上段の間, 下段の間が設けられた.

床に高低を設けるのは, 象徴的な意味だけでなく, 高い所の防御のしやすさ, 上から下を見下ろす優越性などもあるだろう.

目的の建築に下からアプローチしていくときのシークェンシャルな見え方から感動を呼び起こさせるデザイン手法としても, 建物自身をどの高さに置くかは重要である. アゴラからアクロポリスの丘を登りパルテノン神殿に至るアプローチ空間 (図 2.100), 長い石段の上方に位置する室生寺な

図 2.101　室生寺の五重塔と石段（天平時代，撮影：横田隆司）

図 2.102　車いすにバリアーとなる断面勾配

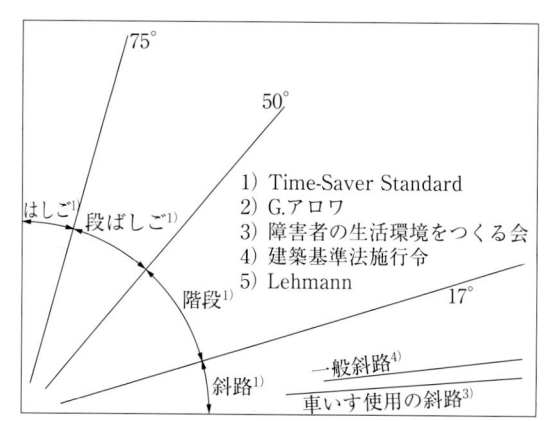

図 2.103　勾配による階段とスロープの選択（文献[17]より作成）
1) Time-Saver Standard
2) G.アロワ
3) 障害者の生活環境をつくる会
4) 建築基準法施行令
5) Lehmann

ど空間の断面構成から考えても興味が尽きない見事な事例は多い（図 2.101）．

2.4.4　床の勾配

床は一般的には水平であるが，勾配がつけられることがある．その理由としては，①水はけ，②レベル差の処理，③視線の確保，④人などの吸引効果，⑤異空間体験効果などである．

a. 水はけ

水は高いところから低い方向に流れる．この原理から水はけの必要なところでは床に勾配（水勾配）をつけなければならない．雨水のかかる屋上，ベランダ，バルコニー，テラス，道，広場，ピロティなどの半屋外空間の床など．内部空間の浴室，水洗いを前提にした学校などのトイレ，手術室，厨房など．いずれも適宜，水下に排水口などを設け適切な水処理を考える．

水勾配で注意すべきことは，屋外通路などの断面方向に勾配をつける場合（横断勾配）である（図 2.102）．車いす使用者にとって通路の両サイドに車をとられてしまい，直進が大変困難になるので避けるべきである．

b. レベル差の処理

床と床の高低差をレベル差という．それに対応する方法には，階段とスロープがある．図 2.103 に示すように勾配が緩い場合には床に勾配をつけ

表 2.2　併設された階段とスロープの選択率[6]

調査場所		ドマージ地下センター前	第 3・4 ビルの連絡通路（第 3 ビル側）	第 3・4 ビルの連絡通路（第 4 ビル側）	地下鉄四条駅南北改札通路
レベル差		170.5 cm	126 cm	112 cm	90 cm
スロープの勾配		1/12.16	1/8.19	1/9.23	1/14.97
スロープの長さ		2080 cm	1040 cm	1040 cm	1350 cm
階段の蹴上		15.5 cm	14 cm	14 cm	15 cm
階段の踏面		33.5 cm	32 cm	82 cm	31.5 cm
階段の段数		11 段	9 段	8 段	6 段
全体	上り	74%（565/763）	33%（233/706）	96%（716/743）	89%（351/393）
	下り	95%（744/781）	92%（880/743）	23%（163/706）	74%（184/248）
お年寄り	上り	87%（13/15）	86%（18/21）	100%（37/37）	100%（3/3）
	下り	100%（14/14）	100%（37/37）	67%（14/21）	100%（3/3）

図 2.104 スロープをデザインに組み込んだ建築（東京国際フォーラム，設計：ラファエル・ヴィニオリ，1996，撮影：吉村英祐）

たりスロープを設けたりして処理できるが，きつい場合には階段となる．緩い勾配の場合でも階段状にすることが可能であるが，車いすや乳母車の使用を考えるとスロープのほうがよい．スロープは健常者にとっても，足下に注意せずに上下移動ができる．**表 2.2** は階段とスロープが併設された場所での選択行動の調査結果である[6]．歩行者のスロープの選択率が高いのは足下を気にせず連続的に行動しやすいという長所があるためと考えられる．なお，リウマチなど脚に障害がある場合には，下りでは階段のほうが利用しやすいといったこともある．利用者の状況の多様性を考えると，階段とスロープは併設し選択可能なようにするのが理想的である．

スロープは最近，美術館や学校，福祉施設などで，積極的にデザインに組み込まれている例もみられる（**図 2.104**）．単なるバリアフリーのための手法としてだけでなく，健常者にとっても階段と違った空間体験ができ，快適に上下移動できるからである．

F. L. ライト設計のニューヨークのグッゲンハイム美術館は，ラセン状のスロープが展示空間になっている高層建築である（**図 2.105**）．観客は1階から最上階までエレベータで昇り，そこからスロープ状の展示空間を順次壁面の展示物を鑑賞しながら降りていく．自然に1階に戻ってくるという構成になっている．

レベル差で注意すべきことは，数 cm のわずかな高低差がつまづきの原因になることである．通

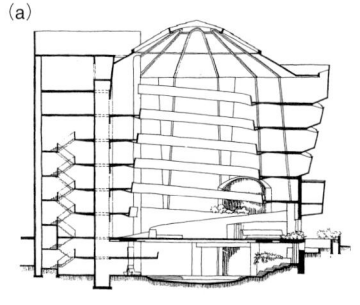

図 2.105 ラセン状床の美術館（ニューヨーク，グッゲンハイム美術館）
(a) 断面図[10]，(b) 吹き抜け部分の内観（撮影：上田正人）．

常の階段の蹴上げ寸法であれば視覚的にも意識されるが，わずかな差は意識されないことになる．このようなところでは，床に勾配をつけて処理をするなどの配慮が必要である．

c. 視線の確保

オーディトリアムの客席の必須条件の1つは，よく見えることである．前の観客の頭に遮られずに舞台やスクリーンを観賞できる視線を可視線（サイトライン）という．この条件から客席に段差をつけたり勾配床とする．可視線から求められる床の勾配をアイソアコースティックカーブと

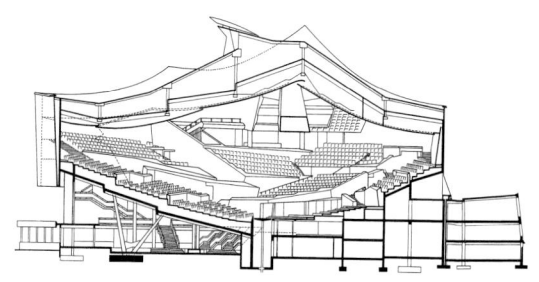

図 2.106 床と天井の形態（ベルリン・フィルハーモニック・コンサートホール）[10]

図 2.107 ポンピドーセンター前の広場[13]

いい，一般にシートカーブと呼んでいる（**図 2.97** 参照）．

床に勾配がつけば当然その下に勾配のついた天井の形態が現れることになる．これをどのようにして生かすか．**図 2.106** のベルリンのコンサートホールは，オーディトリアムの空間の形態が，1階のホワイエの空間にも反映した見事な建築で，設計者の優れた空間造形能力がうかがえる．

d. 人などの吸引効果

水が低い方向に流れるのと同様に，人間も無意識のうちに低い方向に向かって行動することがある．一種の吸引効果と考えてもよい．パリのポンピドーセンター前の広場は，建物に向かって緩い勾配で低くなっている（**図 2.107**）．広場にやってきた人たちが自然に建物に吸い寄せられるしくみである．イタリア・シエナのカンポ広場は扇状の形態でも有名だが，要（かなめ）の位置にある役所の塔に向かって勾配がつけられている（**図 2.108**）．当然，水勾配の機能も果たしているが，それ以上にダイナミックな空間の魅力を創り出している．

e. 異空間体験効果

床は水平であるという固定観念をうち破って曲面や勾配床で空間を構成することがある．日常にはない異空間を体験させる建築である．しかし，考えてみると，胎内空間も，太古の居住空間であった洞窟なども自然に生み出された有機的な形態であった．自然の大地は凹凸があり，傾斜がある．では，なぜ床は水平でなければならないのか．あ

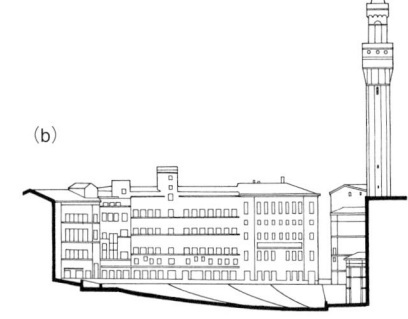

図 2.108 シエナのカンポ広場の床[2]
(a) 鳥瞰，(b) 断面図．

図 2.109 養老天命反転地（岐阜県，設計：荒川修作，マドリン・ギンス，1995，撮影：柏原誉）

えて水平を否定した設計事例をみてみよう．

1）養老天命反転地（図 2.109）　すり鉢形の床，急勾配の路などで構成された特異な造形について，設計者の荒川修作は設計意図を次のように述べている．「現在の世界においては，政治や道徳や倫理やさまざまな制度などが支配的であるため，人が獲得するもの（できるもの）というとすべてが皆物質的なものばかり．しかし，ここ「養老天命反転地」においては違います．この場所で獲得できるものは"新しい現象"です．その新し

図 2.110 横浜港大さん橋国際客船ターミナルにおけるうねりをもった床の外観(設計：foa, 2002 年, 撮影：吉村英祐)

い現象＝出来事は，ここにいて肉体を動かし，出来事を起こした人の"延長"です．"延長"とは，いずれその人がなるものであり，その人が所有するもの．そして，そうゆう事柄の認識を，私たちはここ「養老天命反転地」において行えるわけです」[7]．

2）横浜港大さん橋国際客船ターミナル（図 **2.110**） なだらかな丘陵地のような床の造形はどのような意味をもつのか．設計者の foa (注 6) は次のように述べている．「歴史的に見ると建築と都市デザインにはふたつの系統があると思います．ひとつは「合理主義者」で，もうひとつは「有機的建築」です．「合理主義者」はシンプルな直線で満足しているし，「有機的建築」というのは自然のかたちをマネする傾向がある．私たちは，かたちのモノマネではなく，自然と同レベルの複雑さというものをつくることに興味があります．だからこそ，最近私たちがいっているのは「建築をデザインする」のではなく，「建築を育てる」ということです」[8]．

これらのプロジェクトの設計意図が我々に十分に伝わるかどうかには疑問が残る．しかし，人間社会のあり方，環境のあり方を根元的に考えることは重要であり，そのきっかけは十分提示していると思われる．

2.4.5 床の構成と仕上げ

床は建築の構成要素として構造的に加重を支える部分と人間の活動などに直接触れる仕上げの部分からなる．構造材がそのまま仕上げになることもあるが，通常は構造材の上に仕上げ材を張ったり組んだりする．

構造材からみると大半の床は木造床，鉄筋コンクリート造床，鉄骨造床である．前の 2 つは，基本的には木材および鉄筋コンクリートでつくられるが，鉄骨造の場合には，鉄骨の梁の上に，縞鋼鈑などを張る比較的軽微なものから，コンクリート系床版をのせるもの，デッキプレート（波形の床鋼板）をのせ，上にコンクリートを打設して床版をつくるものなど多様である．これらの床が環境計画にとって重要なことは，それぞれの断熱性，遮音性などの特性を知ることである．鉄骨は靭性（ねばり強さ）はあるがたわむ程度がほかの材料より相対的に大きい．鉄骨造の小学校で上階の振動や足音が下階に伝わり問題になったケースもあり，計画上注意が必要である．

仕上げの部分は，木造の場合には根太などの構造材に仕上げ材としての縁甲板を直接張ったり，板や合板を張った上に畳や絨毯を敷いたり，プラスチック系のシートやタイルを張ったりする．

鉄筋コンクリート造床の場合は，床版は躯体と一体につくられることが多い．床版は施工上も凹凸があるので均しモルタルによって滑らかにし，その上にプラスチック系シート・タイル，陶磁器タイル，石など直接仕上げるものと，床版の上に木造の転ばし床などを組んで二重の床とし，木造と同様の仕上げを施すものとがある．

床の仕上げ材と床版の間の空間は天井裏と同様に配線や配管・ダクトなどの設備空間や収納空間などに使われることもある．フリーアクセスフロアはその典型である．床暖房のための配管，近年は空調の吹き出し口を床に設けることもあるので，その際はダクトのスペースとなる．

特殊な使われ方だが，日本の伝統的な掘り炬燵は床座にいす座の様式を持ち込んだものと考えてもよい．床と床版面の間に足を降ろせる寸法を見込んでおく必要がある．

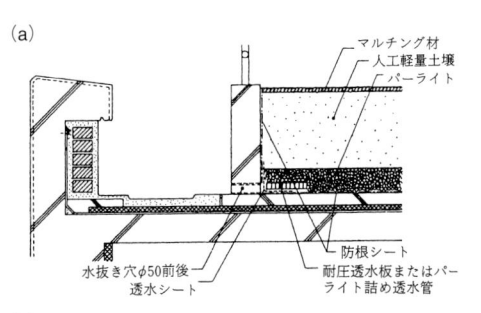

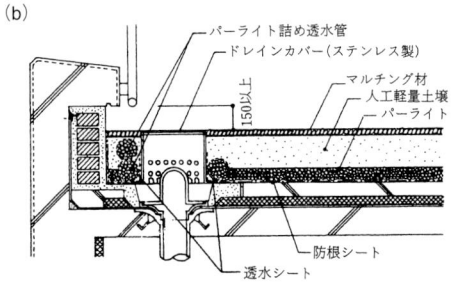

図 2.111 屋上庭園の断面（豊田幸夫）
(a) 一般的な場合の排水断面，(b) 全面客土の場合の排水断面[15]．

図 2.112 現代に活かされた土間空間（るり渓山房：設計：柏原士郎，2001）

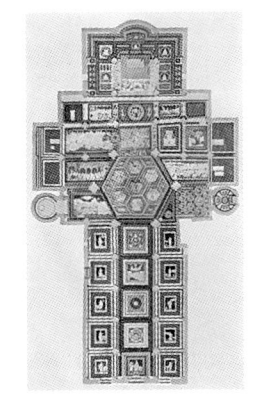

図 2.113 シエナ大聖堂のモザイク床のデザイン

屋上緑化やベランダに植物などを植える際にも，土の加重に耐える床版の構造，雨水などに対する防水性と同時に，植栽に見合った土の量と深さを想定して断面計画をたてる（図2.111）．

1階などでは地面の上に直接床版がつくられることもあり，土間コンクリート床といわれる．この上の仕上げ方は鉄筋コンクリートの床版と同様である．土間は伝統的な農家や町屋などの土足で入れるエントランス空間で，床を張らず，厨房スペースとして，また作業スペースとして多目的に使われた．仕上げは地面のまま，または三和土（たたき，注7）とした．今日でも積雪寒冷地域の住居では，入り口で雪を払ったり室内の暖気を逃さないために，玄関まわりに土間や風除室（注8）を設けるなどの工夫がみられる．また，土間は，靴を履いたまま活動できるので，外部空間と内部空間を結ぶ魅力的な緩衝空間として現代住宅でも活かされている（図2.112）．通常，タイル，石，敷瓦などを張る．

ヨーロッパでは建築の内部空間においても靴をはいたまま使用するので，公共的な建築ではとくに摩耗しない材料が選択される．特徴的なことは，宗教建築や記念建造物においては切石を敷く方法やモザイクによる装飾を施す方法がとられ（図2.113），その伝統は現代でも生き続けている．一方，住宅や宮殿などでは居住性を重視して，弾力をもち，表面温度の下がりにくい板張りの床が用いられた．さらにクッション性や吸音性が必要な場合はカーペットが敷かれる．モザイクにしても，カーペットにしても，様々な美しいパターンが特徴的で内部空間のデザインの重要な要素となっている．

参 考 文 献

1) 芦原義信：続・街並みの美学，岩波書店，1983
2) 岡田光正：空間デザインの原点，理工学社，1993
3) C.アレグザンダー：パターン・ランゲージ，鹿島出版会，1984

4) 芦原義信：街並みの美学，岩波書店，1979
5) 吉村英祐ほか：併設された階段とエスカレーターの選択行動に関する研究，日本建築学会近畿支部研究報告集，No.41，2001
6) 鏡 由実ほか：併設された階段とスロープの選択行動調査に基づく利用されやすいスロープの条件に関する研究，日本建築学会近畿支部研究報告集，No.39，1996
7) 新建築，Vol.70，No.11，1995
8) 新建築，Vol.77，No.7，2002
9) 岡田光正ほか：建築計画2（新版），鹿島出版会，2003
10) Henri Stierlin：Encyclopaedia of World Architecture 2, Office du Livre, 1977
11) Werner Blaser：Mies van der Rohe, Verlag fur Architectur, 1965
12) 新建築，Vol.51，No.13，1976
13) ロバート・キャメロンほか：パリ空中散歩，朝日新聞社，1987
14) Eurico Guidoni：Primitive Architecture, Harry. N. Abrams, 1978
15) 彰国社編：環境・景観デザイン百科，彰国社，2001
16) 日本建築学会編：建築設計資料集成4「単位空間II」，丸善，1980
17) 日本建築学会編：建築設計資料集成3「単位空間I」，丸善，1980
18) 水野克比古：座敷歳時記，京都書院，1988
19) 川本三郎：映画の昭和雑貨店，小学館，1994

注1 床の積載荷重（kg/m^2）：室の種類によって異なる．住宅の居室，病室などでは180 kg/m^2，事務室，店舗の売場，劇場などの固定席300 kg/m^2，教室230 kg/m^2，自動車車庫・通路550 kg/m^{2}などである．重要なことは，建築の用途は固定されたものではなく，将来，用途転用（コンバージョン）される可能性を見込んでおくことも必要である．また，住宅の居室でも，書架やピアノなどの重量物を置く場合などは別途，荷重を想定する．

注2 インテリジェントビル：この言葉は，米国ユナイテッドテクノロジー社が，1984年1月に完成した賃貸オフィスビル，シティプレスビルをインテリジェントビル1号として売り出したのがはじまりで，米国では一般に，空調，省エネルギー，セキュリティなどを自動制御するビルオートメーション機能，衛星通信，テレビ電話などが利用できるテレコミュニケーション機能，OA機器，コンピュータや外部情報などが利用できるビジネスオートメーション機能などを備えたビルを指す．しかし，日本では，賃貸ビルに限らず，自社ビルで高度にOA化されたものから，コンピュータ制御による省エネルギー装置などを設けているものまでを含め，インテリジェントビルといっている場合が多い．

注3 バリアフリー対策：浴室から脱衣室への水の浸入を防ぐためには段差，または開口部の立ち上がりで対応するが，バリアフリーのことを考えると段差や立ち上がりを避ける必要がある．その際には開口部には水の浸入を防ぐ対策が必要である．

注4 1999年6月29日，九州地方北部に集中豪雨があり，博多駅の北東約300 mの御笠川が氾濫し，周辺132 haが浸水．福岡市街部で甚大な被害が発生．博多駅周辺では，1 m程度の浸水．ビルの地下に取り残された従業員1名が亡くなった．

注5 東京都老人医療センターの林泰史院長の話（朝日新聞・2004.5.12）

注6 foa：Foreign Office Architectsの略で，アレハンドロ・ザエラメポロ（スペイン）とファホシッド・ムサヴィ（イラン）の2人が主宰する設計事務所の名称．

注7 三和土：たたきつち（叩土）の略．三種の材料をまぜるところから「三和土」と書く．赤土，石灰，砂利などににがりをまぜ，水でねってたたき固めた土間．（小学館・国語大辞典より）

注8 風除室：外気の屋内への流入，または屋内の空気の外部への流出を防ぐためにドアなどの開閉の頻度が高い玄関の出入り口部分に設けられた緩衝空間．屋内空間の温度の急激な変化を防ぐのに効果がある．

3

環境要素と建築のデザイン

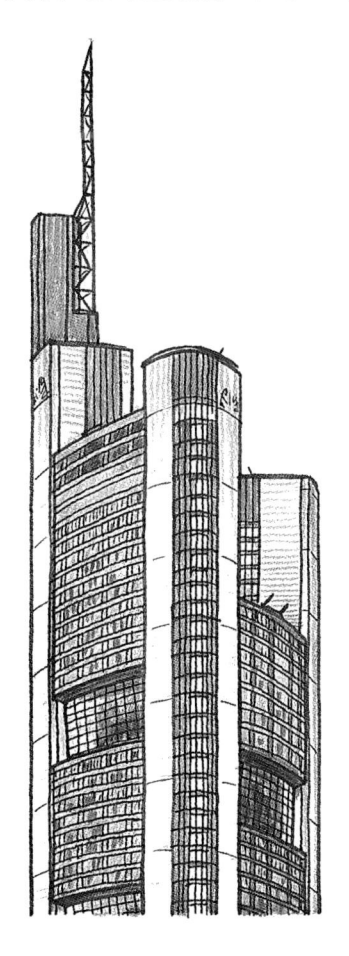

ドイツのフランクフルトに建つコメルツバンク本社屋（1997年）は，建築家ノーマン・フォスターによるエコロジカルな超高層建築である．

緩やかな三角形の平面のタワーはどの階も3つのフロアゾーンのうち2つがオフィスで1つが庭になるように計画されている．建物の最頂部まで吹抜けた中央のアトリウムに連結された4層分の階高をもつ庭が配され，内側を向いたオフィスにも光と新鮮な空気を運ぶ．オフィスにはすべて手動で開閉できる窓があり，従来のオフィスタワーの半分までエネルギー消費を減じている．

3.1 光と建築デザイン

3.1.1 自然の光と影
a. 光とは

人間は視覚から多くの情報を得ている．その情報を媒介するものが光であり，光なしでは我々は何も見ることができない．光がつくり出す陰影によって物体の形や色を認識できるのである．

建築空間においても光は重要な要素であるが，建築計画において光を考える場合，昼光と人工照明を別に考える必要がある．昼光とは太陽に由来する光であり，主として直射日光と天空からの散乱光（太陽光が大気層を透過する際に散乱された光）からなる．窓などの開口部からの採光により，昼光を建物に取り入れて照明として利用するのが昼光照明である．

優れた建築には，開口部からの巧みな採光によって印象的な空間をつくり出しているものが多い．とくに宗教建築では，象徴性をもたせた光のデザインにより，希望のイメージや荘厳な雰囲気を醸し出すことが多い．

一方，太陽からの光は動植物に成育作用やビタミンの生成を促すと同時に，人に対して快適性や時間感覚といった心理的な効果をもたらすことも忘れてはならない．

時間によって変化する光の色は，1日の中で我々に様々な心理的効果をもたらす．例えば朝日の黄色味を帯びた色は活動的な気分を盛り上げる．昼の青白い色の光は集中力や適度な緊張感を，夕方の赤みを帯びた光は，落ち着きやくつろぎをもたらすといわれている．

b. 採光計画

適切な採光を確保することは建築設計における基本的な条件の1つであり，室の用途に応じて，十分な検討の上に採光計画を立てなければならない．

採光計画は窓などの開口部に関する計画ということもできるが，開口部の計画は，採光以外に室内の熱環境や省エネルギーにも大きな影響を及ぼす．加えて通風，眺望，視線，プライバシー，防犯性，災害時の避難など，非常に複雑な与条件を同時に考慮して計画されねばならない．例えば，省エネルギーの観点からみると，昼間は昼光を積極的に利用して人工照明による電力負荷を減らすような計画が求められるが，大きすぎる開口部が熱の出入りを増加させ，空調負荷の増大につながるようでは意味がない．

また，地域，季節，時間，天候，方角により，直射日光による影響が大きく変動することについても考慮しなければならない．日本では，夏の直射日光を遮り，冬の日差しを取り込むために，南面の開口部には適当な出の軒や庇をつけるという工夫を行ってきた（図 3.58 参照）．あるいは，建物の南側に落葉樹を植えることによっても同様の効果を得ることができる．

なお，建築基準法では，住宅，学校，病院などの居室において採光を確保するために，室面積に応じて採光に有効な開口部を設けるよう規定されている．

c. 採光の手法

採光の手法を開口部の位置からみた場合，一般的な目の高さ付近にある窓以外に，高窓，天窓からの採光などがあり，それぞれ一長一短がある．

一般的な側窓からの片側採光は，①机上面で反射グレア（机や壁面などで反射した光が視野に入り，眩しさでものが見えにくくなる現象）が生じにくい，②適当な光の入射角により，物体の立体感をつかみやすい，③見通しがよく開放感があるといった長所がある一方，照度分布が不均一で，室奥では照度不足となる可能性があることに注意しなければならない．

側窓を両側採光とすると照度分布は改善されるが，主光線が2方向となり落ち着きが失われる．

高窓からの採光（頂側光）は，採光面を北に向けると，直射日光の影響を受けずに安定した採光が得られ，照度分布も比較的一様になる．**図 3.1** の例（国立国会図書館関西館，京都府相楽郡，設計：陶器二三雄，2002）では，屋上緑化したのこぎり屋根の鉛直面からの頂側光が地下に埋められた閲覧室に導かれている．

天窓からの採光（トップライト）は照度分布が

3.1 光と建築デザイン

図 3.1 頂側光

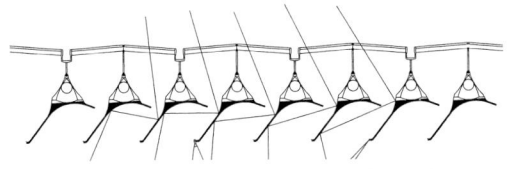

図 3.2 自然採光における光拡散装置[10]

図 3.3 ブリーズ・ソレイユ

均一であり，隣接建物からの影響を受けにくいといったメリットがあるが，天窓だけでは外界への見通しがなく開放感に欠ける可能性がある．

美術館や博物館，展示施設においては，直射日光に含まれる紫外線による作品の劣化，天候・時間により光が変化すること，展示ケースのガラスで反射グレアが起きる可能性があるといった理由から，主として人工照明を用いることが多いが，メニル・コレクション美術館（**図 3.2**，設計：レンゾ・ピアノ，1986）では，展示室の天窓に設置された「リーフ」と呼ばれる日除けにより，直射日光を遮断しながら間接光を拡散させ，照度むらのない空間を巧みにつくり出している．

d. 採光の調整

一般に，適切な昼光採光を確保するために，開口部に様々な工夫を凝らし，採光をコントロールする必要がある．最も身近なものは窓際に吊すカーテンやブラインドであろう．

庇や，窓の外側にルーバーなどを設けて，日射を遮る方法は，同時に室内に熱が侵入することも防ぐことができ，冷房負荷を大幅に低減することが可能となる（4.3 a.1 項参照）．

建築と一体化したルーバーとして，ル・コルビジェによる集合住宅ユニテ・ダビタシオンで用いられたブリーズ・ソレイユが有名である（**図 3.3**）．

3.1.2 光をデザインする

採光とは，一般に建物内における人間の活動に必要な照度を確保するという実用的な面から捉えた概念であるが，光の効用はそれだけではない．光と影を効果的に用いることによって，建物内に非常に印象的な空間をつくり出すことも可能になる．これは光をデザインするということであり，建築設計における重要な要素の1つであるといえよう．

ここでは，主として昼光による光のデザインの例を示すが，もちろん人工照明を用いた光のデザインも考えられる．

a. 象徴的な光

空間に象徴性をもたせるために，薄暗い空間の限られた開口部から光を取り入れる方法は宗教建築などにおいてよく用いられる．

パンテオン（ローマ，120 年頃，**図 2.66** 参照）は，内径約 43 m の半球形ドームをもつローマ時代の神殿であり，当時はローマの代表的な神々が祭られていたという．ドームの頂部には採光孔が穿たれており，ここから入る太陽光が時間と共に内壁面を移動していく様は神秘的である．

一方，光の教会（**図 3.4**，茨木市，設計：安藤忠雄，1989）は，現代的なコンクリート打ち放しの小さな教会である．まったく装飾のないストイッ

図 3.4 光の教会

クな空間はパンテオンとは対照的であるが，それにより，正面壁の十字のスリットから入る凝縮された光は，より力強いものになっている．

b. 建物内部にあふれる光

一方同じ教会でも，4,000人を収容する巨大なガラスのカテドラル（米カリフォルニア州，設計：フィリップ・ジョンソン，ジョン・バギー，1979）のようにあふれんばかりの光に包まれた空間もある．

サーペンタイン・ギャラリーのパビリオン（**図3.5**，ロンドン，設計：伊藤豊雄，2002）は仮設のギャラリー兼カフェである．幅550 mmの鉄板を複雑に組み合わせた構造体の隙間から，木漏れ日のように差し込む光は，公園の中にあるこのギャラリーに相応しい．

c. 透過した光

わが国の伝統的な建具である障子は，**図3.6**のように和紙により直射日光を遮断し，透過した光が散乱することによって部屋の奥まで柔らかい光を届ける効果がある．

こうした透過光を用いる手法は，**図3.7**（豊田市，設計：谷口吉生，1996）でもみられるように，現代の建築においても印象的な光を演出する方法として繰り返し利用されている．なお，ここでは和紙の代りにセラミック印刷を表面に施した乳白色の強化ガラスが用いられている．

d. 格子を通した光

格子窓も，防犯性や外部からの視線を遮るために，古くからよく用いられてきたが，**図3.8**（兵庫，設計：安藤忠雄，1991）のように格子窓を通して入る光により，室内を効果的に演出しているものもある．ここでは格子は朱に塗られているため，室内全体が格子で反射した赤い光に満たされ

図3.6 障子を通した光[9]　**図3.7** 豊田市美術館

る．

また，格子ではないが，**図3.9**（飯田市，設計：妹島和世・西沢立衛，1999）では，ガラス表面に印刷された図柄の間から内部に取り込まれた光が内部空間に複雑な表情をつくり出す．

図3.10のように，開口部にパンチングメタルやエキスパンドメタルを用いて，光に表情を与えるデザイン手法も，これらに類するものとしてよいだろう．

e. 可動式の調光装置

可動式のスクリーンなどにより採光をコントロールする手法にも様々なものがみられる．日建設計東京ビル（**図4.25**参照）は外壁面に設置されたスクリーンにより調光を行うが，スクリーンの上げ下げによって調光だけでなく，ファサードの表

図3.8 本福寺水御堂

図3.5 サーペンタイン・ギャラリー

図3.9 飯田市小笠原資料館

図 3.10 パンチングメタルのスクリーンを使用した例

図 3.12 アラブ世界研究所

情まで一変する点が面白い．

　フランス国会図書館(図 3.11，パリ，設計：ドミニク・ペロー，1994)では，室内側に木製の回転するパネルが設置されており，これを回転させることによって調光を行うことができる．ここでもパネルは単なる調光装置としてのみ機能するのではなく，建築の内部空間，ファサード共にパネルを動かすことにより表情を変える点が興味深い．

　また，アラブ世界研究所(図 3.12，パリ，設計：ジャン・ヌーヴェル，1987)の窓には，カメラの絞りのように調光できる電動式の装置が多数組み込まれている．この装置はアラブ特有の幾何学文様(アラベスク)を参照してデザインされており，非常に独創的な調光装置であるといえる．

　このように，可動式の調光装置は手動でスクリーンを移動させるだけのものもあれば，コンピュータにより，日照条件などに応じて自動的にコントロールされるような高度なシステムもみられる．

3.1.3 屋内照明
a. 人工照明

　人工照明とは昼光照明に対する用語で，電灯などの人工的な光源を用いた照明のことである．昼光照明は時間，天候，窓からの距離，方角などによって室内に大きな照度差が生じ，作業に影響が出ることがある．十分な照度が得られない場合には人工照明により照度を補わなければならない．また，現代人の生活が夜間の人工照明なしには成り立たないことはいうまでもない．

　人工照明のはじまりは火であるが，近代的な人工照明がつくられるのは 1879 年に白熱電球が発明されてからである．蛍光ランプが実用化されたのは 1940 年頃であり，現在ではそのほかにも水銀ランプ，メタルハライドランプ，高圧ナトリウムランプなどの様々な光源が使用されている(表 3.1)．また近年高輝度の白色 LED(発光ダイオード)が開発され，LED を用いた照明器具も実用化されている．LED には高効率，低消費電力，長寿命といった特徴がある．

b. 色温度と演色性

　色温度とは，光の色を表す最も簡単な方法で，光の色をその色度，あるいはそれに近い色度をも

図 3.11 フランス国会図書館

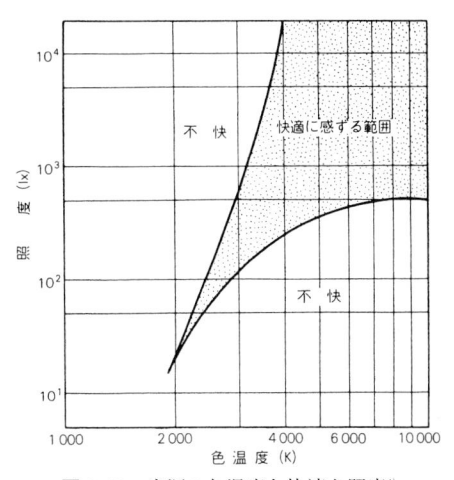

図 3.13 光源の色温度と快適な照度[4]

表 3.1 光源の種類[11]

	白熱電球	蛍光ランプ	水銀ランプ	メタルハライドランプ	高圧ナトリウムランプ
大きさ [W]	10～1,000 一般には 30～200	予熱始動型 4～40 ラビットスタート型 20～220	40～20,000 一般には 40～2,000	300～400	250～1,000 一般には 250～400
効率 [lm/W]	あまり良くない 15～20	比較的良い 60～85	比較的良い 40～60	比較的良い 70～95	非常に良い 90～120
寿命 [h]	短い 1,000～1,500	長い 7,500～10,000	長い 6,000～12,000	長い 6,000	長い 9,000
演色	良い やや赤味が多い	良い とくに演色性を改善したものは優良	比較的良い 改良型蛍光水銀ランプは普通型蛍光ランプなみ	良い	やや良い
コスト	設備費は安い 維持費は比較的高い	比較的安い	設備費は安い 維持費は比較的安い	同左	設備費は高い 維持費は安い
取扱い・保守点検など	容易	比較的容易	普通	普通	普通
適する用途	照明全般	一般照明 特殊用途向きのものもいろいろある	屋内高天井照明 屋外照明	高天井の屋内，屋外で演色性の良さが要求される場所の照明	高天井の屋内 屋外の広場
そのほか	光源輝度が高い ほぼ点光源	光源輝度が低い 周囲温度によって効率が変化する			

表 3.2 光源の色温度と色の見え方[5]

光源の種類		色温度 [K]	光源の色の見え方	
昼光光源	人工光源			
青空光（北天）		12,300*	青い	冷たい
	昼光色蛍光ランプ	6,500	青みをおびる	
曇天光		6,250**	↑	
	キセノンランプ	6,100		
直射日光（天頂）		5,250	白い	中間
	蛍光水銀ランプ	5,000	↓	
	白色蛍光ランプ	4,500		
	メタルハライドランプ	4,300	赤みをおびる	
	温白色蛍光ランプ	3,500		暖かい
	白熱電球	2,800	黄赤	
直射日光（地平線）		1,850	赤い	

* 中央値（範囲 6,200～30,000 K），** 中央値（4,600～9,700 K）．

つ完全放射体（黒体）の絶対温度（単位はケルビン（K））で示す．数値が低いほど赤色光の量が多く含まれ暖かく，高いほど青色光が多く冷たく見える（表3.2）．一般には，図3.13にみられるように，照度が低い場合は色温度が低い（暖かい）光が好まれ，照度が高い場合は色温度の高い（冷た

い）光が好まれる．

光源によって，その光を受けた物体の色の見え方は異なる．この色の見え方を演色性といい，平均演色評価数 Ra で示す．Ra は 100 が最高値であり，Ra が低い光源ほど，色の再現性が悪いということになる．正確な色の再現が求められる美術館

などで用いられる高演色蛍光灯にはRa 99という非常に演色性の優れたものもある．

c. 照明計画

光源には，それぞれ効率，寿命，演色性，コストなどに特徴がある．光源を収める照明器具にも形状や配光特性などにより様々な種類があり，目的や条件に応じて選択，配置されなければならない．

昼間でも必ずしも部屋全体を均一に照明する必要はない．全般照明と，局所照明をうまく使い分けることが重要である（図3.14）．

人工照明があれば採光は不要と考えることもできるが，省エネルギーの観点からは，あくまでも有効な採光を確保し，不十分な部分を人工照明で補うような照明計画が求められる．

必要な照度は，作業内容や室によって異なる．オフィスビルにおける一例を示すと，細かい視作業を行うような事務室や製図室では1,500 lx以上，一般の事務室・会議室・役員室などは750 lx以上，応接室・食堂・カフェテリアなどは500 lx以上，廊下・階段・便所などは300 lx以上の水平面照度を確保するよう推奨されている．

蛍光灯は，省電力，長寿命で演色性も比較的よいため，オフィスや物販店などで広く普及している．一方，白熱電球はやや暗く感じる黄みがかった光であるが，蛍光灯と比較すると暖かい雰囲気をもつため，住宅や老人ホームなどの生活施設，飲食店などでの使用に適している．西欧の住宅の照明器具は，多くの場合白熱電球のダウンライトかペンダントであり，蛍光灯はあまりみられないが，わが国では住宅においても蛍光灯が主流のようである．

これは，わが国では室内は少しでも明るいほうがよいという思いが強いためではないか．暗いことはしばしば否定的に捉えられるが，谷崎潤一郎の『陰翳礼賛』にもみられるように，「暗さ」は決して否定されるものではなく，「暗さ」の価値を再認識する必要がある．人間の視覚は明暗の差によって明るさを感じるものであり，周辺の光環境に順応するため，重要なのは相対的な明るさである．一般には，暗いほうを基準にして3倍以上の照度で初めて明暗の差が認識できる．したがって，ただ照度を上げるのではなく，明暗のメリハリをつけ，効果的な照明計画を行うことが重要である．

コンビニエンスストアは夜中でも煌々と照明を点けているが，昼夜を問わず同じ照度を維持することは，省エネルギーの観点から過剰な照明といわざるをえない．夜間に強い照明を受けることは，人間のもつ体内時計を狂わすことにもなり，健全な環境とは言い難い．

d. 照明器具の種類

人工照明に用いられる照明器具は，その設置形態から様々な種類に分類することができる．図3.15に，一般に用いられる代表的なものを示す．ペンダントは天井から吊り下げられ，シーリングライト，スポットライト，ダウンライトは通常，

図3.14 全般照明と局所照明[10]

図3.15 照明器具の例
上段左からペンダント，シーリングライト，スポットライト，ダウンライト，フロアスタンド，ブラケット，デスクスタンド，庭園灯，屋外用器具

天井に直付けされる．壁面に取り付けられる器具はブラケットという．また移動可能な器具として，フロアスタンドやデスクスタンドなどがある．

3.1.4 都市照明と夜間景観
a. 景観照明とは

建物外部の表情は，昼間と夜間とでは大きく異なる．昼間は空が背景となり，建物の壁面が際立って見えるのに対し，夜間は壁面は背景と一体化し，照明のある窓面だけが浮き上がって見える．こうした建物内からの照明や街路空間に灯る光などの集合体が都市照明である．

かつて日本では，都市を明るくすることが先進国への仲間入りにつながるかのように考えられ，公共照明＝道路照明という時代が長く続いた．やがて，都市をただ明るくするだけではなく，美しく演出する景観照明が求められるようになってきた[2]．

景観照明の役割として，以下の3点を挙げることができるだろう[1]．

① 街がもつ個性や歴史，風土，文化などが表現され，都市のアイデンティティを高めること．
② 通りなどの都市軸を明確にし，都市に方向性を与えること．
③ 季節感や時間の変化など，都市に時間感覚を与えること．

以下に，景観照明の実例をみていく．

夜間景観を演出する手法の1つとして，建物の外壁に照明を当てて，建物の新しい魅力を見出すライトアップと呼ばれる手法がある．外壁面に装飾が多く，照明を当てると陰影が強調されやすい歴史的建築物は，ライトアップの効果が現れやすいため対象として選ばれることが多い（**図3.16**）．

図3.17（東京都，設計：レンゾ・ピアノ，2001）では，夜間は大型のガラスブロックで構成された外壁の全面が建物内の明かりにより輝き，光あふれる有数の繁華街においてなお，周囲に強い印象を放っている．

都市部においては店舗のショーウィンドウの照明も夜間景観を作る重要な要素である．

明石海峡大橋（**図3.18**）では，震災記念日などの特別な日や季節，曜日，時間によって照明パターンを変化させることで，都市に時間感覚を与えている．メインケーブル部分には赤・緑・青の3原色の照明をセットにして組み込み，点灯パターンを変化させることによって，様々な色が出せるようになっている．

b. 照明自体を楽しむ

「神戸ルミナリエ」は，1995年1月の阪神・淡路大震災犠牲者の鎮魂，および都市の復興・再生を願い，同年12月に初めて神戸市で開催されたイベントである．同年以降毎年，クリスマスシーズンに開催されるイベントとして定着しており，来場者は数十万の電球によるあふれんばかりの光の彫刻を楽しむ（**図3.19**）．

また，京都では秋の観光シーズンにいくつかの寺院で夜間拝観を行っている．夜間拝観では庭園に様々に工夫された照明が仕掛けられ，昼間に訪れるときとはまったく異なる幻想的な雰囲気で楽しませてくれる．庭園のライトアップは，通常の

図3.16 ライトアップされた建物（ロンドン）

図3.17 メゾン・エルメス

図3.18 明石海峡大橋[8]

図 3.19 神戸ルミナリエ

図 3.21 阪田小屋（神戸市）

図 3.22 かぼちゃのお家（吹田市）

図 3.20 青蓮院の夜間拝観

建物のライトアップと比較するとかなり暗いが，周辺が暗いため，明るくなくても十分な効果を生み出している（図 3.20）．

c. 街路における光

街における照明の機能として，安全や防犯のための明視性も忘れる訳にはいかない．

ニュータウンのような住宅地では，街灯や門灯が街路の主な光源であるが，その数が少なく，防犯上問題のある住宅地も多い．住宅から漏れる明かりは街路の歩行者に安心感を与え，安全性が向上すると同時に，住宅の自己防衛にもつながる．一般に 10 m 先の人の顔，行動を明確に識別できる照度は水平面照度で 50 lx，4 m 先の人の行動を視認できる照度は水平面照度で 3 lx といわれている．しかし，大阪府千里ニュータウンの戸建て住宅地では，街灯直下で約 3 lx，その周辺では平均 0.2 lx 程度の照度しかなく，安全性，防犯性上問題がある．図 3.21 の住宅は，夜間，居間の光が半透明の幕を通して漏れることで，周辺に安心感をもたらしている．

また商店街の場合，欧米では夜間や休日でもショーウィンドウ越しに商品がライトアップされ，夜間のアメニティや安全性を高めているのに対し，日本では，閉店後はシャッターを閉めるなど，外部に対して閉鎖的になり，街路や商店街は明かりが少なく殺風景になりがちである．千里ニュータウンの地区センターでは，専門店街の照度は自動販売機付近を除き 1 lx 未満しかなく，大変暗い状況であった．ニュータウンの近隣センターにある図 3.22 の施設は，夜間，人気がなくなる近隣センターの周辺に明かりをもたらし，街路の安全性を確保することに貢献している．

参 考 文 献

1) 日本建築学会：建築・都市計画のための空間学事典，井上書院，1996
2) 中島龍興ほか：照明デザイン入門，彰国社，1995
3) 芦原義信：続・街並みの美学，岩波書店，1997
4) 日本建築学会編：建築設計資料集成 1「環境」，丸善，1978
5) 日本建築学会編：建築設計資料集成「人間」，丸善，2003
6) 池邊 陽：デザインの鍵—人間・建築・方法—，丸善，1979
7) 建築術編集委員会編，建築術 2 空間をとらえる，彰国社，1973
8) (財)海洋架橋調査会編：本州四国連絡橋，(財)海洋架橋調査会，1999
9) Henry Plummer：Light in Japanese Architecture，エー・アンド・ユー，1995
10) 日本建築学会編：建築設計資料集成「総合編」，丸善，2001
11) 伊藤克三ほか：大学課程建築環境工学，オーム社，1978

3.2 音と建築デザイン

3.2.1 音響

a. 音響設計の役割

音は光と同様に様々な情報を伝達するために重要な役割を果たしている．消防車のサイレンや，駅でのアナウンスなどはもちろんのこと，音楽を聴くことや，会話を行うことも音を介してはじめて成立する行為であることはいうまでもない．

一方，騒音と呼ばれる望まれない音も存在する．ただし，ある音が騒音であるか，そうでないかはそのときの状況や，個人の嗜好によってかなり異なる．必ずしも騒々しい音が騒音になるというわけではなく，小さな音であってもそれが望まれない音であれば騒音であるといえる．

建築空間において適切な音響を得るための音響設計は，建築計画の一部として非常に重要な役割を担う．

一般に必要とされる音響の条件は，室や使用方法に応じて変化するが，①室内が静かであること，②周囲の環境に対して騒音や振動で迷惑をかけないこと，③室内の響きが良いこと，④十分な音量で，明瞭に聞こえることなどがあげられる．

音響がとくに重視されるのは，劇場，ホール，録音スタジオなどの施設や，集合住宅，ホテル，病院などの居住系施設であるが，今日ではこれらの施設以外でも何らかの音響設計が求められることが多い．

b. 音の周波数と音色

人間が一般に聞き取ることのできる音（可聴音）の周波数は 20 Hz から 20,000 Hz 程度である．これより低い音を超低周波音，高い音を超音波と呼ぶ．なお，一般的な 88 鍵のピアノでは，一番低い音，すなわち鍵盤左端の「ラ」の音が 27.5 Hz で，一番高い「ド」の音が約 4,200 Hz である．また，人が通常会話を行う際の声の周波数は 250 Hz から 3,500 Hz 程度である．

最も単純な音は，圧力の時間変動をグラフで表したときに波形がサインカーブで表される純音（正弦波）と呼ばれる音である（図 3.23 (a)）．し

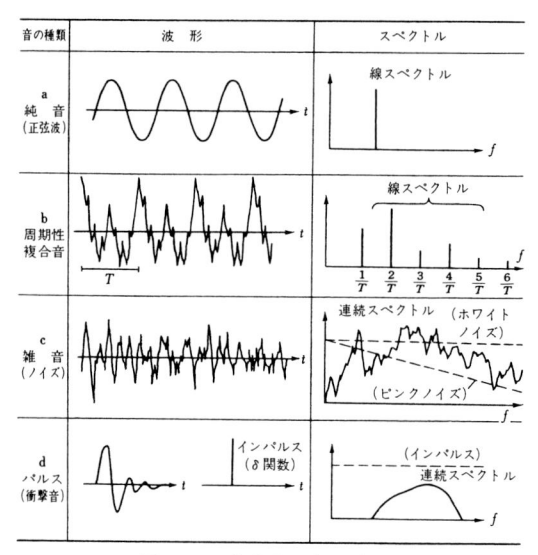

図 3.23 基本的な音の種類[4]

かし自然界には純音はほとんど存在せず，一般的な音はいくつもの周波数の純音の重ね合わせにより構成されている．ある音が，どの周波数成分の純音をどの程度含んでいるかを示すものがスペクトル（周波数特性）である．

楽器の音も同様に，いくつもの純音が重ね合わせられた音である．楽器の場合は，基本となる周波数の純音（基音）と，その整数倍の周波数の純音（倍音）から構成され，基音と倍音の構成の違いによって，それぞれの楽器特有の音になる．同じ音程の音でも，バイオリンの音とピアノの音を聞き分けることができるのは，スペクトルの違いのためである（図 3.23 (b)）．

そのほかの特徴的な波形をもつ音として，様々な周波数成分を含み，周期性がなく振幅もランダムに変化するノイズ（雑音）といわれる音や，ごく短い時間だけに生じ，自然界でもきわめて多いパルス（衝撃音）などがある．

c. 反射，屈折，回折

光と同様に，音でも反射，屈折，回折といった現象がみられる．

波長に比べて十分大きい剛平面に音波が当たると反射が起こる．また，媒質の異なる境界面に平面波が入射すると屈折する．例えば，晴天時の昼間において，地表近くが高温で上空が低温になると，音速は高温時ほど速いため，音は図 3.24 (1)

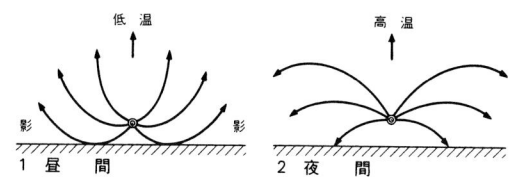

図 3.24 温度分布による音の屈折[5]

のように屈折し，音の伝搬されない影をつくる．逆に夜間は，**図 3.24**(2)のように屈折するため，昼間は建物などの障害物により聞こえにくい音が聞こえることもある．

また，音波の伝搬する途中に塀のような障害物があると，その背後の影の部分にも音波が回り込む現象を回折という．

d. 音の特異現象

① エコー：直接音が聞こえた後，分離して反射音が聞こえること．直接音に対する反射音の大きさや，時間遅れが大きいほどエコーになりやすいが，通常その時間遅れが 1/20 秒（伝搬距離の差で 17 m）以上のときにエコーになるといわれる．エコーがあると会話の明瞭度が著しく低下し，音楽の演奏も困難になるため，最も注意すべき現象である（**図 3.25**）．

② フラッターエコー（鳴竜）：短い音を出した時に特定の壁間，床と天井などの間で多重反射が生じ，ブルブル，ピチピチといった特別な音が残る現象をいう．日光東照宮薬師堂の鳴竜はフラッターエコーの例として有名である（**図 3.26**）．

③ ささやきの回廊：大きな凹曲面に沿って音が反射を繰り返し，ささやき声でも意外に遠くまで明瞭に伝わることがある．セント・ポール大聖堂（ロンドン）大ドームの回廊がこの現象で有名である．またイタリア，シチリア島にある古代ギリシャ時代の捕虜収容所の洞穴は同じ現象で「ディオニソスの耳」といわれ，捕虜達の秘密の話を聞き取るのに使われていたという伝説もある（**図 3.27**（左））．

④ 音の焦点と死点：ドーム状の凹局面の反射性の面に音が当たると，凹曲面の焦点となる付近に反射音が集中し，音の焦点からはずれた場所では，音が極度に小さくなる現象が生じることがある（**図 3.27**（右））．

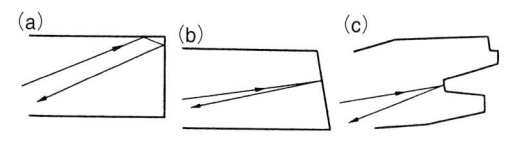

図 3.25 エコーの発生しやすい反射壁面[4]
(a) 音源と対向する壁面が反射性で直交する場合，(b) 音源と対向する壁面が反射性で内側に傾斜している場合，(c) バルコニーフロントが音源に対向して反射面となっている場合．

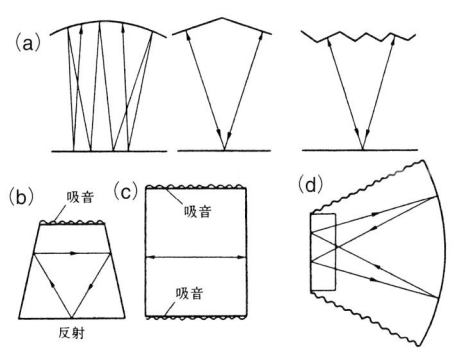

図 3.26 フラッターエコーの発生しやすい室形状[4]
(a) 反射性の平坦な床面と，音が集中する形の反射性天井面の例，(b) 傾斜した反射性側壁面の対向，(c) 前後壁が吸音性で側壁間の反射，(d) 後壁が凹曲面の場合．

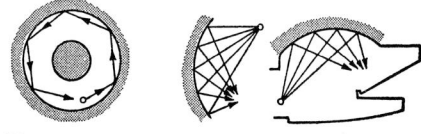

図 3.27 ささやきの回廊（左）と音の焦点（右）[3]

以上に述べた特異現象は，音響障害となるため，設計に当たっては十分注意する必要がある．

3.2.2 音響設計の実際

a. 劇場・ホール

音響がとくに重視される施設として，劇場・ホール類をあげることができる．これらにはオペラハウス，コンサートホール，多目的ホール，講堂，映画館などの形式があり，その規模も様々であるので，それぞれに異なる音響設計が求められる．音響の良し悪しが劇場の評価にも大きな影響を与えることに注意しなければならない．

一般に，劇場などに求められる音響の条件として，①どの部分でも十分な音の大きさが得られる，②音のエネルギーが室内一様に分布する，③残響時間がその室の用途に最適である，④フラッ

ターエコーなどの音響障害がない，⑤不要な騒音がないことがあげられる．

音のエネルギーを一様に分布させるために，一般に音源側を反射性の材料として音を補強し，エコーを避けるために後壁側を吸音性の高い材料で仕上げる（live end dead end 方式という）．また，天井面や側壁の形状は，天井，側壁からの1次反射音が，客席内の直接音を効果的に補強できるように，反射面・拡散面の位置と角度を適切にとりながら形を決定する（図 3.28，3.29）．

最適な残響時間は演目によって異なり，音楽演奏の場合は，長めの残響時間が好まれるが，残響時間が長すぎると音声の明瞭度が低下するため，講演では最適残響時間は短い（図 3.30）．コンサートホールで豊かな残響を得るためには，客席1席当りの室容積として 10 m³ 程度を確保する必要がある．

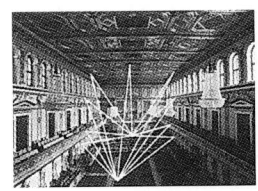

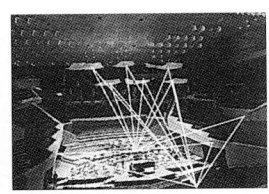

図 3.28　1次反射音を確保する室形状[1]

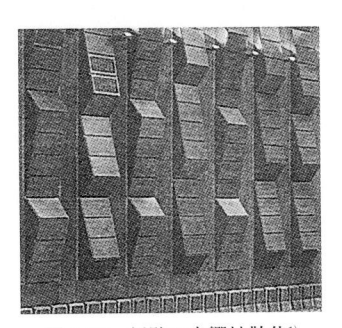

図 3.29　側壁の音響拡散体[1]

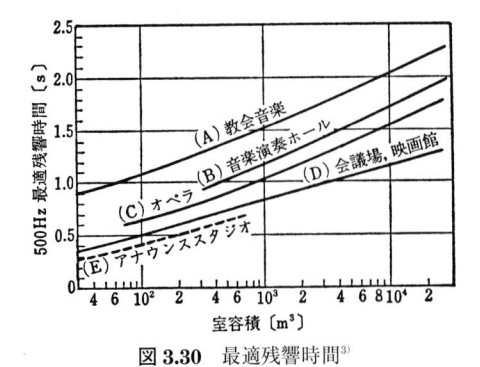

図 3.30　最適残響時間[3]

これまでに，各地で様々な形式の劇場が建設されてきたが，その一部を以下に紹介する．

古代ギリシャでは，山や丘の斜面を利用して客席をすり鉢状に配置した野外劇場がいくつもつくられた．1万人以上を収容する劇場もあったが，すり鉢状の客席のおかげで肉声でも最上段までよく聞こえたという（図 3.31，古代ギリシャの劇場，BC 330 年頃）．

ヨーロッパでは19世紀に，シューボックス型と呼ばれる長方形のコンサートホールが多く建設された．その代表が，ウィーン・フィルハーモニー管弦楽団の本拠地であり，ニューイヤー・コンサートが行われることで名高いウィーン楽友協会大ホール（図 3.32，1870 年）である．豊かで美しい響きの音響特性は音楽ホールのお手本とされる．

シューボックス型のホールは両側壁が平行で，響きが豊かになるなど音響的に有利な点が多いが，ホールの幅や座席数に制約があり，一般的には 1,800 席以下が望ましい．

20世紀にはベルリン・フィルハーモニック・コンサートホール（図 2.9 参照，1963 年）のように，シューボックス型からの脱却を目指した斬新なデザインのホールが建設されるようになった．このホールは丘陵地のぶどう畑をイメージした空

図 3.31　古代ギリシャの劇場

図 3.32　ウィーン楽友協会大ホール（撮影：金瀬胖）[10]

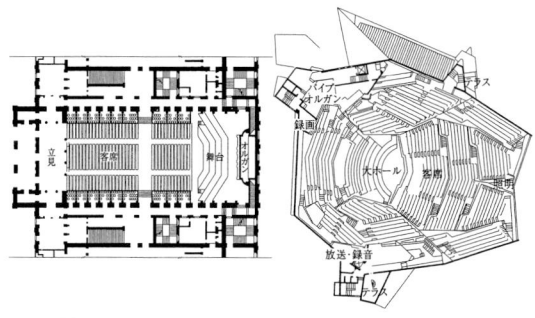

図 3.33 シューボックス型（ウィーン楽友協会大ホール）とアリーナ型（ベルリン・フィルハーモニック・コンサートホール）の平面比較（同縮尺）[7]

間構成からなり，ワインヤード型と呼ばれる新たなコンサートホールの舞台・客席形式をつくり出した．客席が舞台を取り囲む形状は，アリーナ形式とも呼ばれる．舞台と視覚的にも一体感のある客席のほかにも，舞台上部の天井に吊られた1次反射音を演奏者と客席に供給する浮雲反射板など，様々な提案がみられる独創的なホールである（図 3.33）．

多目的ホールでは，様々な演目に合わせて反響板を移動，回転させることなどにより残響時間を調節できるような計画が必要であるが，拡声装置の使用を主体とする場合は，残響時間は比較的短いほうが使いやすいといわれている．

b. スタジオ

スタジオには放送用と録音用がある．録音スタジオでは比較的生音に近い楽器音を録音し，後で人工的に加工するため，楽器の各パート間の音の分離を優先的に考え，スタジオ内をいくつかのゾーンに分け，ブースを分離して設けると共に，全体として吸音性にすることが望ましい．

比較的小空間で，室形状が直方体に近い場合は，室の寸法比が整数比になると，低音域で特別な音色がついて聞こえるブーミングが生じる場合がある．

また，外部からの音を拾わないように，①気密性を保つ，②浮き床にする，③躯体と縁を切るといった方法が用いられる．地下に設置することも有効であろう．こうした方法は，住宅においてオーディオルームや寝室を計画するときにも応用できる．

c. 会議場・会議室

室内が響きすぎると，会話の内容が聞き取れないため，エコーやフラッターエコーを防ぐ設計を行う必要がある．反射板として利用する部分を除いて，天井や壁面は多孔質材料や穴あき板などの吸音材で仕上げるなど，内装材料の選定と配置が重要である．

3.2.3 騒音と遮音

a. 騒音とは

騒音とはすべての望まれない音をいう．その発生源としては自動車，鉄道，航空機，工場などの外部騒音のほか，空調設備やエレベータなどの建築設備から発せられる騒音や，集合住宅における隣室からの物音などが考えられる．騒音が人の生活に悪影響を及ぼさないために，その性質を理解した上で，対策を施すことが重要である．

b. 騒音対策手法

騒音対策として，一般に以下のような方法が用いられる．

① 音源対策：騒音発生源となる機器などにできるだけ騒音や振動の発生の少ないものを選択する．これは最も重要な対策である．

② 配置計画：機械室やエレベータシャフトなどの発生源と，騒音を防ぎたい居室などとの距離をできるだけ離したり，間に倉庫などの騒音が問題にならないような室の配置計画とする．

③ 遮音：音の伝播経路を壁などによって遮断し，壁の向こう側に音を透過させないようにする．集合住宅やホテルの界壁や床面などでは遮音性の高い材料や構法を用いる必要がある．

④ 吸音：音のエネルギーを多孔質材料や穴あき板などの吸音性の高い材料や共鳴器などに吸収させることにより減衰させる（図 3.34）．

そのほかにも，BGM（background music）を利用して騒音を目立たなくさせる方法や，騒音と反対の位相をもつ音を発生させて，騒音を打ち消す

表 3.3 室内騒音の許容値[5]

dB（A）	20	25	30	35	40	45	50	55	60
NC～NR	10～15	15～20	20～25	25～30	30～35	35～40	40～45	45～50	50～55
うるささ	無音感―――――――非常に静か―――――――とくに気にならない―――騒音を感じる―騒音を無視できない								
会話・電話への影響		5 m 離れてささやき声が聞こえる		10 m 離れて会議可能 電話は支障なし	普通会話（3 m 以内） 電話は可能			大声会話（3 m） 電話やや困難	
スタジオ	無響室	アナウンススタジオ 音楽堂 聴力試験室	ラジオスタジオ 劇場（中） 特別病室	テレビスタジオ	主調整室	一般事務室			
集会・ホール 病　　院				舞台劇場 手術室・病室	映画館・プラネタリウム 診察室	検査室	ホールロビー 待合室		
ホテル・住宅				書斎	寝室・客室	宴会場	ロビー		
一般事務室				重役室・大会議室	応接室	小会議室		一 般 事 務 室	タイプ・計算機室
公共建物				公会堂	美術館・博物館	図書閲覧室	公会堂兼体育館	屋内スポーツ施設	
学校・教会				音楽教室	講堂・礼拝堂		研究室・普通教室	廊下	
商業建物				音楽喫茶店 宝石店・美術品店	書籍店		一 般 商 店 銀行・レストラン	食堂	

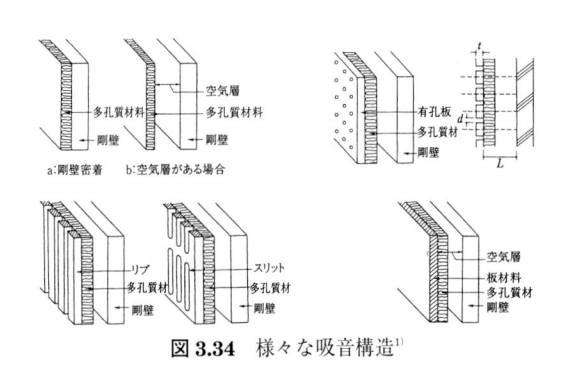

図 3.34 様々な吸音構造[1]

方法などがある．

室内における騒音の許容値を**表 3.3** に示す．

c. 騒音対策の実例

ホテルや集合住宅においては，廊下，隣室や上階からの騒音防止がとくに重要である．客室の静けさがホテルの格を表すともいわれるが，廊下の床を絨毯とするのは高級感を与える以外に，音の発生源を絶つという効果も狙ってのことである．また，高級ホテルでは入口ドアが二重になっている客室もみられる．一方，客室間の間仕切壁の遮音性が低く，隣室の物音が聞こえたり，扉の下部に大きな隙間があり，廊下の音が筒抜けというホテルもまだまだ多い．

集合住宅では騒音に関するトラブルがたびたび報道されるが，2000 年に制定された日本住宅性能表示基準では，適切な音環境の確保のために，床スラブや壁の性能に関する指標が示されている．

壁面の開口部は防音上は不利となるが，はめ殺し窓や多層ガラス窓（**図 3.35**）とすることで，遮音性を高めることができる．多層ガラス窓とする場合は，それぞれのガラス厚を変え，相互に傾けることが望ましい[3]．

およそ 100 Hz 以下の音を低周波音というが，工場，道路，鉄道，航空機，空調機などがその発

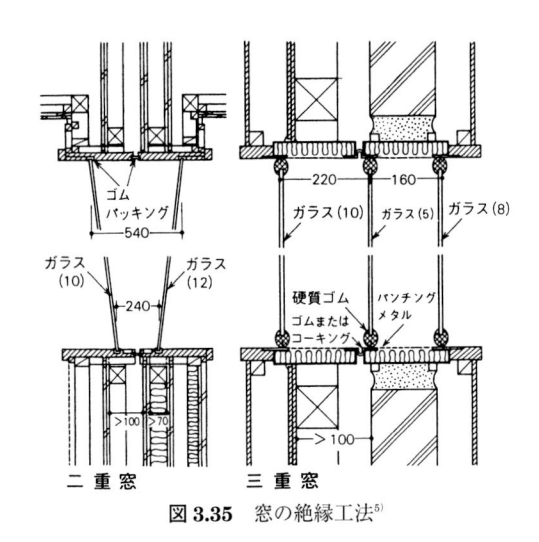

図 3.35 窓の絶縁工法[5]

生源となる．超低周波音は，いらいらする，睡眠が妨害されるといった心理的被害や，頭痛，耳鳴り，吐き気，目眩などの生理的被害をもたらすため，やはり対策が必要である．これらの低周波音には振動が伴うことも多い．低周波音や振動は遮音することが難しいため，発生防止または発生源での対策が重要である（**図 3.36**）．

d. 機械室

まず，配置計画による対策を検討する必要がある．振動を絶縁するために，浮き床とする方法も有効である．入口扉は気密性の高い防音扉とし，遮音性を高める（**図 3.37**）．また，空調ダクトを通して騒音が伝わることもあるため，ダクト内に吸音材を貼り付ける場合もある．

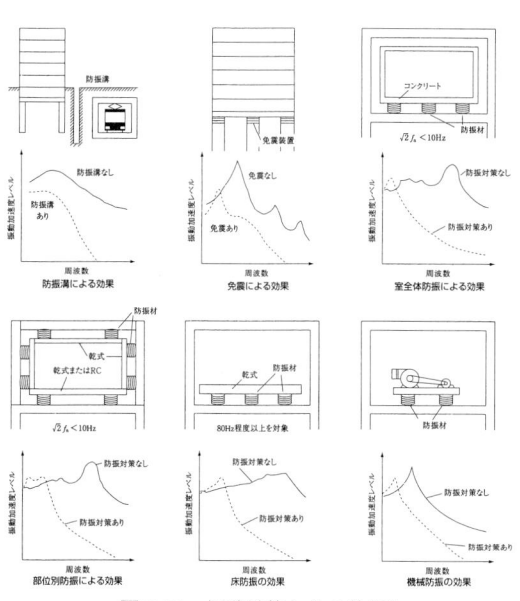

図 3.36 振動対策とその効果[1]

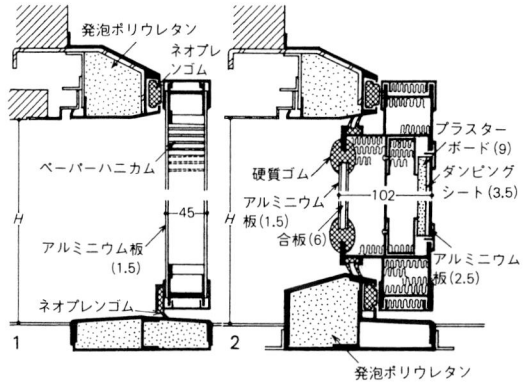

図 3.37 防音扉[5]

e. バッファーゾーン（緩衝地帯）

公害防止のために，騒音や煤煙などの発生源の周辺に設けられた緑地のことを緩衝緑地という．幹線道路や工場団地などの周辺にこうした緑地を設けると，周辺の住宅などの環境に対する影響を和らげる上で効果があると考えられる[6]．

住宅地と隣接した野球場やテニスコートといったスポーツ施設の境界付近には，木を植えるなどしてバッファーゾーンを設けるのがよい．公園は利用者の歓声などが起こる可能性もあり，必ずしもバッファーゾーンとして機能するとはいえない．

3.2.4 様々な音の利用

a. リラクゼーション

好きな音楽を聴いて気分を落ち着かせたり，逆に元気な音楽で気分が高揚するといった経験は誰にでもあるだろう．音楽に限らず，音はうまく使うことによって人の気分に大きな影響を与えることができる．

例えば，噴水や川のせせらぎといった水の音は，人の耳に心地よく響く．水の流れをつくることによって，無機的になりやすい地下街を音で演出する手法はよく用いられる（**図 3.38**）．

涼しさを演出する風鈴の音は，暑い夏を少しでも快適に過ごすための先人の優れた工夫であろう．

そのほかにも，日本の伝統的な音による演出手法として，水琴窟（**図 3.39**），ししおどし（**図 3.40**）といったものをあげることができる．水琴窟は，かめの中の水たまりに落ちた水滴の音が，かめの中で響き，小さな美しい音を出す装置である．

騒音が人によって異なるのと同様に，まったく

図 3.38 ハービス大阪連絡地下通路（大阪市）

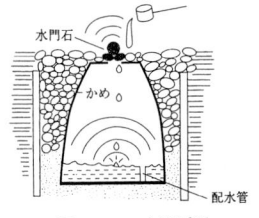

図 3.39　水琴窟[1]　　図 3.40　ししおどし[2]

音のしない空間のほうが精神を集中できるという人もいれば，逆に少しぐらい外部の音や BGM が聞こえるほうが落ち着くという人もいる．

b. BGM

対象としている特定の音以外の音を総称して暗騒音という．BGM にはこの暗騒音を目立たなくさせる効果（音のマスキング効果）がある．

飲食店などで流される BGM は，ほかの客の会話を聞こえにくくする効果をねらったものである．しかし，客によって好みがあるため，音楽のジャンルの選択やどの程度の音量で流すかは工夫の必要なところである．また，内装の吸音性が低い店舗では，BGM を流すことによってさらに店内が騒々しくなり，逆効果となる場合もある．

c. 情報伝達

交差点や建物入口での視覚障害者向けの音声案内はいうに及ばず，多くの場面で情報伝達の手段として，音が利用されているところをみることができる（表 3.4）．音による情報が光による視覚的な情報と大きく異なる点の 1 つは，音の性質として光よりも障害物の後側に回折しやすいために，死角であっても情報が届くことがあげられる．また，情報を受ける側からみると，視覚情報は視線が向いている方向からしか受けることができず，しかもある程度注意していないと目に入りにくいが，音による情報は，後方からであっても，またとくに注意を払っていなくても耳に入り，聞き取ることができる点も重要である．したがって，緊急時の連絡などにはとくに有効であり，非常ベル，警報装置や鉄道駅でのアナウンスなどに使われている．

緊急時以外でも，地下鉄の駅では電車到着・出発時に短いメロディを流し乗客に注意を促したり，物販店では閉店前に「蛍の光」を流すことで，閉店時間であることを客に知らせることができる．ちなみにこういうときには，不安定感をねらった 3 拍子の曲が使われる場合が多い．

また，パチンコ店から外部に流される音楽は，宣伝だけではなく，客の興味を引き出す効果もねらっている．

二条城二の丸御殿の板張りの廊下などでは，歩くときに床板が相互に軋むことによって鳥が鳴くような音がでる．これは鶯張りと呼ばれ，泥棒や忍者よけのためであるといわれている．

d. サウンドスケープ

サウンドスケープとは，「音」(sound) と「～の眺め」という意味の接尾語 (scape) との複合語で，「目で見える風景」(landscape) に対して「耳で聞こえる風景」「音風景」を意味する．カナダの作曲家 R. M. シェーファーにより 1970 年代につくられた語である．サウンドスケープは，自然の音や人間の活動音，機械の動く音，交通音やスピーカーの音など実在する音から，記憶上の音や実際には存在しないイメージとしての音に至るまで様々な音を捉える．とくに音が人々の生活において担う文化的意味や役割に着目することによって，地域の特質や潜在的価値を浮き彫りにすることから，サウンドスケープはまちづくりや環境計画において注目されている[9]．

音の快適性については，文化的，社会的要因といった物理量では測定できない要素も大きく影響を与える．日本人とドイツ人に 25 種類の音について評価を求める実験を行ったところ，日本人にとっては踏切，火事を連想し危険と感じられる鐘を連打する音が，ドイツ人には快い，安全というイメージで受け止められているという[5]．ドイツ人は鐘の音から教会を連想するのかもしれない．逆に鈴虫などの虫の音は日本においては風鈴など

表 3.4　音による情報伝達[6]

時間教示	開始 (終了)，経過，事象の発生 (消滅)，時刻
空間教示	位置，方向
事象・状態教示	異常，正常，安全
反応呈示	受け付け，判定
行動要請	禁止 (回避)，許可，呼び出し
そのほか	規約に従ったあらゆる情報

図 3.41 音の出る壁やオブジェ
(a) ディアモール大阪（大阪市），(b) 神戸ハーバーランド・オーガスタプラザ（神戸市）

図 3.42 DINDON（神戸市）

と共に，季節感を表す風情あるものとして好まれるが，海外では騒音として捉えられることも多い．

また，日本では駅のプラットホームや電車内で案内，注意，宣伝のアナウンスが頻繁に行われるが，海外ではほとんどみられない．

e. まちのしかけ

公共空間に置かれるストリート・ファニチャーには，音を出すことで人々を楽しませるものがある．不意に聞こえてくる音に立ち止まる通行者や魅了される子供たちもみられる．以下にいくつかの例を紹介する．

① 地下街通路の壁に楽器の形をした装置が埋め込まれており，さわるとそれぞれの楽器の音が出る（**図 3.41**(a)，現存しない）．
② くぐって中に入ると，ジャズなどの音楽が流れ，照明が点滅する（**図 3.41**(b)）．
③ ジョージ・ローズの作品 DINDON は，いくつもの玉が転がりながら，音を鳴らしていき，からくり時計のような視覚的なおもしろさもある（**図 3.42**）．

参 考 文 献

1) 日本建築学会編：建築設計資料集成「総合編」，丸善，2001
2) 岡田光正：空間デザインの原点，理工学社，1993
3) 伊藤克三ほか：大学課程建築環境工学，オーム社，1978
4) 日本建築学会編：建築の音環境設計（新訂版），彰国社，1983
5) 日本建築学会編：建築設計資料集成 1「環境」，丸善，1978
6) 日本建築学会編：建築設計資料集成「人間」，丸善，2003
7) 日本建築学会編：建築設計資料集成「展示・芸能」，丸善，2003
8) 彰国社編：光・熱・水・空気のデザイン，彰国社，1988
9) R. M. シェーファー著，鳥越けい子ほか訳：世界の調律─サウンドスケープとはなにか，平凡社，1986

3.3　空気と建築デザイン

空気がなくては人間は生きてゆけない．新鮮な空気は心身をリフレッシュさせてくれるし，花の香りを運ぶ心地よい風，風鈴の音，モビールの動きなどはアメニティに富んだ空間演出の重要な要素である．一方，台風やビル風などの強風，大気汚染，シックハウス症候群，酸欠などの様々な阻害要因への対処も環境計画の重要な課題である．安全で快適な環境デザインにとって重要な「風」を中心に空気の問題を考えてみよう．

3.3.1　自　然　の　風

確かに存在を感じるけれども形がないことが，風の特徴である．『明日は明日の風が吹く』であるとか『風任せ』という使われ方をし，不確定なつかみどころのない現象というイメージが強い．このような印象をもつ風を，建物との関係でコントロールするのには，風を防ぐ場合と風を利用する場合の2つの目的がある．風をコントロールする建築のデザインは外部空間，建物形態，開口部の大きく3段階で考えることができる．

一般的に建物近くの風は建物の形に大きく影響を受ける．風向きの変化も，建物形状によりその影響は異なる．つまり建物の形がその近くの風をつくる．形を操作することで，風を予想し，期待どおりの効果を得ることが可能である．とくに風圧係数と建物の外部形態の相関は大きい．

a.　風を防ぐ

風を防ぐためのデザインとは，例えば屋敷森と防風垣の配置や，ビル風を防ぐ外部空間や建物形状の計画を指す．日本の伝統的な民家では，建物自体の気密性は低いが屋敷森と防風垣で住宅全体を包むことにより居住の快適さを高めている．また，ビル風は図 **3.43** に示すように建物形状によって緩和することが可能である．さらに風除室を設けたりサッシュの気密性を確保することなどにより快適性を高めることができる．図 **3.44** は周辺への風の影響を緩和することを計画のコンセプトの中心に据えてデザインされた建築である．

1．人工土地的な低層階を設ける
　強風の現れる領域が低層階の上方になり，歩行者などに対する風速は著しく弱められる．

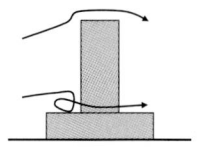

2．建物下層部に大きなキャノピーを設ける
　キャノピーによって風上側の大きな渦流や建物側方への強い下降気流が抑制される．

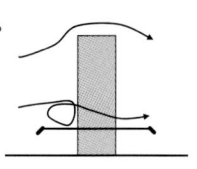

3．開放階を設け風圧力を風下側に逃がす
　風上側壁面の風圧力が低下するため，風上側の渦流や剥離流が弱められる．

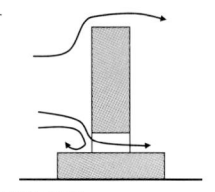

図 **3.43**　ビル風と建物形状

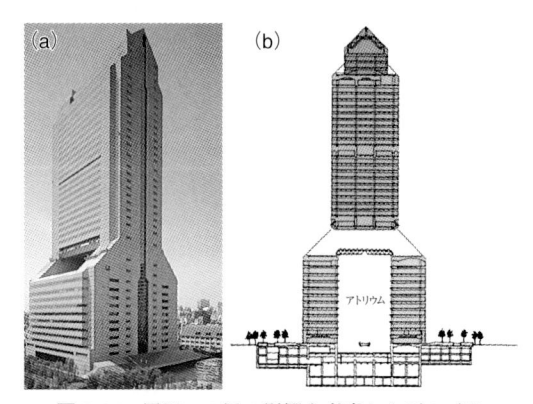

図 **3.44**　周辺への風の影響を考慮したビル（日本電気本社ビル，東京，設計：日建設計，撮影：三島叡，1990）[10]
(a) 風穴のある外観，(b) 断面図．

b.　風を利用する

一方で，風を利用する場合の主な目的は，通風による体感の快適さや換気である．日本の伝統的

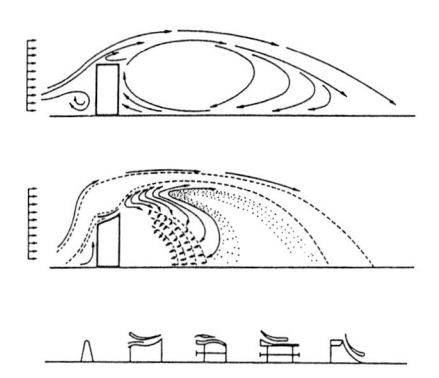

図 **3.45**　風下の流れをコントロールする屋根の形[3]

な木造住宅は『夏を旨』としており，通風の心地よさを取り入れる仕掛けが随所にみられる．詳しくは3.4.2項「室温調整」を参照されたい．

空間デザインにおいては，建物形状により必要な風を必要な箇所に導く工夫をまず考えたい．図3.45に一例を示す．次に図3.46に示すように，平面的にも断面的にも通風を必要とする部分に，期待する通風効果が得られるような工夫が必要である．通風経路は，平面計画上は2つの開口部の位置関係だけでなく，間仕切や家具などの配置によっても大きく影響されるため，インテリアに至るまでの配慮が必要である．断面計画上は基本的には流入部をできるだけ低くし，流出部を高くすることが望ましい．また，一般的には流入開口面積よりも流出開口面積を大きくしたほうが，通風が

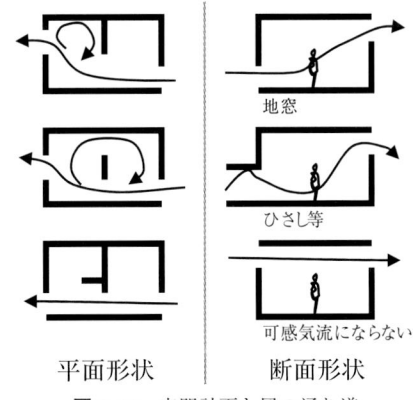

図3.46 空間計画と風の通り道

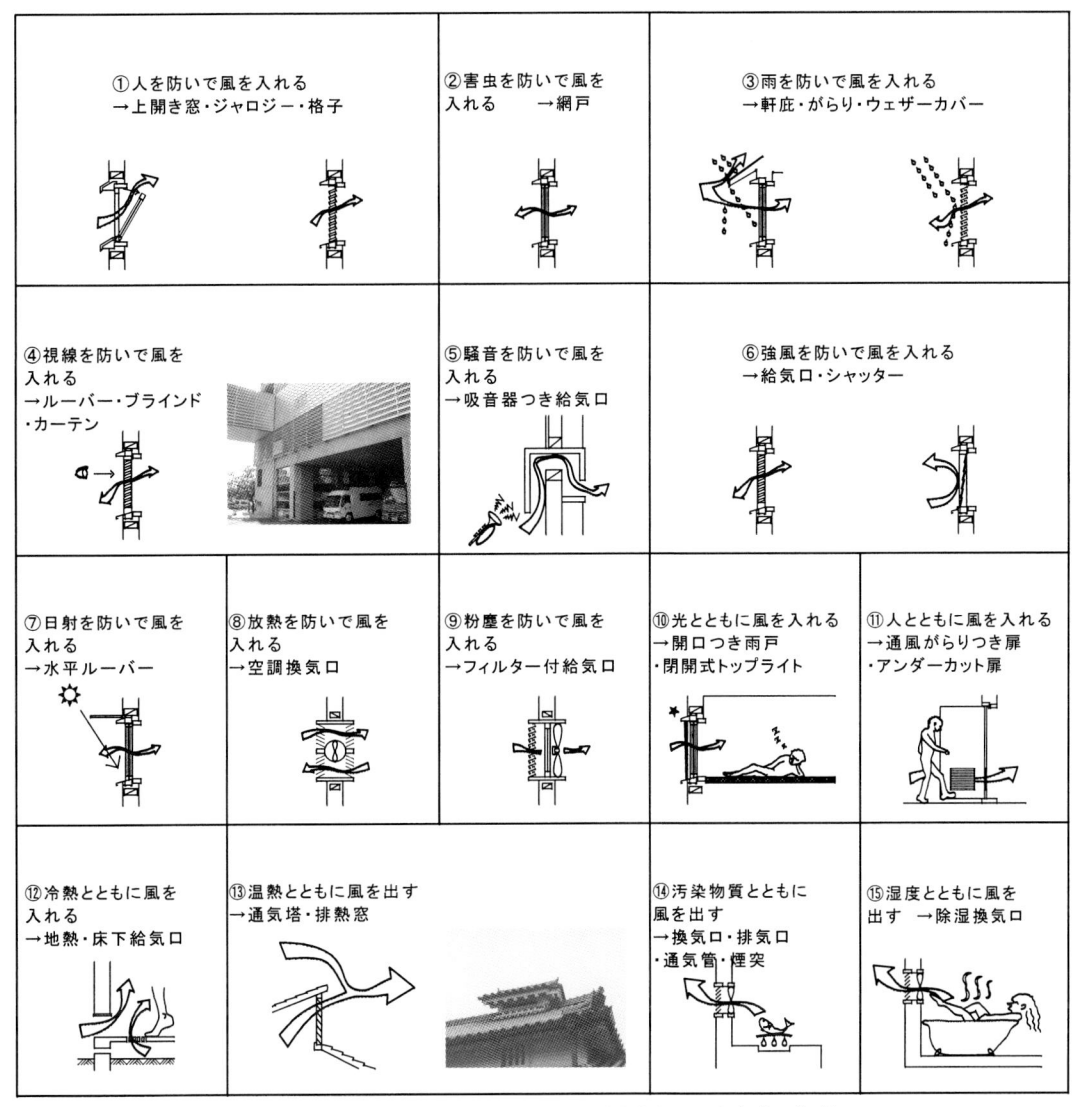

図3.47 開口部まわりの通風の仕掛け（文献[1] p.76を参考に作成）

スムーズに行われる．

開口部の大きさや位置が決められた後でも，**図 3.47** に示すような開口部まわりのディテールによって通風の効果を促進することが可能である．これらの開口部のディテールは，風の状態に応じて適宜コントロールされ，場合によっては防風の機能を合わせもつ必要がある．

通風を効果的に利用した計画の代表例としては，ハイデラバードのシンドの住宅（**図 2.15** 参照）や名護市庁舎（**図 4.16** 参照）があげられる．これらは自然の風を利用して室内へ通風するシステムそのものが，ダイナミックな建築デザインの特徴になっている．ただし一方で，これらはいずれも風土的に温暖で大気汚染などとは縁遠い地域に位置していることに留意したい．都市においては，騒音，大気汚染，風速の減少あるいは防犯上の問題など通風に伴うネガティブな要素が多く，これらの影響を極力小さくする工夫も必要となる．

c. 自然換気

自然の風を利用した換気は風力換気と呼ばれ，これは自然換気の一手法である．換気には自然換気と機械換気があり，機械力にたよらず自然の力による換気の方法を自然換気と呼ぶ．自然換気には，この風の力を利用した風力換気のほかに，温度差を利用した重力換気（温度差換気）がある（**図 3.48**）．

この自然換気をうまく組み合わせて，大規模なオフィス空間を計画した実例として，コメルツバンク（**図 3.49**）があげられる．ここでは，平面中央に最上階まで貫く吹き抜けをつくって気積を大きくとり，その頂部に開口部を設けて上下の温度差による気流の煙突効果を得ると共に，窓から自然の風を取り入れて，重力換気と風力換気を組み合わせている．ドイツのフランクフルトにおいて

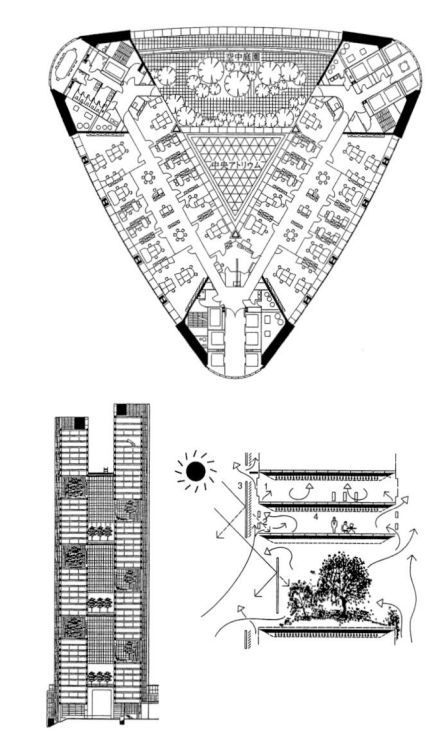

図 3.49 コメルツバンク（設計：ノーマン・フォスター，1996，外観は3章中扉イラスト参照）[2]

53階建ての高層オフィスビルで，年間の60％の日数を自然の風により内部空間の快適性を保っていると設計者のノーマン・フォスターは語っている．

3.3.2 人工気流

a. 1/f 揺らぎ

人工的に気流をつくり出す身近なものでは，扇風機や天井の空気拡散器などがある．最近では，扇風機も一定の風を送るだけでなく，自然の風に近いように，ある法則をもって，強くなったり弱くなったり小刻みに揺れる「揺らぎ」をつくり出

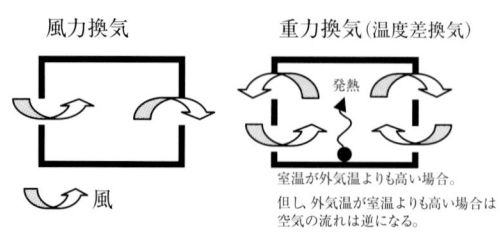

図 3.48 自然換気のしくみ

図 3.50 関西国際空港

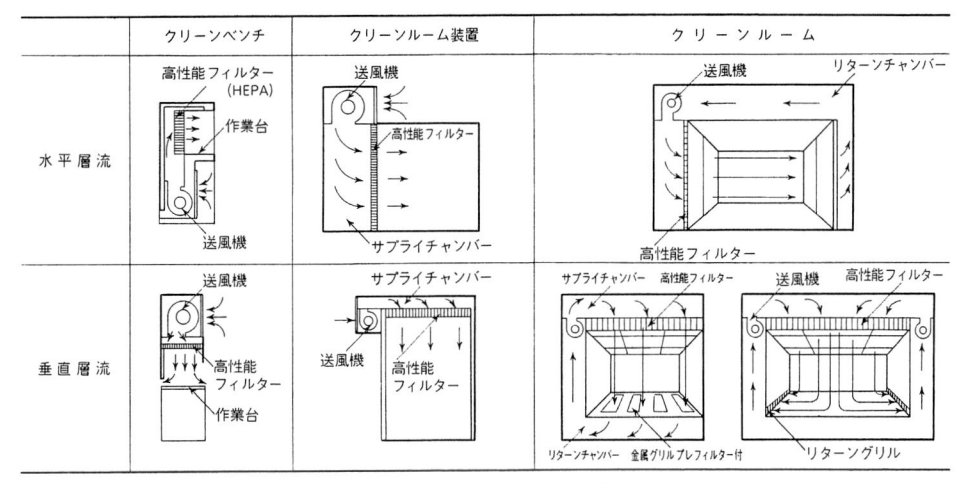

図 3.51 クリーンルーム[5]

せるようになってきた．その「揺らぎ」の程度が周波数（f）にほぼ反比例するものを「$1/f$ 揺らぎ」といい，人間の精神をリラックスさせる効果があるといわれている．

b. 関西国際空港のデザイン

関西国際空港のメインターミナルビル4階の天井面に浮遊する波打った形のオープン・エアダクト（図 3.50）は，大空間を効率よく空調するために，環境を制御する建築的要素として考案された．通常，構造の表現が空間の骨格を一意的に決めてしまうことが多いが，このデザインは構造と環境技術をダイナミックに統合したものである．

国際線出発階において視覚的にも重要な要素となっているオープン・エアダクトは，その幅と垂直高ジェットノズルから吹きつけられる空気が流体の自然な流れに従うように決定され，実施案のジオメトリーは回転体の一部を切り取った形状となっている．素材は，屋根全体の重量を減らすため最も軽量な膜材とし，フッ素樹脂を塗布したテフロン膜を採用することで，スムーズな空気の流れが達成された．

このオープン・エアダクトには，キャニオンから立ち上がるジェットノズルと呼ばれる吹き出し口より，毎秒7mの風（ジェットエア）が吹きつけている．ジェットエアが膜面と接する角度はきわめて微妙で，コンピュータシミュレーションと1/10の模型実験によって繰り返し検討がなされた．

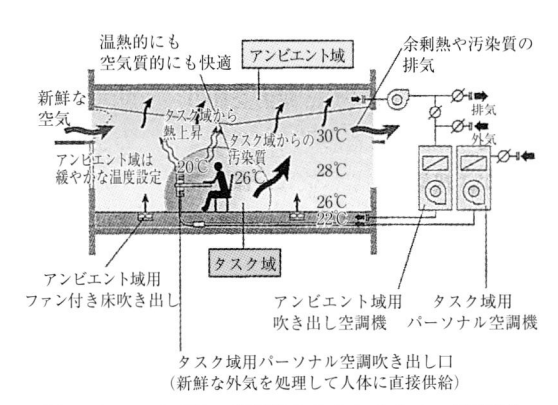

図 3.52 ハイブリッド空調システムのオフィス空間[6]

c. クリーンルーム

クリーンルームは室内の作業環境または居住環境で，汚染防止などを目的として，空気中の粉塵や微粒子，温湿度，気流分布などを制御し，清浄度が管理されている．図 3.51 に示すように，クリーンルームに周囲の汚染された空気が入らないように，設計においては，密閉度，室内加圧，空気流の限定，室内外差圧制御などが配慮される．また，出入口ではエアシャワーを用いて，体に付着した塵芥を取り除く．

d. ハイブリッド空調システム

機械空調と自然換気を1つの部屋で同時に行う手法が試みられている．例えば千葉市の日本貿易振興会アジア経済研究所（設計：日建設計，1999）では，図 3.52 に示すようにオフィス空間内を人に近いタスク域と少し離れたアンビエント域に分け，タスク域を重点的に空調し，アンビエン

ト域では自然換気による熱の排出を行っている．この手法の成果として，1年間のエネルギー消費量が標準的なオフィスの8割という結果がでている．

3.3.3 に お い

母校やかつての職場を訪ねて，その場のにおいを引き金に記憶をよみがえらせた経験はないだろうか．エルゲンによると，においを正しく再認識できる割合は直後に70％程度で，1年後もその割合はほとんど変わらない．これに対して視覚により画像を正しく再認識できる割合は，直後にはほぼ100％であるが，4ヵ月後では60％以下に下がってしまう．においの嗜好は後天的なもので，学習効果や心理的要因が大きく作用するとされる．したがってにおいの記憶は薄れにくく，往々にしてそのときの情景と深く結びつく傾向がある．

a. 街のにおい

街にはその街固有のにおいがある．工場街のにおい，潮のにおい，中華街のにおいなどはその地域のアイデンティティとして共有される．表3.5をみると街や地域を特徴づけるにおいは，産業や自然が発生源の場合が多いことがわかる．

より狭い範囲のにおいとして，パン屋やウナギ屋のにおい，喫茶店のコーヒーの香りなどがあげられる．これら店頭のにおいはその味を連想させ看板代りになり，ランドマーク効果を期待することができる．また，青葉のにおいや雨のにおい，自然の花の香りなどは季節感と結びつき，生活を豊かにしてくれる．これらのにおいは，前述の商業的なにおいと比べれば，拡散してほんのりと感じられる傾向をもつ．あるいは，隣家の夕飯の献立がにおいから連想される環境は，プライバシーの確保が困難な反面，親しみがわく．

一方で，悪臭は都市公害の1つとして扱われて

表 3.5 環境省「かおり風景 100 選」より

県名	かおり風景	属性	備考
宮崎	延岡市「五ヶ瀬川の鮎（あゆ）焼き」	自然	秋の五ヶ瀬川では，やな場で鮎を焼く香りが延岡の風物
岩手	盛岡市「南部煎餅（せんべい）」 宮古市「浄土ヶ浜の潮のかおり」	産業 自然	消防団の番屋や商家などが立ち並び，かつての面影を残す盛岡市の紺屋町．一角には，創業70年の南部煎餅の老舗（しにせ）がある．店先には，煎餅の香ばしいにおいが漂う
福岡	太宰府市「太宰府天満宮の梅林とクスノキの森」 北九州市小倉南区「合馬竹林公園の竹と風」 柳川市「柳川川下りとうなぎの蒸篭（せいろ）蒸し」	自然 自然 産業	
三重	鳥羽市「答志島の塩ワカメづくり」 宮川村「大台ヶ原のブナの原生林」 伊勢市「伊勢神宮参道千年の杜」	産業 自然 自然	地元では「観光アピールのツールにしたい」と期待が高まっている
茨城	水戸市「偕楽園の梅林」	自然	約13haの敷地に100種3,000本の梅が植えられてる．「日本三名園」の1つに数えられる
埼玉	川越市「川越の菓子屋横丁」 草加市「草加せんべい醬油（しょうゆ）のかおり」	産業 産業	
山梨	勝沼と一宮両町「ブドウ畑とワイン」	産業	日本一のブドウとワインの産地が，「香り」の面でも認められた
長崎	野母崎町「野母崎水仙の里公園と潮（うしお）」	自然	スイセンが「町の花」でもある町
山口	萩市「夏みかんの花の香りが漂う街」 「維新の香り」	自然 文化	

環境省「かおり風景100選」：心地よい香りとその源となる自然や文化を守っていこうと，2001年度に初めて募集．600件の応募の中から杉や海風，花，茶など全国各地の香りを100点選んだ

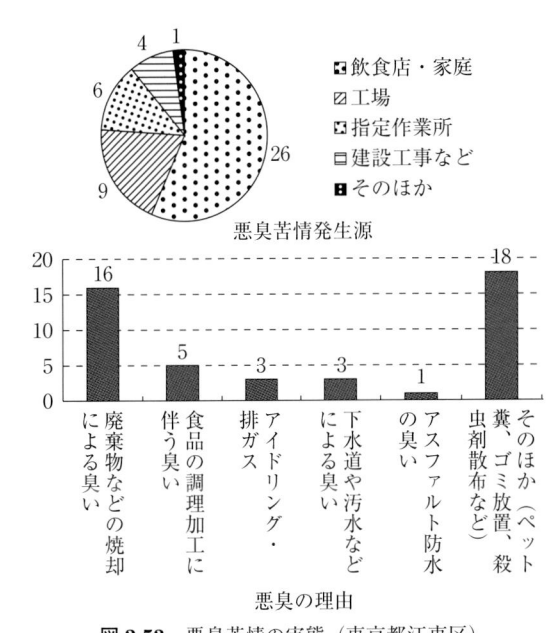

図 3.53 悪臭苦情の実態（東京都江東区）
東京都江東区：隅田川と荒川に囲まれた住・商・工混在地域．明治期から都市化が進む．
人口：372,052 人，人口密度：9,433 人/km²，第 1 次産業 0.1%，第 2 次産業 27.6%，第 3 次産業 72.3%（東洋経済新報社 都市データパック 2001 年より）

おり，悪臭防止法が 1972 年に施行されている．悪臭苦情について平成 12 年度の東京都江東区を例にとると，**図 3.53** に示すように家庭や飲食店が悪臭源となっている場合が過半である．その苦情内容は，廃棄物などの焼却によるにおいの件数が最も多い．近年のダイオキシンの社会問題化を反映していると考えられ，いまどき冬であっても焚き火のにおいは敬遠されるのである．このほかにゴミやトイレ，下水，空調機排気口のにおいなど悪臭に関わるものの計画は，それが長く記憶に留まる特性をもつことを合わせて考えれば，とりわけ慎重を期したい．そのためには，付近の風の特徴や人の流れをも十分に配慮した計画が欠かせない．

b. 屋内のにおい

屋内は閉じられた空間であるから，においがこもりやすい．青畳や檜のにおいは新築の家の気持ちよさを連想させるが，近年では建材のにおいがシックハウス症候群（6.2 節参照）とつながり，必ずしも好まれるとはいえない．屋内で発生するにおいの源は主として**表 3.6**のようになる．不快なにおいの感じ方は個人差が大きいが，体臭，生ゴミ，トイレ，ペット，調理や排水口のにおいなど

表 3.6 屋内のにおい発生源

発生源		発生する主な汚染物質
器具・設備	開放型暖房器具，暖房器具など	二酸化炭素，一酸化炭素，窒素酸化物，浮遊粉塵
	事務機器	オゾン，アンモニア
在室者	新陳代謝	二酸化炭素，体臭，アンモニア，微生物，フケ
	喫煙	一酸化炭素，窒素酸化物，タバコ煙，臭気
家庭用品	スプレー，掃除用洗剤，殺虫剤	フロン，プロパン，アンモニア，塩素，クロロダイン
建材	内装材，塗料，接着剤	有機溶剤，鉛，ホルムアルデヒド
	コンクリート，土，石	ラドン
そのほか		かび，ダニ

図 3.54 焼肉店の排気設備（ワンカルビ八尾店，撮影：猪倉伸悟）

が不快とされる場合が多い．

屋内ではにおいの発生源対策と共に換気が重要である．しかし換気だけでにおいを消そうとすると大量の換気量が必要となる．そこで発生を少なくするデザイン，発生したにおいを局所的に排出するデザインを工夫せねばならない．例えばトイレの小便器まわり，汚垂部分は吸水性のない材料を使用し，においの吸着を避けたい．あるいはまた，焼肉店のような飲食店では各テーブルに排気設備を設けて（**図 3.54**），局所的ににおいを排出している例がみられる．ただし排気量に見合う給気量を確保しないと，空気の引き合いが生じて効率が落ちる点に留意したい．

c. 消臭・脱臭

においを感じるのは，においの分子が空気中に拡散し，それを嗅覚が感じ取るからである．した

表 3.7　消臭・脱臭対策

排出法	給排気設備を設けて，換気を促す
拡散法	例えば天井を高くするなど，大きな気積を確保し，広い範囲に拡散させてにおいを薄くする
脱臭法	物理的脱臭法（例：活性炭に吸着させる）と化学的脱臭法（例：燃焼処理）と生物的脱臭法（例：酵素で分解）がある
密封法	例として排水ドレーンに用いられるトラップ（封水）がある
隔離法	悪臭源をできるだけ離して外気を介して配置する．例えば昔の住宅や学校の平面計画では，渡り廊下を介して便所を設ける場合が多い

表 3.8　香料の効用

効用	香料の例
覚醒（眠気覚まし）	はっか，ユーカリ，レモン，サルビア，タイム，クローブ，ローズマリーなど
催眠	ジャスミン，カモミール，ネロリなど
食欲促進	タイム，ローレル，レモン，ナツメグ，ジンジャー，オニオン，ガーリックなど
抗偏頭痛	オレンジ，レモン，ラベンダー，ローズマリー，ペパーミント，樟脳，ユーカリなど
嫌煙	オレンジ，レモン，シナモン，クローブ，ナツメグ，ジンジャーなど
ストレス緩和	ラベンダー，レモン，ローズマリー，ペパーミント，ローズ，ジャスミン，ナツメグ，シナモン，ジンジャーなど

がって，この条件の中の1つを除けば，消臭・脱臭することができる．消臭・脱臭の手法を大きく5つに分け，**表3.7**に示す．

d. 香り付け

ほかの香りを付けて，悪臭を誤魔化し弱める手法として，香り付けの技術は発展した．エジプトでは紀元前数千年の昔から帝王の遺体をミイラとして保存するときに，そのにおいを感知させないために香り付けしたともいわれる．一方で，嗅覚は，最も反応が速いすぐれた空気質のセンサーとして働く性質をもつ．焦げ臭いと感じて火事を警戒し，身のまわりを見回した経験があるかもしれない．この性質を利用して，都市ガスやLPガスはわざわざ特有のにおいをつけて，ガス漏れに気がつくようにしている．

もう1つ嗅覚に特徴的なことは，どのようなにおいでも，しばらく嗅いでいるとにおわなくなるということである．近年，オフィスの来客空間やエレベータ内などに香りを配したものがみられるが，効果的に効用を得るためには，間欠的に香りを発することが重要となる．加えて留意したいのは，人は数千種類のにおいを嗅ぎわけることができるが，そのうち快適と感じるものは2割といわれ，さらに香水臭いという表現が使われるように，多量に香料を用いると逆効果となることである．一般的には**表3.8**のような効用が香料にみられるが，くれぐれも乱用は避けたい．

参 考 文 献

1) 彰国社編：パッシブ建築設計手法事典　新訂版，彰国社，2000
2) 日本建築学会編：建築設計資料集成「総合編」，p.449，2001
3) 建築雑誌，Vol.111，No.1398，1996
4) 岡田光正ほか：建築計画1，鹿島出版会，p.3，1987
5) 日本建築学会編：建築設計資料集成 8「建築—産業」，丸善，1988
6) 日経アーキテクチュア，No.696，2001
7) 日本建築学会編：人間環境学，朝倉書店，1998
8) 大野治代ほか：図解住居学 5　住まいの環境，彰国社，1998
9) 岡田光正：空間デザインの原点，理工学社，1993
10) Office Age，No.11，コーポレイトデザイン研究所，1990

3.4 熱と建築デザイン

建築のシェルターとしての機能を考えると，外部環境の暑さや寒さに対して，内部空間で人間の生活に適した温熱環境を形成しなければならない．ここで重要なことは屋根，壁，床など内外を仕切る建築の構成要素の断熱性能と，どのような室温を想定するかということである．

3.4.1 断熱効果
a. 断熱の必要性

断熱とは「熱の流れる量を制御する（抵抗を付ける）」という意味である．建物の消費エネルギーには冷房用と暖房用があるが，断熱材の効果は暖房側において顕著であり，寒冷地であればあるほどその効果は大きい．

断熱材を建築に用いるのはヨーロッパで歴史が古く，日本では 40 年ほど前からである．断熱材使用量が急増した契機は 1973 年のオイルショックで，当時，省エネルギー性を高めるのに断熱力の強化は不可欠であった．ただし断熱材を使用しても，従来の木造住宅のように建物が隙間だらけではその効果は期待できない．断熱材を十分に活かすためには気密性も同時に必要となった．

1990 年代以降，高断熱・高気密住宅がエネルギー環境に優しい住宅工法として注目されている．1999 年 12 月に開催された地球温暖化防止京都会議を背景に，政府は「次世代省エネルギー基準」を公表したが，ここでも建物の高断熱・高気密化が省エネルギー手法の核になっている．

b. 断熱の手法

1) 断熱材　断熱材とそれ以外の一般建材の熱伝達率を比較すると，表 3.9 に示すように断熱性能の違いがよくわかる．従来から使われている鉱物繊維のグラスウールは，現状の市場の約 3/4 を占めている．石油製品の押出し法ポリスチレンフォームなどは近年使用量が増えてきている．石油系の断熱材は透湿性が低く，防湿層を設けなくても結露しにくい利点をもつ．また，自然素材系のセルロースファイバーなども，透湿性は高い

表 3.9　建築材料の熱伝達率（W/m·K）

一般建材	
アルミニウム	210.000
花崗岩	3.500
鉄筋コンクリート	1.400
タイル	1.300
煉瓦	0.800
京壁	0.800
ガラス	0.780
合板	0.180
ALC	0.170
石こうボード	0.170
畳	0.150
カーペット類	0.080
断熱材	
人造鉱物繊維系	
グラスウール	0.045
ロックウール	0.035
石油系	
押出し法ポリスチレンフォーム	0.033
硬質ウレタンフォーム	0.026
自然素材系	
セルロースファイバー	0.040
炭化コルク	0.040

が吸放湿性に富み，やはり結露しにくい．いずれの断熱材も，中に介在する空気が熱を伝えにくくする役割を果たす．

2) 断熱工法　断熱の工法は大きく内断熱工法と外断熱工法に分けられる．内断熱工法は，構造体の間に断熱材を充填したり注入したりする方法である．断熱材が構造体で切れるので，そこがヒートブリッジ（3.4.1 c.3）項参照）となりやすい．また，取り合い部分では隙間風を防ぐための気流止めを施す必要がある．

外断熱工法は，ボード状の断熱材を構造体の外側に貼り付ける方法である．建物形状がシンプルであれば，内断熱工法と比べて施工性が格段によい．実際にはこれらの工法が部位ごとに併用して施行される場合が多い．

3) 屋上緑化・壁面緑化　福岡の天神に 1995 年 4 月に完成したアクロス福岡（図 5.9 参照）は，その南面が階段状の屋上庭園で覆われている．真夏の昼間にこの屋上庭園の植栽部分の表面温度は，コンクリートが露出した部分に比べ最大で 20℃ 以上低いことが実測されている．

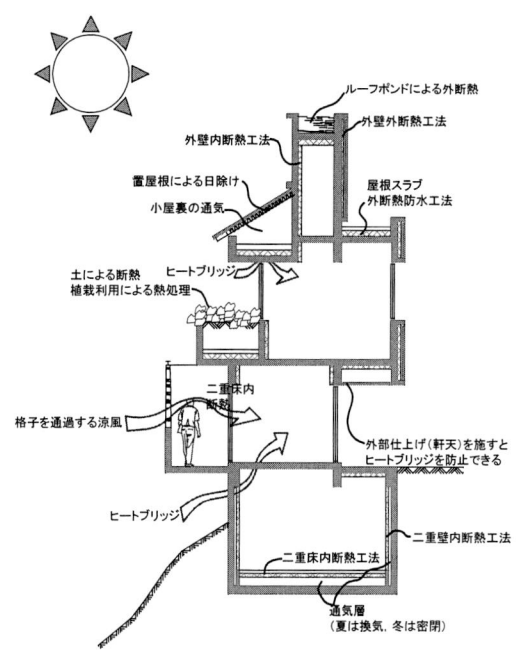

図 3.55 RC 造の建物の断熱部位例（文献[2]を参考に作成）

また，壁面をつる性の植物で覆った場合も，同様に日射を遮り壁面温度の上昇を抑えることが確認されている．冬季には，落葉樹であれば南面の日射を建物内に取り込むことが可能であるし，常緑樹ならば外壁付近の気流を緩和し，対流熱伝達を抑えるので保温性を増す効果が期待できる．

4) **地域性・風土性に合わせた断熱**　寒冷地では壁を厚くし開口部を極力小さくする．高温多湿地では通気性のよい壁を用いる．砂漠ではやはり壁を厚くし，開口部を極力小さくする．伝統的な住宅は，その土地の気候に合わせて建てられており，そこから環境に最適な手法を学ぶ例は多い．

断熱材や手法の特徴を把握し，外壁，屋根，基礎など部位によって，設計条件と最も適合する組み合わせを選択するようにデザインする（図3.55）．

c. **断熱に伴う諸問題**

1) **結露**　ある空気がその空気の露点温度よりも低い壁面に触れると結露がおこる．室内が屋外よりも高温の場合，壁面に断熱材を挿入し室内側の表面温度を高めると，表面結露は生じない．しかし透湿性のある断熱材の場合，室内の水蒸気が壁体内に透過すると，断熱材の外気側は低温なので内部結露を生じる．したがって断熱材の室内側には防湿層が必要である．鉱物繊維系の断熱材を用いると，夏型結露が発生する可能性があるが，これは十分に乾燥された木材と通気層の確保により解決される．

2) **開口部の扱い**　窓からの熱損失は壁に比べて非常に大きいので，断熱性を高めるためには外壁だけでなく窓も考慮に入れる必要がある．ペアガラスを用いる際，その厚みは 30 mm 前後で最も断熱力が高まり，それ以上厚いと中空層内の空気の対流伝熱により性能が低下するので留意したい．

3) **ヒートブリッジ・コールドブリッジ**　建物の隅角部は，室内側の面積に比べて屋外側の面積が大きいので熱が著しく貫流する．このような周囲よりも著しく熱貫流がおこる部分を熱橋（ヒートブリッジ・コールドブリッジ）といい，この箇所には断熱補強が必要となる．

3.4.2 室温調整

建物表面の断熱効果と気密性を高めれば，室内の温度は一定に保たれる．古くから人間はこのことを知っていて，建物を地中に埋めたり，あるいは外壁を厚くし開口部を極力減らして理想的な室温を手に入れてきた（図3.56）．一方で，人が快適に感じる温度は単に室温のみで決まるものではなく，ほかに湿度や気流の影響を強く受ける．また，日本の場合は自然な状況では，夏は高温多湿であり，冬は低温で乾燥しているので，その逆の状況を室内でつくり出すと快適だと感じると考えられる．

ところで建物の熱の授受は，そのほとんどが建

図 3.56 スペインの洞窟住居[5]

物の表面（窓・外壁・屋根）を通して行われる．したがって床面積が同じであっても，表面積の多少によって室内の温度環境は大きく異なる．夏季の冷却（放熱）を重視するか，冬季の熱損失を最小にするのか，通風・採光・眺望のどれに重きをおくかということは，建物のプロポーションを決定する上で重要な点である．

a. 夏の快適さを重視する場合

表面積を大きくすれば，室内外での熱授受が増える．内部で発熱の大きい建物では，このことを利用して夏の快適さを生み出すことができる．つまり建物表面からの放熱を促進し，開口部が自由に多く取れ，かつ日影の多いデザインが可能となる．図3.57 はマレーシアの超高層ビルの例である．

また例えば，高床は6面からの放熱だけでなく，湿気と照り返しを防ぎ，床下からの通風も得られ，さらに床下部分に日陰空間をつくることができる（表3.10）．

また，夏季の屋根は強烈な日射に晒される．ここでうまく熱を遮断すれば，室内の温度は格段に下がる．そのためには，屋根にはほかの外装材と比べて熱を通しにくい断熱材を用いることや，小屋裏の換気を十分に行うことが重要になる．

さらに暑い時期に涼しく過ごすためには，直射日光を建物内に入れないことが重要である．壁に当たる太陽光線を調整する方法として日除けの活用は効果的である．図3.58 に日よけの種類と適当な方位の関係を示す．また，壁の色により侵入熱量の差が大きいことも知られている．

表 3.10 床下換気に関する建築基準法施行令

第22条（居室の床の高さ及び防湿方法）
　最下階の居室の床が木造である場合における床の高さ及び防湿方法は，次の各号に定めるところによらなければならない．但し，床下をコンクリート，たたきその他これらに類する材料でおおう場合及び当該最下階の居室の床の構造が，地面から発生する水蒸気によって腐食しないものとして，国土交通大臣の認定を受けたものである場合においては，この限りではない．
1. 床の高さは，直下の地面からその床の上面まで45 cm以上とすること．
2. 外壁の床下部分には，壁の長さ5 m以下ごとに面積300 cm²以上の換気孔を設け，これにねずみの侵入を防ぐための設備をすること．

加えて屋内の風通しのよさを確保すれば，体感温度を下げることができる．そのためには，開口部を適切に設けると共に，室内窓やガラリ，欄間の活用が考えられる．また，市街地の町屋では，夏の夕方に建物周辺に打ち水をして風を起こす工夫が生活に根付いている（図3.59）．

b. 冬の快適さを重視する場合

まず熱損失を小さくすることが第1である．つまり断熱気密性能の確保が先決である．さらに日射を取り込み，利用したい．日本のとりわけ太平洋岸は北欧などと比較して冬期の日射量が大きいので，熱損失を配慮して窓を小さくするよりは，積極的に日射を取り入れるほうが有効な場合も多い．日射利用に当たっては建物の配置が重要であり，つまり南向きが望ましい．同時に南面の開口部の設計がポイントとなる．日射取得量が多くなれば，一方で，夜間の熱損失も増加するので夜間は断熱戸などによる断熱補強が必要である．図3.60 に断熱戸を利用した例を示す．

また，床は蓄熱部位として活用したい．1日サイクルで，日中に日射を当てて積極的に蓄熱し，夜間に放熱するのであれば，コンクリートスラブ厚は最大で20 cm程度が有効であるとされる．床を暖めることは暖房の方式として最も好ましいものの1つであると知られている．韓国の伝統的な床暖房装置をオンドルという（図3.61）が，これは台所や戸外にある焚き火で燃料を燃やし，煙熱により部屋を暖めるしくみになっている．その快適さは，近年建てられた大都市のアパート団地で

図 3.57 バイオクリマティカルなビル（メナラ・メシニアガ，設計：ハムザ，ヤング，1992）[6]

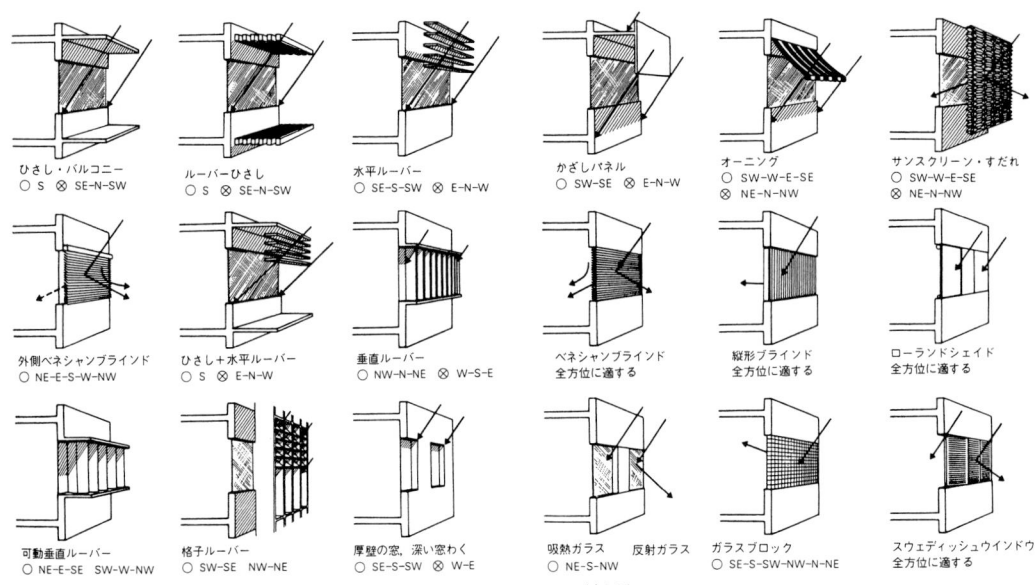

86   3. 環境要素と建築のデザイン

図 3.58 日よけの種類[7]

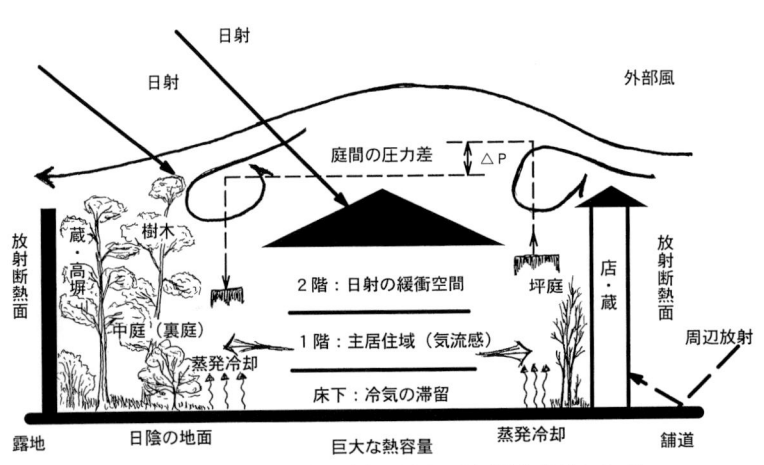

名称	適	不適
ひさし・バルコニー	S	SE-N-SW
ルーバーひさし	S	SE-S-SW
水平ルーバー	SE-S-SW	E-N-W
かざしパネル	SW-SE	E-N-W
オーニング	SW-W-E-SE	NE-N-NW
サンスクリーン・すだれ	SW-W-E-SE	NE-N-NW
外側ベネシャンブラインド	NE-E-S-W-NW	
ひさし+水平ルーバー	S	E-N-W
垂直ルーバー	NW-N-NE	W-S-E
ベネシャンブラインド	全方位に適する	
縦形ブラインド	全方位に適する	
ローランドシェイド	全方位に適する	
可動垂直ルーバー	NE-E-SE	SW-W-NW
格子ルーバー	SW-SE	NW-NE
厚壁の窓、深い窓わく	SE-S-SW	W-E
吸熱ガラス 反射ガラス	NE-S-NW	
ガラスブロック	SE-S-SW-NW-N-NE	
スウェディッシュウインドウ	全方位に適する	

図 3.59 町屋の打ち水と空気の流れ（文献[4]を参考に作成）

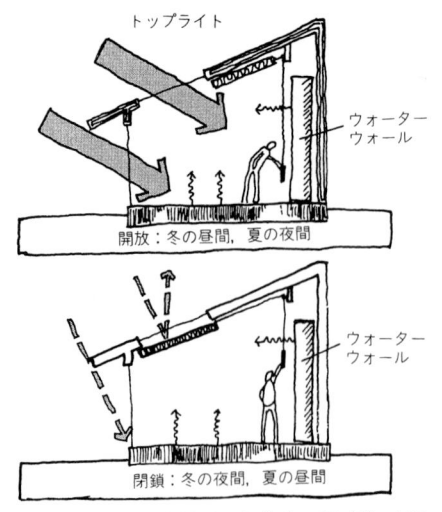

図 3.60 断熱戸を活用した住宅の例（米・ビレッジハウス内）[1]

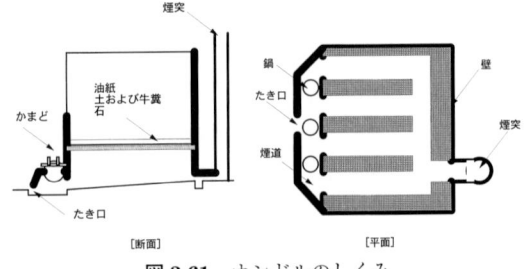

図 3.61 オンドルのしくみ

も，ボイラーを利用したオンドルが設置されていることにも現れている．

3.4.3　ヒートアイランド現象

「花の盛りは，冬至より百五十日とも，時正の後，七日とも言へど，立春より七十五日，大様違はず」と『徒然草』(岩波文庫) にある．兼好法師も毎年サクラの満開日を心待ちにしていたのであろう．図 3.62 は京都 (嵐山) におけるヤマザクラの満開日である．1930 年頃までは，多少の気候変動の影響はあるもののおおよそ4月中旬以降であったが，1950 年頃から4月上旬となり，それがさらに早まる傾向がみられる．この理由の1つにヒートアイランド現象，つまり都市域の高温化が考えられる．

a.　特徴と原因

ヒートアイランド現象とは，都市に熱がたまり市街地の気温が郊外に比べて高くなることを指す．等温線を描くと都市域に高温の島状部分が現れ，これをヒートアイランドと呼ぶことに由来する．19 世紀にイギリスで最初に見出され，現在は世界中の多くの都市で確認されている．一般に快晴・静穏・夜間という条件がそろうと，放射冷却が進む郊外との間に顕著な気温の差が生まれ，都市に発達したヒートアイランドが生じるとされる．よって冬季の最低気温に最も顕著な形で現れる．

これは都市化によってコンクリートやアスファルトなどの人工物が増加したことと，エアコンや排気ガスなどの人工的な排熱が増加したことで，

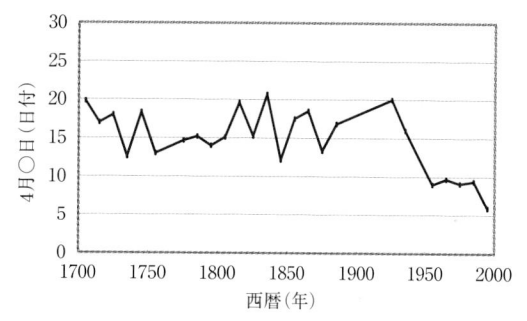

図 3.62 京都市嵐山におけるヤマザクラの満開日の推移（大阪府立大学農学部青野靖之のデータをもとに作成）

地表面での熱の吸収や放散がうまくできないためにおこる (図 3.63)．都市の表面を覆う道路や建物は水を通さないので，雨が降っても雨水は浸透しない．都市には植物も少ない．そのため地面や植物からの蒸散による潜熱が期待できない．また工業，交通，空調などの様々な人間活動による排熱も大変に大きい．さらに，都市の表面は概して自然界と比べて比熱の小さい材質でできているので，日中は温まりやすく夜間は冷えやすいはずであるが，夜間に大気へ放出された熱が隣接する建物などを再び熱してしまい，結局，熱が都市上空へうまく放散されない．建物が林立していれば風も弱まり，一層温かい空気が滞留する．加えて，都市上空に一度放散された熱も，粉塵などの大気汚染物質から形成されるダストドームにより，ふたたび都市表面に向かって返ってくる．これらのすべてがヒートアイランド現象に拍車をかける．

b.　都市住民に及ぼす問題点

こうして都市に形成されたヒートアイランド

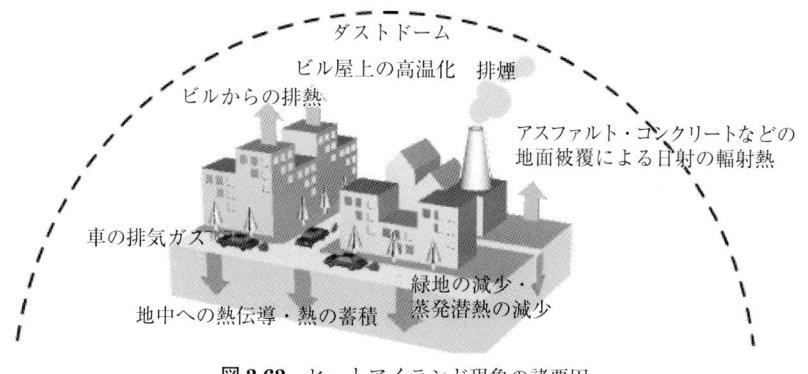

図 3.63 ヒートアイランド現象の諸要因

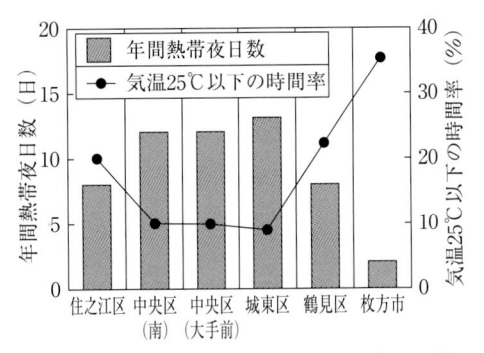

図 3.64 大阪市中心部と郊外間の熱帯夜日数差[8]

表 3.11 ヒートアイランド現象と災害

〈地球温暖化・ヒートアイランドが災害を多発〉

　2001年版の「防災白書」が15日の閣議で決定された。白書は、地球温暖化や都市部が高温になるヒートアイランド現象によって21世紀には風水害が多発する、と警鐘を鳴らした。

　白書によると、地球全体の気温は今世紀中に1.4℃から5.8℃上昇し、台風や豪雨が頻発、洪水や地滑り、泥流などの自然災害が増加すると予想した。（中略）大都市では、ヒートアイランド現象によって、雷や集中豪雨、ひょうなど都市特有の気象パターンが現れると指摘。現在の都市構造では対応できないとして対策を求めている。
（朝日新聞、2001年6月15日）

は、ダストドームによる冬季の大気汚染物質の濃縮や、夏季の地表面近くにおける暑熱環境の助長など様々な面への影響が指摘されている。例えば**図3.64**は大阪市内と郊外の熱帯夜日数を比較している。筆者自身は都心居住の格好よさに憧れを感じるが、熱帯夜が多いと知ると二の足を踏む。また**表3.11**は2001年版防災白書に関する記事の抜粋であり、ここにはヒートアイランド現象が都市特有の気象パターンを増大する影響が記されている。

c. 対　策

　ヒートアイランド現象の対策として一般的には**表3.12**に示す内容があげられる。この中でも都市の水系の維持や緑化の推進は、都市内にクールアイランド、つまり周辺よりも気温が低い域を形成するだけの効果が、様々なデータで確認されている。また近年、保水性のある道路舗装（**図3.65**）を積極的に取り入れる自治体も現れている。ドイツのシュツットガルトでは風の道計画がヒートア

表 3.12 ヒートアイランド緩和のための対策

(1) 人工排熱量の低減
　　空調システムの高効率化など設備機器の省エネルギー化
　　建物の高断熱化
　　太陽熱など自然エネルギーの活用
　　都市排熱など未利用エネルギーの活用
　　交通需要マネージメントによる交通量の調整
(2) 地表面被覆の改善
　　道路舗装材の反射率や保水性の改善
　　建物の色や窓ガラスによる反射率の改善
　　屋上緑化、壁面緑化、沿道緑化など緑被率の向上
　　河川の開渠化や公園などにおける水面の確保
(3) 都市形態などの改善
　　風系、水系、地形などを生かした風の道、水の道の活用
　　エコエネルギー都市、循環型都市の形成

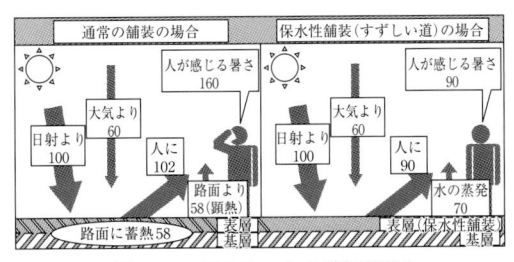

図 3.65 保水性のある道路舗装[9]

イランド現象の緩和に効果をあげている。これはそもそも大気汚染対策として1950年代から始まった気候解析図（クリマアトラスの一部）を用いた都市計画で、文字どおり、街に風の通り道を確保することを目的としている。

参 考 文 献

1) 彰国社編：パッシブ建築設計手法事典，新訂版，彰国社，2000
2) ディテール，No.112，1992
3) 光・熱・音・水・空気のデザイン，彰国社，1980
4) 民家の自然エネルギー技術，彰国社，1999
5) SD 8506，1985
6) SD 9403，1994
7) 日本建築学会編：建築設計資料集成1「環境」，丸善，1978
8) 日本建築学会編：都市環境のクリマアトラス，ぎょうせい，2000
9) 大阪市パンフレット

3.5 色と建築デザイン

あらゆるものには色がある．彩色手段が発達した今日，様々な色を施すことが可能となっている．多様な色彩計画の中で，日常生活で常に接しなければならない色の特徴を理解することは，環境計画の中で重要となることと考えられる．

3.5.1 色の表現

色は，感じ方や反応などに個人差がある．個人差をなるべく排し，一般化した表現により，統一認識をもつための表現方法を以下に示す．

a. 色の分類

色の分類方法は様々であるが，主に色み・色調・色名・発色状態などがある（表 3.13）．そのほか，分光による色（虹など），干渉による色（シャボン玉，水面に浮く油の色，玉虫，蝶など）がある．

表 3.13 色の分類（文献[1]より作成）

色み	無彩色	色みのない色	白・灰・黒
	有彩色	色みのある色	赤・黄・緑・青・紫
色調	明色	明るい色	
	中明色	中程度の明るさの色	
	暗色	暗い色	
	純色	色みの最も多い色	
	清色	明清色	純色に白を加えた色
		暗清色	純色に黒を加えた色
	濁色	純色や清色に灰色を加えた色	
色名	一般	赤・黄・緑・青・紫などに修飾語をつける	
	慣用	アイボリー，ワインカラー，草色，水色など	
発色状態	光源色	太陽，火，ろうそく，電灯などの光の色	
	物体色	表面色	不透明な物体の表面の反射による色
		透過色	透明な物体を透過して見える色

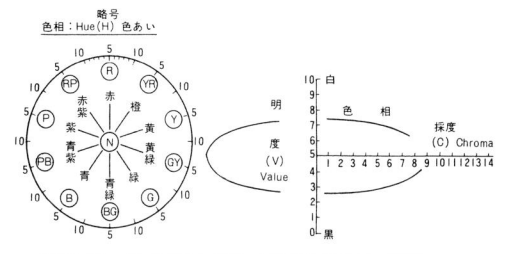

図 3.66 色の表示方法（JIS Z 8721）修正マンセル記法[1]

b. 色の表示

色を数量的に表示する際，多くの場合色を3つの属性により表現する．赤・黄・緑・青・紫といったほかの色と区別する特質である「色相」，色のもつ明るさや暗さの度合いを「明度」，色のあざやかさの度合いを「彩度」とし，それらの組み合わせによって色を特定する（図 3.66）．

3.5.2 色の心理的作用

人は日常生活のあらゆる場面で，色と接している．色はその場面や状況によって，人は無意識的に様々な感覚を得る．それらの作用は人によって違うものもあれば，大多数の人間に似かよった反応を示すものもある（表 3.14）．

a. 面積効果

小さな色票で見たものが，大きな壁面に塗られたとき，まったく違った印象を与えることがある．これは面積によって色の「あざやかさ（彩度）」が違って見えるからである．このような効

表 3.14 色の心理的性能[1]

温度感	暖色	赤・橙・黄
	中性色	緑・紫・黄緑・赤紫
	寒色	青・青緑・青紫
刺激	興奮色	暖色
	中性色	緑・紫・黄緑・赤紫
	沈静色	寒色
重量感	軽（明色）　―　中　―　重（暗色）	
距離感	進出色	暖色・明色
	後退色	寒色・暗色
大小感	膨張色	暖色・明色
	収縮色	寒色・暗色
強弱感	強（濃）　―　弱（淡）	
硬軟感	硬（濃・寒）　―　軟（淡・暖）	
食欲感	増（暖・緑）　―　減（寒・紫）	
親近感	親（暖）　―　疎（寒）	
時間感	刺激が強い色は経時感が大きい（個人差あり）	
明視性	まわりの色と異なるほどよく見える（明るさの差が大きい）	
注視性	目を惹きつける色（異常な色・派手な色）	
印象性	誘目性とも称される．明視性・注視性・嗜好性に関係がある	

果を色の面積効果という．

b. 色対比

2つ以上の色が存在したときは，その面積や彩度，明度，色相，素材の違いによってはその相違が強調されて見える．これを色対比という．

緑の中ではあざやかに見えた菜の花が，花だけとって白い紙の上に置くとあまりさえて見えない．このように同時に見たときに起こる色対比を同時対比という．また，土色のトンネルを抜けた後に見た緑はあざやかに見えるが，その緑も緑が続くにつれてそれほどあざやかに感じなくなる．このように時間差をもって見たときに起こる色対比を継時対比という．

c. 視認性と誘目性

図になる色と地になる色が違うことで，図形の認識は可能となる．このような特性を視認性という．視認性の大小は，色の組み合わせ方によって異なる．複数の色が存在するとき，見えやすい色彩と見えにくい色彩がある．この目に付きやすさを誘目性という．一般的には，彩度の高い色彩の誘目性が高くなっている．こういった性質を利用することで，人の注視性を促したり，安全性を高めたりすることが可能である（**図 3.67**）．

3.5.3 色の社会的作用

色の選択は，心理作用や生理作用といった無意識に働きかける要因での選択のほか，思想や習慣の象徴として意識的に働きかける手法もある．

a. 民族の色

身近にあるものを利用してつくられてきたものは，地域に根ざした自然の色を用いて表現されてきた．壁の色，瓦の色，顔料など色は地域の自然素材の色の組み合わせであったと考えられる．そのためそれらの配色は自然に地域の気候や風土，人間性に合ったものとなっている．彩色方法や素材の普及によって，様々な色の表現が可能となった今日でも，その地域性は残っている．

b. 思想表現としての色

20世紀の初頭に起こったデ・ステイルの思想では，色は抽象表現の要素として使用されていた．単純な矩形による空間構成に加えて，赤・青・黄の三原色を用いた造形が普遍性の獲得へとつながると考えられた．

一方，東洋思想による色の表現として，古代中国の陽陰説と五行説があげられる．これは占いや風水として，現代にも受け継がれている．万物の現象や関係を説明する思想体系には，その1つとして方位と四神，色彩，季節の関係があげられる（**図 3.68**）．

c. ハレとケの色

非日常的なハレの行事を演出する色として赤，ケの行事を演出する色として黒を用いるなど，色彩は空間に様々な変化の可能性を与える．同じ空間でも，色を加えることで異なった性格付けが可能となる．利用者のその時々での目的に応じた色の演出を可能にすることも重要である（**図 3.69**）．

d. 嗜好色・流行色

人によって様々な色を好む．それは個人の年齢や性別，民族，職業，教養，経験，生活，時代などの社会的要因によって引き起こされると考えら

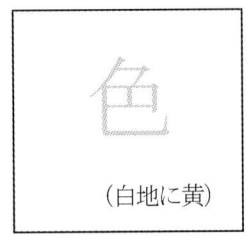

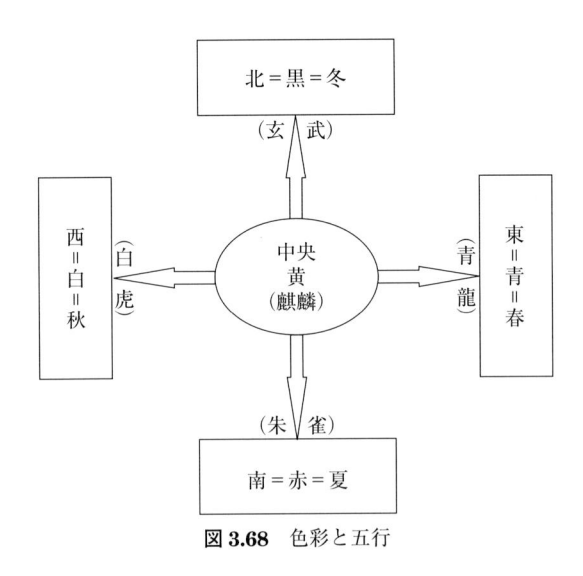

（白地に黄） （黒地に黄）

図 3.67 誘目性の違い（左：低い，右：高い）

北＝黒＝冬
（玄武）
西＝白＝秋（白虎） 中央 黄（麒麟） 東＝青＝春（青龍）
（朱雀）
南＝赤＝夏

図 3.68 色彩と五行

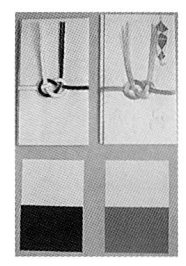

図 3.69 左：ケの黒とハレの赤，右：神社の赤[1)]

れる．同時にその嗜好の流れが流行となり社会現象となることがある．そのため，色を選択する際に，何にどのような色を用いるかについては，利用者の時間的変化を考慮することが必要である．

e. イメージ

人は色を見たとき，その色と結びついた過去の経験や知識から様々なものを連想する．それらは年齢や性別，経験，記憶，思想などによって異なってくる．表 3.15 は建物の外装に対する適応色をあげたものである．適応色以外を使用するときには，建物の外装に対するイメージを損なわないように，慎重に検討を行うべきである．例えば，イギリスでは橋を黒くしたことによって自殺者が増加し，橋の色を変えることで減少したという．このような連想に関しては，注意を払う必要がある．

表 3.15 建物の外装に対する適応色[1)]

用　途	主　調　色	そのほか
住　宅	アイボリー，ベージュ	ブラウン
旅館，ホテル	アイボリー，ベージュ	グリーン
ビル（事務所）	アイボリー，ベージュ	ブルー
学校　幼，小	ピンク，たまご色	レッド
学校　中，高	クリーム	グリーン
学校　大	ベージュ	ブルー
病　院	ホワイト	グリーン
劇　場	ピンク，オレンジ，グリーン	レッド，ブルー
レストラン・喫茶	ライトオレンジ，オフ・ホワイト	レッド，ブルー
工　場	ベージュ，アイボリー	グリーン
倉　庫	ベージュ，ブラウン	ブルー
店舗，衣関係	ベージュ，ピンク	レッド，ブルー
店舗，食関係	ライトオレンジ，ホワイト	オレンジ，グリーン
店舗，住関係	アイボリー，ベージュ	ブラウン

3.5.4　色彩と空間

色彩は温度感・重量感・距離感といった物理的感覚を変化させる．無意識に接している多くの色は，その印象から人の感情を左右したり，生理的な反応を起こしたりしている．そのため色彩計画の際には，色のもつ様々な効果に配慮することが必要となる．

同じ色でも素材のもつ質感が加わることで，違った印象与える．ペンキの白と漆喰の白，紙の白，プラスチックの白，数値表現として同じ色であっても，必ずしも同じ効果を与えるとは限らない．これは，素材表面の滑らかさの違いによる陰影も影響している．また，建築物に用いられた色は時間的変化も考慮する必要がある．

3.5.5　色彩と景観

色の表現手法の特徴として，国や民族による違いがあげられる．一言に赤といっても，地域によって，また用いられる場面によっては様々な違いがある．こういった色の違いを把握することで，人の暮らす環境にあった色彩計画が可能となる．

その地方での入手しやすい材料によって街の構成要素がつくられていき，それによって街の色は形成されてきた．そのため街の色は，統一感のある調和のとれたものとなると同時に，地域性を表現する要素となっていった．輸送技術や情報の発達に伴って，自由に様々な国や地域から材料を集めることが可能となった今日，地域を問わず同じような景観が広がるようになってきた．その結果街に様々な色があふれることとなった．そこで近年，地域の個性ある景観を形成する要素として，色彩基準をつくることでまちの色景観を維持する工夫がなされている．

a. 素材の色と景観

まちの景観を構成する色彩は，素材の色によるところが大きい．土・草・石・木・瓦・漆喰・煉瓦など，そのまちの建築材料がそのままちの色になっている地域も多い（図 3.70，3.71）．

b. 地域の色と景観

まちの景観は，素材の色を基調としてはいるが，文化や伝統の違いによって，装飾が異なって

図 3.70 上から1段目：ブルキナ・ファソ共和国・土の家（左），シバーム・土の集合住宅（右）．2段目：インドネシア・木の家（左），岐阜県・木の家（右）．3段目：パルテノン神殿・石建築（左），ドイツ・石積のまち．4段目：カッパドキア・岩山の家[3]．

図 3.71 上段：黒瓦（左：客家の里[3]，右：内子[5]）．下段：赤瓦（左：漆喰壁，右：ドイツのハーフティンバー）．

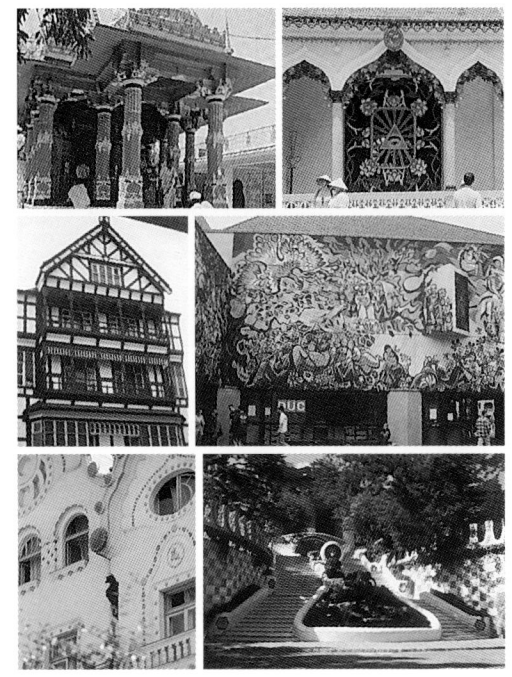

図 3.72 上段：インド・プジュカル寺院（左），ベトナム・カオダイ教寺院（右）．中段：イギリス・ハーフティンバー（左），ベルギー・壁画．下段：ルーマニア・窓回りの装飾（左）[7]，スペイン・グエル公園（右）．

現れ，まちの景観の違いになっている．まちという単位だけでなく，部族・宗教団体・街道などの違いによる景観の違いもある（図 3.72）．

参 考 文 献

1) 近藤恒夫：景観色彩学―醜彩から美観へ―，理工図書，1986
2) 中島龍興：照明［あかり］の設計　住空間の Lighting Design，建築資料研究社，2000
3) 日本建築学会編：空間体験　世界の建築・都市デザイン，井上書院，1998
4) 松浦邦男編：照明の事典，朝倉書店，1981
5) 吉田信悟：まちの色をつくる　環境色彩デザインの手法，建築資料研究社，1998
6) 小林重順：景観の色とイメージ，ダヴィッド社，1994
7) 日本建築学会編：空間要素　世界の建築・都市デザイン，井上書院，2003

3.6 水と建築デザイン

3.6.1 生活と水

水は人間生活にとって欠くことのできない物質である．人体の半分以上が水で構成されていることを考えても，ほかの生物と同様に水がなければ生存できない．人類の歴史をみても，都市は必ず河川など水のあるところに発生し（図 3.73），水が涸れると消滅した．古代ローマ時代のポンペイにおいても，公共の井戸は重要な都市施設として計画的に配置されていた（図 3.74）.

様々な人間の活動は，水を農業用水，生活用水，工業用水として利用し社会を発展させてきた．身近な日常生活を考えても，飲料や洗浄のほかに最近では空調機器にも冷却水として使われるなどその用途は広がっている．また，近年の人工化された生活環境に自然を取り入れるための景観要素として水は重要な役割を果たしている．

水は自然から与えられた大きな恵みである一方，水害など脅威ともなるものである．建築において，最も多くトラブルを起こす原因は雨漏りや漏水など水に関係するものである．環境計画においては，水の特性を十分に理解してその恵みを可能な限り有効に効率よく活用すると同時に，問題を引き起こさない対策を施すことが重要である．

3.6.2 水廻り

a. 水廻りの変遷

水廻りとは，水にまつわる機能をつかさどる台所，便所，浴室，洗面などの諸室を指す．近年まで日本では水を扱うこれらの場所は暗い，湿っている，汚いなどのマイナスイメージで捉えられるのが普通であった．一般的な住宅では，水廻りはほかの居室に比べ，採光や眺望など快適性の面で条件の悪い北側にまとめて配置されたり（図 3.75），母屋とは切り離して配置されるような日陰的な存在として扱われてきた．しかし，水道，ガス，電気設備や各種家電製品が発達した近年では，これまでのイメージは払拭され，重要な生活の場として積極的に快適さを向上させようとする様々な工夫が施されている．

1）便所　便所は水廻りの中でも暗い，汚いといったイメージが強い空間であった．しかし，便所が固定した空間をもったのは，世界的にみてもそう昔のことではなく，排泄用の箱を取り出して用を足していた時代が長く続いていた．ヴェルサイユ宮殿にも便所がなかった．19 世紀までヨーロッパではその箱にたまった排泄物を窓から街路へ投げ捨てることが日常的に行われており，パリの街中には悪臭が常に漂っていたという．大量の死者を出したペストの流行もそうしたきわめて不潔な環境が大きな原因で，清潔な環境実現のため上下水道の改善がその後急速に進められた．

2）台所　水廻りの中でも台所の変化は劇的である．台所は水に加え，火を頻繁に使う場所である．そのため台所の発達は，水道，ガス，

図 3.73　古代ローマ時代のロンドン（テムズ河沿いのローマの植民地，AD 120 年頃）

図 3.74　街路に設けられた井戸（イタリア，ポンペイ，BC 400 年頃）[11]

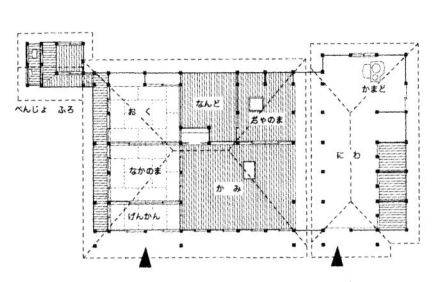

図 3.75　住宅の北側に配置された水廻り

電気の供給システムの整備と密接に関連している．それまでは井戸から水を汲み，火をおこすなど台所作業はきわめて煩雑なものであった．

現代の住宅では，食堂と一体となったダイニングキッチンはリビングルームと並ぶ住宅の中心となり，その美しさや使いやすさのほか，家族のコミュニケーションの場として重視される傾向にある．そのため台所の形状は，独立した室内に台所だけが納められていた形式から，食堂とのつながりを重視したカウンター形式やアイランド形式のものが主流となってきている（図3.76）．

3）浴室・温泉　浴室の役割はその文化により異なる．とくに，日本人にとって浴室で過ごす時間は大きな意味をもっている．主としてからだの汚れを落とすための場所である欧米諸国の浴室とは異なり，疲れを癒し，解放感にひたる場所としての性格が強い．しかし，自家風呂の普及自体は遅く，江戸時代までは公衆浴場が主たる入浴施設であった．現在においても，公衆浴場の意義は大きく，地域住民のコミュニケーションの場であり，また健康づくりやレクリエーションとしての役割も果たしている．

また，住宅では，広くする，天井を高くとる，外部の景色が楽しめるよう大きな開口部をとるなど，より心地よい空間を目指した浴室も数多くみられる．こうした工夫は湿気によるカビの発生や建材の腐食防止の点からも有効である（図3.77）．

風呂好きの民族といわれる日本人にとって温泉は特別な存在である．近年，整備された温泉街と共に，山間の風情ある昔ながらの湯治場などにも注目が寄せられている．温泉成分がもつ効用もさることながら，温泉の湧き出る場所の自然景観と相まった癒し効果が大きな魅力として捉えられているためであろう．高齢者の湯治的利用が主であったヨーロッパでも，リゾートとしての性格も備え，デザイン的にもすぐれた滞在型高級温泉施設が次々と誕生している．

b．これからの水廻り空間

1）ゾーニングと更新　水は通常上水道から建築に取り入れられて必要な場所に配管され，使用後は再び配管により下水道に接続される．このことを考えると水廻りの空間は可能な限り近くにまとめ，配管の長さを短くすることが重要である．とくに，衛生器具や配管の寿命は建築本体の寿命より短いので，その取り替えなど更新を考えた設計が必要である．

2）メンテナンス　水廻りは防水や換気などに十分配慮して設計されなければならないが，同時に日々のメンテナンスが重要となる．中でも便所はすぐに不潔になり，居住環境を害することになる．不特定多数が利用する公衆便所はとくにその傾向が強いため，様々な工夫がなされている．図3.78は日本の公衆便所であるが，利用に支障のない範囲で外部から風と視線が通るデザインを施すことで，清潔さに加え利用者の安全にも配慮している．

3）リフォームとコンバージョン　建築は

図3.76　アイランド型キッチン[6]

図3.77　都市住宅における開放的な浴室[6]

図3.78　清潔さと安全性に配慮した公衆便所[7]

長い年月使用すると模様替えや用途変更が必要になることがある．その際水廻りの位置などの変更は，配管の付け替えが必要なので困難を伴う．このことを考えると，建築の計画においては，配管の変更が容易なようにあらかじめ計画しておくことが必要である．近年注目されているSI住宅においては，床下の空間を確保しておき，将来の配管の変更に対応できるなど様々な試みが検討されている．

4）バリアフリー　誰もが毎日使う場所であることから，年齢や障害を問わず利用しやすいことも水廻り空間の重要な課題である．利用者の特性に配慮し，例えば車椅子利用を想定したスペースの確保や器具の高さの設定，また障害の程度に応じた適切な手すりや水栓の設置といった細かな工夫が必要とされる．高齢化社会を迎えた現在では，バリアフリーデザインを施された水廻りも普及している（**図3.79**）．

3.6.3　触れ合える水

キリスト教の聖地ローマでは16世紀に行われた都市計画において，疲れた巡礼や馬のためにその行程のしかるべき位置に噴水が設けられ，その数は2,000を超えた[4]．現在も観光客に人気のあるトレビの泉（**図3.80**）もそのときにつくられたものである．建築デザインの重要な要素となっている噴水は，元来，生命を維持するための重要な装置であったことを忘れてはならない．

人間にとって，水のある環境は単に渇きを癒したり，汚れを落としたりするためのものであるだけではない．人の交流の場として，交通ルートの拠点として，またエネルギーの生産手段として，これまで多様な役割を担ってきた．そして，これからの水に求められる新たな役割としてあげられるのが癒し効果である．都市生活者がストレスを抱え込みやすく，癒される機会を求めているということの証であろう．都市において，自然はそう簡単には触れることのできないものである．だからこそ，様々な形で水と触れ合える環境をつくり出すことが，私たちの生活に文字どおり潤いをもたらすことになるのである．

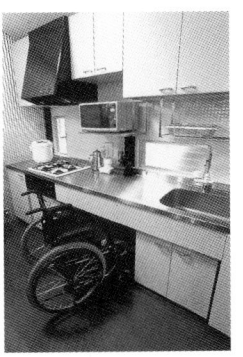

図3.79　バリアフリーに配慮した台所[8]

図3.80　触れ合える噴水（ローマのトレビの泉）

3.6.4　ランドスケープと水

水を建築デザインに活かす試みは，古くから行われている．水の形状との関係から，建築デザインへの活用方法としては，**表3.16**のように分類される．

例えば，17世紀のフランスには，貴族たちの権力の象徴であった庭園の重要な装飾要素として，様々に趣向を凝らした噴水や滝などがつくり出された（**図3.81**）．

また，河や海自身が建築デザインの重要な要素に取り込まれ，その接点に魅力的な広場などがつくられた（**図3.82**）．

日本では平安時代以降，水がデザイン要素として大々的に用いられた．極楽浄土を表現する重要

表3.16　水の形状とデザイン要素

形状	デザイン要素
落水	滝，瀑布
湛水	池，沼，泉，湖，海
流水	早瀬，平瀬，蛇行，渓流，運河
噴水	湧水，噴泉，間欠泉

図3.81　ヨーロッパの庭園における噴水（フランス，ヴェルサイユ宮殿，17世紀）

な要素として池泉が社寺に配された．江戸時代になると，大名屋敷には様々な庭園がつくられたが，ここでは海や湖といった自然の要素を擬似的に表現するものとして池が中央につくられ，そのまわりにも小川のせせらぎや滝など，水を用いたデザイン要素がちりばめられた（図 **3.83**）．

3.6.5 アミューズメント空間と水

世界中から観光客が訪れる土地には，水が景観の魅力づくりに一役買っているところが少なくない．海外では，水の都ベネチア（図 **3.84**）が真先に思い出されるが，日本の著名な観光地にもほとんどといってよいほど川や湖，海などが重要な要素として存在している．

図 **3.85** のようにウォーターフロント開発の一環として海に接して計画された広場は，夕日の眺められる快適な空間として機能している．

人工的につくられたレクリエーションやアミューズメントのための空間にも水を積極的に取り入れた例は多い．長崎オランダ村，ディズニーシーなどはその代表的な事例である．こうした施設では，水を五感で感じられるよう，湖，運河，噴水，滝など様々な形で水を随所に盛り込む工夫を行っている．

人工的な湖や河，また噴水や滝を計画する場合に重要なことは，水を高い位置に上げたり循環させるためにはエネルギーがいるということである．省エネルギーのためにポンプアップのための電源をストップさせた噴水ほど哀れなものはない．イタリアやスペインでみられる古い時代の噴水（図 **3.86**）はいずれもサイホンの原理を利用したもので，人工的なエネルギーなしに稼働しつづけている．先人の知恵に見習うべきであろう．

3.6.6 生物とのふれあいの場

小さな生態系を再現するビオトープにおいて，水は不可欠な存在である．都市の中にいなくなった生物を呼び戻すことは，希薄化した自然と人間の関係を取り戻すきっかけを生み，ひいては貴重な安らぎの場をつくり出す有効な手段である．例えば，町中でのホタルの川づくりやトンボ池づくりといった水を介したビオトープづくりは，親世代が自分達の原風景を取り戻すと共に，子供達に自然とのふれあいの機会を提供する活動として，市民も積極的に参加する形で全国各地において展開されるようになってきている．

図 3.84 ベネチアの運河

図 3.85 大阪南港 ATC のシーサイド

図 3.82 海と広場（ベネチアのサンマルコ広場）

図 3.83 江戸時代の庭園（兼六園）

図 3.86 サイホンの原理による噴水（スペイン，グラナダのアルハンブラ宮殿，13〜14 世紀頃）

3.6.7 水への対処

水は生物が生きていくにはなくてはならない貴重な資源だが，一方で人間の快適な生活，そして生命までも脅かす存在となる．水は建築のちょっとした隙間からも侵入し，様々な建築材料を腐食させる．また湿気や不快な臭気を発生させる原因となる．そのため，雨水の遮断そして建築物内で出される排水の適切な処理は建築の最も重要な性能の1つである．

a. 雨仕舞・防水

建物内部に雨が入らないようにするには，瓦や金属板で屋根を葺く方法と，アスファルトやシートで水をはじく被膜をつくり防水する方法の大きく2つがある．また，雨水はたまらないようどこかに逃がしてやる必要がある．そのため，屋根面や防水面には水勾配と呼ばれる傾きをつける．水勾配は屋根葺材や防水材と関係している．

被膜による防水では1/100程度の勾配でよいが，屋根を葺く場合は材料や工法にも左右されるが，2/10～4/10の傾きが必要である（**表 3.17**）．屋内でも浴室など水を流す場所では水勾配は必ずとることを忘れてはならない．

b. 排水

排水は，便所などから出る汚水，洗面や浴室から出る雑排水，そして雨水などに分けられる．排水は，敷地外の公共下水道へ流してやらなければならない．設計に当たっては，水廻りなどの排水の発生場所から下水道までの排水ルートをあらかじめ念頭においておくことが重要である．排水の排除方式には，重力式と機械式がある．重力式は，建物内の排水管の位置が公共下水道の位置よりも高い場合に，排水を重力の作用で自然に流下させる方式で，自然流下式ともいう．機械式は，地階などで重力式の排水ができない場合に，排水を一旦排水槽にためて排水ポンプで汲み上げ，公共下水道に強制的に排除する方式である．重力式の排水横主管や排水横枝管などの排水横走管には，管径に応じて1/50～1/200の適切な勾配が必要である．

また，湿気，においなど排水にまつわる問題が発生しないよう，換気やトラップの種類も十分考慮しなければならない．

c. メンテナンスとデザイン

美的に優れた環境をつくり出すことも建築デザインの重要な役割である．しかし雨水，汚水処理にかかせない建築要素である雨樋や排水溝は，美的環境にはなじみにくいものである．美しく仕上げを施した外壁に既製品の樋が通ったり，建物の前面を横切る側溝にみすぼらしい鉄製の蓋が乗ったりするのを嫌う設計者は，例えば樋を外壁と内壁の間に隠したり，コンクリートと一緒に打ち込んでしまったりする．しかし，これらの雨樋はゴミが詰まっても掃除や交換ができず，建物を維持していく者に苦労と費用を負わせることになる．

こうした危険を回避しながら，見事にデザインした代表的な建築物として，パレスサイドビル（**図 3.87**）があげられる．堅樋をあえて外壁前面に露出させて，ファサードデザインの重要な要素とすることでうまく処理している．また排水溝を積極的にデザインに取り込んだり，逆に周囲と調和させることで排水溝や雨樋の存在を目立たなくする手法（**図 3.88，3.89**）も様々な建築物で試みられて

図 3.87 堅樋をデザインの要素としたオフィスビル（パレスサイドビル，東京，設計：日建設計，1966）
（a）外観，（b）堅樋のディテールと水平ルーバー．

表 3.17 屋根材と勾配の関係

屋根葺材	屋根勾配
瓦	4/10～5/10
波型石綿スレート	3.5/10～5/10
金属板（瓦棒葺き）	1.5/10～2.5/10
アスファルトシングル	2.5/10～5/10
アスファルト防水	1/100

いる．このように美的環境づくりにとってマイナスと考えられる要素も，デザイン次第でプラスに転化しうる余地が十分残されている．

3.6.8 地球環境と水対策

地球上の水の97.5％は海水で淡水は2.5％である．しかも，人間が使えるきれいな水は全体の0.007％にすぎない．要するに水資源は有限で，汚すことなく大切に使っていかなければならない．

建築デザインにおいても水資源をより有効に利用し，自然の営みに近い形で処理する方法が模索されている．例えば，雨水や地下水，生活排水を灌水や雑用水として建築内部でリサイクルする手法が多数提案されている．中でも雨水循環型ビオトープや水路は，建物敷地内での生態系づくりに雨水資源を有効に利用する方法である．子供達の遊び場に用いることで，小動物や植物とふれあい，自然に環境への配慮を学び取る場としての役割も期待されており，わが国では環境共生住宅などで積極的に取り入れられている．

素材からの提案としては，環境を考慮した雨水処理に有効な雨水浸透性舗装材（**図3.90**）があげられる．従来のアスファルトやコンクリートとは違い，雨水が適正に循環する環境を考えた舗装材料である．アスファルトやコンクリートでできた都市では，雨水を地中に透過させず排水溝などの下水道を経由させて海へと流しているが，その結果として，ヒートアイランド現象や水資源の枯渇，また大雨の際には下水道では処理しきれない雨水による洪水などを招いている．雨水を地中に浸透させることでそれらの問題に対処できると共に，緑化の促進，地中の生態系育成にも役立つのである．

伝統的な街並みの残る京都では夏の暑さを和らげるために「打ち水」が行われてきた．気化により地表面の熱が奪われると共に，周囲との気圧差により風が吹きやすくなる．このような物理的な効果も得られることから，打ち水によしず（葦簀）など夏の風物詩である昔の生活の知恵を生かすこともこれからの環境計画には重要である．

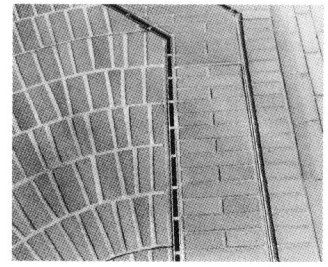

図3.88 排水溝の蓋を床材とあわせたデザイン[9]

図3.89 雨樋を目地として処理したデザイン[10]

図3.90 雨水浸透性舗装材

参 考 文 献

1) 彰国社編：環境・景観デザイン百科，建築文化11月号別冊，彰国社，2001
2) 進士五十八ほか：風景デザイン　感性とボランティアのまちづくり，学芸出版社，1999
3) 岡田光正ほか：建築計画1，鹿島出版会，2003
4) 竹山博英：ローマの泉の物語，集英社，2004
5) 光藤俊夫・中山繁信：建築の絵本　すまいの火と水/台所・浴室・便所の歴史，彰国社，1984
6) Modern Living, No.149, 2003
7) トータル・ランドスケープ＆ウォータースケープ，グラフィックス社，1990
8) バリアフリー住宅　あたり前に暮らす家，住宅特集 別冊 No.50，新建築社，2000
9) 豊田幸夫：建築家のためのランドスケープ設計資料集，鹿島出版会，1997
10) 宮脇檀建築研究室：宮脇檀の住宅設計ノウハウ，丸善，1987
11) Alfonso de Franciscis：ポンペイ，Inter-dipress, 1972

3.7 緑 ── 植 栽

　生活環境の人工化が進むと，人間はますます自然を求める．建築デザインにおいても建築の仕上げ材として白木などの自然素材を使う傾向がみられるし，植物すなわち緑を生活環境に取り込むデザインも多くなってきている．環境計画においては，緑の特性を十分理解し，建築本体と一体的に計画することが重要である．

3.7.1 環境計画と緑
a. 人間と植物の関係
　人間と植物の関係は，4段階で変化してきた．
　第1は人間がまだ栽培植物をもたず，木の実を取って食料とするなどもっぱら野生植物だけと付き合っていた原始的段階．
　第2は栽培植物の発見以後の段階，つまり農業段階．人間は定住し集落が発生する．
　第3は農業生産に余裕ができ，食料となる植物以外の観賞用の植物の開発が行われるようになった段階．自然には人の力が加わり，村や街が形成される．自然は徐々に改変され人工的な環境が増加するに従い，居住環境の中にはそれを補う庭園などがつくられる．この段階では，室内での生け花から，邸内の庭やさらに都市における公園など多様な広がりが生まれた．イギリスでは産業革命による都市環境の悪化から，緑の豊かな郊外に働く場と居住環境を求めた田園都市もつくられた．
　第4は現代の地球温暖化や都市のヒートアイランド現象を防ぐために，森林保全や都市緑化を推進させようとする環境保全の段階である．
　いずれの段階においても，人間にとって植物はなくてはならない密接な関係をもっている．

b. 生命の色
　「緑」は色名の1つだが，通常，草木を表す言葉として使われることが多い．緑樹に乏しい砂漠地帯では，生物に木陰や糧を与え，生命そのものを支える．緑は生命の色であり楽園の色である．砂漠地帯に多いイスラムのモスクに緑色のタイルの使用が目立つのは，砂漠の民の心理として当然であろう．植物に恵まれながらも厳しい冬を過ごさねばならない地域では，草木が芽をふく春の到来を人々は待ちわびる．緑は生命の復活を示す色でもある．このように，風土の違いはあるにしろ，緑は人間の生活とは切り離すことができず，造園空間，すなわち庭園や公園といったかたちで取り込んでゆく．

3.7.2 造園空間と緑
　造園という用語は，中国の明の時代に著された「園冶」にはじめてみられるが，日本では主として大正初期より使用されて今日に至っている．それまでは作庭，造庭，築庭などといわれ，主として庭園を対象としていた．1925年に発足した造園学会の将来計画の中で「人間生活環境の物的な秩序構成において，自然と人間社会の調和融合を求めるため，健康にして美しく快適な緑の環境を地表に創造し保全育成する技術」とあるように，「緑の環境」の重要性が指摘されている．草木は風土に敏感に影響されると同時に，地域文化にも反映する．世界的にみると，庭園の様式は建築式（幾何学式，整形式），風景式（自然式，不整形式）の2つに大別される．

a. 建築式庭園（図 3.91）
　イタリア，フランス，ドイツ，スペインなどにおいて発達した．自然に対して対立的に人間の造形を強調する．樹木を幾何学的形や鳥獣の姿に刈り込み，草花は図案効果を発揮させるように用い，水は噴水，壁泉，カスケードに利用する．岩石は石材としてのみ利用される．園路は直線を駆使する．

図 3.91　建築式庭園（ドイツ，ニュンフェンブルク宮殿庭園，18世紀前半）[5]

図 3.92 風景式庭園（桂離宮俯瞰，京都，江戸時代初期）

b. 風景式庭園（図 3.92）

イギリス，中国，日本で発達した．自然に順応し，協調し，自然らしさをねらうものである．植物や岩石は山や森を象徴するよう配置，管理され，水も滝，渓谷，湖沼，大洋を想起させるものとなる．園路は自然な曲線を描く．

このような対照的な両様式であるが，今日では同一の庭園でも，両者を含むものが多くなってきている．例えば，建築の近くは建築式に，離れるに従って風景式にするなどの手法がとられる．

3.7.3 緑と建築
a. 外部空間と緑

建築の設計においては建物本体の設計と同時に外部空間の計画を考えることが重要である．建物が図とすれば外部空間は地ということになるが，人間にとって快適な環境ということからすれば，双方を総合的に捉えた計画が求められる（図 3.93）．外部空間を単なる残部空間としてはならない．

外部空間は通常，庭園として計画される．庭園という言葉は比較的新しいもので，もともと庭と園は別の意味をもっていた．庭（にわ）とは人が何かを行う〈広い場所〉を意味し，植物の有無には無関係で，囲われていないのが特徴であった．園（その）は野菜や果樹，ときに草木を栽培している〈囲われた土地〉を意味した．明治中期になってこの庭と園が人の生活する家を媒介にして結びつき，庭園という語になり，現代では区画された美と機能の備わった空間に対して使われ定着している．この庭園の重要な構成要素が水と緑である．

外部空間は通常，アプローチ空間，観賞を主たる機能とする前庭，サービス機能のための後庭からなりそれぞれ造園の手法が異なる．造園の対象はこのほか，中庭や坪庭，さらに屋上などの地面から離れた空間にまで広がる．自然に触れたいという気持ちから，内部空間にも緑を導入する．アトリウムやエントランスホールのような大空間では，高木も植えられるし（図 3.94），マンションなどの室内には観葉植物を，バルコニーではプランターなどで草花を育てる．

屋上やバルコニー，屋内などで緑を育てるためには，日照条件の確保と水やりの方法をあらかじめ検討しておくことが必要である．

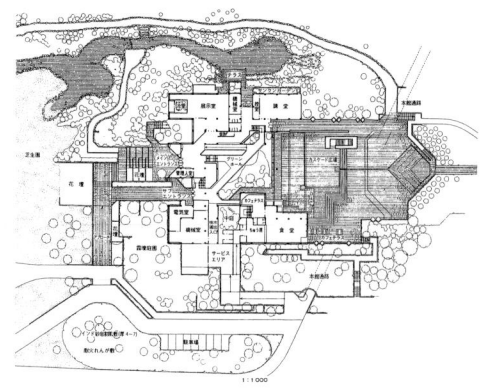

図 3.93 建築と庭園の一体化（愛知県緑化センター，設計：愛知県・中村一・瀧光夫，1974）[2]

図 3.94 エントランスホールの緑化（大阪東京海上ビルディング，設計：鹿島建設，1990，撮影：三島叡）[4]

3.7 緑 ―― 植栽

図 3.95 緑と同化する家（石井修自邸，設計：石井修）[6]

b. 建築と同化する緑

緑と建築の関係は，さらに建築と一体化し，より有機的な関係を設計コンセプトの中心に据えて計画されることもある．建築家の石井修は，自然と解け合う住まいを追求，時を重ねるごとにますます自然と同化する「緑の棲み家」を設計している（図 3.95）．

3.7.4 緑の特性と造園計画
a. 緑の機能

樹木や草花などの植物が環境計画においては，木陰をつくる，地表を被覆し温度変化を緩和する，土の保水性を高める，二酸化炭素を吸収し酸素を供給するなどの物理的な機能のほかに，その美しさや緑が心を癒す心理的な効果も大きい．樹木には視線を遮ったり（図 3.96），強い風から家を守る機能もあり，砺波平野（図 3.97）や出雲の防風林は有名である．阪神・淡路大震災では，火災の延焼も防いだ．

造園計画においては，このような多様な機能（表 3.18）を活かすために，空間の特性に合った植物の選択が重要である．

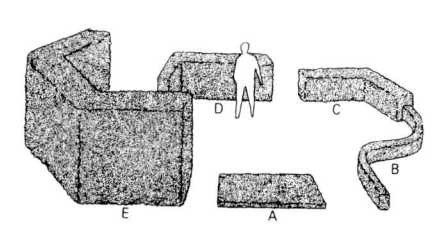

例えば，夏に木陰を，冬に日当たりを求めるためには落葉樹を，遮音や遮蔽効果，また1年を通して緑を楽しむには常緑樹が適当である（図 3.98）．

木々の間を通ってくる風は心地よいので，そのことも計画に取り込むとよい．草木の香り，木々

図 3.97 砺波の防風林（富山県）

表 3.18 植栽の機能

```
                 ┌─ 建築的機能 ─┬─ 区画明瞭化
                 │              ├─ 遮蔽
                 │              └─ プライバシー確保
                 │
                 │              ┌─ 遮音
                 │              ├─ 大気浄化
                 ├─ 工学的機能 ─┼─ 防災
                 │              ├─ 侵食防止
                 │              └─ グレア防止
                 │
植栽の機能 ──────┤              ┌─ 風の調節
                 ├─ 気候調節機能┼─ 日照調節
                 │              ├─ 雪調節
                 │              └─ 気温調節
                 │
                 │              ┌─ 土地のポテンシャルの指標
                 ├─ 環境指標機能┤
                 │              └─ 環境悪化の指標
                 │
                 │              ┌─ 視覚的要素
                 └─ 感覚的機能 ─┼─ 聴覚的要素
                                ├─ 触覚的要素
                                └─ 嗅覚的要素
```

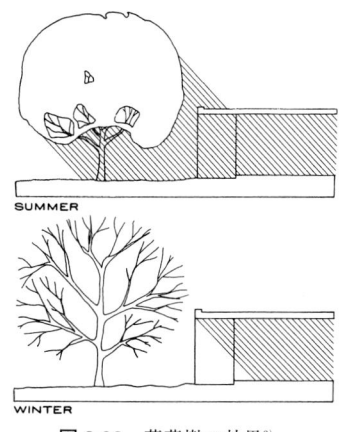

A　10 cm 以下　（地被にはくるぶしの高さ）
B　50 cm　　　（方向指示にはひざの高さ）
C　100 cm ┐
D　120 cm ┤（人・車の進む方向の制御と心理的な囲いには腰の高さまたは胸の高さ）
E　150 cm 以上（個人領域の囲いには目の高さ）

図 3.96 樹木の遮蔽効果[2]

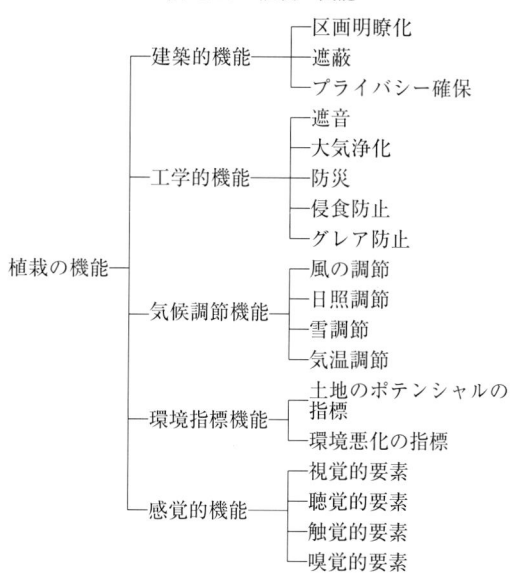

図 3.98 落葉樹の効果[3]

に集まる鳥たちのさえずりなど環境計画を考えるには多様な機能をいかにして引き出し，人間にとって健康で快適で美しい空間をつくるかという総合的な視点が必要である．

b. 生きものとしての緑

造園計画において重要なことは，草木が生きものであるということである．このことから緑の計画においては次のことに留意しなければならない．

① 成長変化：命あるものは時間経過と共に成長し，また枯れたり朽ちたりする．環境計画においては，この変化を組み込んでデザインする必要がある．

② 気候・風土：気温，湿度，日照条件などの気候，風土に大きな影響を受ける．気象条件は季節によって大きく変化するし，日変化も顕著である．

③ 土地の条件：平地か斜面か．斜面でも北斜面か，南斜面か．土壌の性質，水環境など．

④ 維持管理：生きものである限りは，その生命を維持するための世話は欠かせない．日常の水やり，定期的な剪定などの手入れをどのようにするかは，計画・設計段階から決めておかなければならない．

これらの条件を総合的に考えて，計画地に適した植物を選定する必要がある．腕の立つ植木職人は，時間の経過を読み込んだ庭づくりをする．

今日の地球環境時代においては，環境の緑化は緑被度[1]（注1）を高め，都市のヒートアイランド現象の防止，地球温暖化の防止などの環境保全にも貢献する．環境計画において緑の役割はますます重要になると考えられる．

参 考 文 献

1) 田畑貞寿：岩波講座 現代都市政策VII「都市の建設」，岩波書店，1973
2) 日本建築学会編：建築設計資料集成10「技術」，丸善，1983
3) Robert T. Packard 編：Ramsey/Sleeper Architectural Graphic Standard, Seventh Editon, John Wiley & Sons, 1981
4) Office Age, No.14, コーポレイトデザイン研究所，1991
5) 週刊朝日百科「世界の歴史」，No.95，朝日新聞社，1990
6) 石井修ほか：家家，学芸出版社，1984

注1 緑被度：都市域において独立または一団の樹林地，草地，田，畑，水辺地などの検出される土地を緑被地といい，緑被地によって覆われる比率を緑被度という．大阪府における市街化区域での目標値は15％である．

4
省エネルギーと建築デザイン

建築家リチャード・ロジャースによるフランスのボルドー市裁判所複合施設（1998年）は，大変特徴的な形状の7つの法廷をもっている．
これは空調設備を使わず，自然換気を行うことを求めたロジャースが，伝統的なビールのホップ乾燥器の形状をヒントにデザインした結果である．水で冷やされ法廷に送られた空気は，建物の形に従って自然に外へ流れ出るように計画されている．

建築における省エネルギーというと，建設時，使用時，廃棄時の省エネルギーという3つに大別されるであろう．その中で，使用時の消費エネルギーが全消費エネルギーの約半分を占めているといわれているので，本章では建築物の使用時における省エネルギーを達成するためのデザインを中心に概観してみよう．

4.1 現代建築に求められる省エネルギーデザイン

a. 省エネルギーの背景

我々は，冷暖房をはじめとして様々な設備利用という莫大なエネルギー消費を代償に自然をコントロールし，快適な室内環境を手に入れている．そのような建築で生活することこそが進歩だと考えてきたのである．しかし，現在では地球環境の保護が切実な課題となっている．今すぐの解決は困難なものばかりであるが，改めて省エネルギーが要請される背景を整理すると，2つの側面があることがわかる．

1つは，エネルギー源とくに石油の枯渇問題である．このまま石油を使い続ければいつかは枯渇することは目にみえている．そうならないためには省エネルギー，あるいは自然エネルギーや廃熱などの未利用エネルギーの利用といったエネルギーの質的転換が推進されなければならないというものである．

もう1つの背景は，廃棄物とくに二酸化炭素（CO_2）の削減問題である．このまま温室効果ガスの大部分を占めるとされるCO_2を排出し続ければ，急速に地球温暖化が進むとされる．それを防ぐためにCO_2削減が世界的に強く求められている．そして，このCO_2は主として人間のエネルギー消費により発生することから，CO_2削減のためにも省エネルギーの推進が必要とされているのである．2005年2月16日には京都議定書が発効になった．

このようにエネルギーを使う活動の入口（供給側）と出口（消費側）の双方で深刻な問題が生じているのが現代である．こうした背景のもとで建

表 4.1 建築デザインと省エネルギーの関係

(1) 環境レベル：
　自然エネルギーの利用：太陽パネル
　自然エネルギーの制御：屋上緑化
　地域や敷地の特性
(2) 建築躯体レベル：
　負荷の制御
　空間構成の変化
　開口部のデザイン
(3) 設備装置レベル：
　新しい設備の開発
　システムの効率化
　エネルギーの有効利用：中間期の外気取り入れ
(4) ディテールレベル：
　新しい素材の開発
　ディテールの工夫

図 4.1 スイス学生会館（設計：ル・コルビジェ，1933）[5]

築内部での快適な環境づくりに大量のエネルギーを消費することは許されない時代になってきたことがわかるだろう．すなわち，省エネルギーである建築を様々なレベルにおいてデザインすることが求められる時代に入ったといえる（**表4.1**）．

また，近代建築においても否応なしに省エネルギーを考慮せざるをえなかったものがあり，そこからの失敗を学ぶことも必要である．例えば，近代建築の最先端には巨匠のル・コルビジェがいるが，彼は1930年代初め，スイス学生会館の設計に当たって全面ガラス窓を採用した（**図4.1**左）．しかし，夏の暑さは耐え難く，そこで「中和壁」と名付けた環境制御装置を試みている（同右）．このように建築を彫刻のようにコンセプトや美的センスのみでデザインするわけにはいかず，環境とも調和させることが必要不可欠なのである．そして，そのためには設備にたよることなく，まず建築のデザインで課題を克服するという姿勢が大事と考えられる．

繰り返すが，これからの建築の計画やデザインに求められるのは，エネルギー消費が可能な限り

4.1 現代建築に求められる省エネルギーデザイン

表 4.2 省エネルギー手法の種類

アクティブ手法	・利用エネルギーの質的転換 　自然採光，自然通風の利用 　自然エネルギー（太陽光，太陽熱，風力，水力，地熱など）の利用促進 　余剰エネルギー（廃棄物焼却熱など）の回収方法（コージェネレーションなど）の開発 　新しい燃料（バイオマス，燃料電池，アルコール燃料など）の開発 ・エネルギー消費量の削減 　エネルギー利用効率の向上：動力機器の改良，照明・OA機器の改良，節水 　運用・維持管理上の工夫：空調機器の運転管理，利用条件の見直し
パッシブ手法	・エネルギー負荷の制御 　冷暖房負荷の低減：冷暖房の設定温度の見直し，外気の取り込み量の削減，日射遮蔽，要求水準の緩和，打ち水などの加湿冷却，屋上散水・屋上緑化による蒸発冷却 　建築設計の工夫：方位，形状，コア配置，開口部，地下空間の利用 　環境性能の改善：壁・屋根の気密・断熱性能の向上，蓄熱システムの導入

少なく，かつ廃棄物をなるだけ出さない建築である．建築は地球環境に大きな影響を与えていることを忘れてはならない．そして，その省エネルギーを推進するためには，設備にたよることのなかった昔からの工夫を見直すこと，自然エネルギーの取り入れ方や省エネルギーのためのデザインを学ぶことが求められるのだ．

b. 省エネルギー手法の分類

機械や装置にたよらないで建築の形態や材料から省エネルギーを図る手法をパッシブ手法と呼び，機械や装置を利用して省エネルギーを図る手法をアクティブ手法と呼ぶ（**表 4.2**）．

アクティブな手法は，さらに〈利用エネルギーの質的転換〉と〈エネルギー消費量の削減〉の2つに大別できる．利用エネルギーの質的転換とは，風力や太陽光といった自然エネルギーや未利用エネルギーの利用を増加すること，さらには石炭や石油に代わる新しい燃料の開発により，今までの石油や原子力という既存のエネルギー源の利用を減らそうという考え方である．一方，エネルギー消費量の削減とは，文字どおり利用するエネルギーの削減に加えて，周辺環境の改善や建物自身の環境性能の改良，さらには使用する機器の利用効率の向上などにより，必要なエネルギー負荷量を減らすことである．

とくに，昨今の夏の猛暑は厳しい．都市部においては，緑地の減少やアスファルト舗装の普及などによるヒートアイランド現象の結果であることは間違いない．こうした現象に対しては，緑化の

図 4.2 様々な省エネルギー手法を導入した事例（英国センスベリー・グリニッジ支店，天井採光や屋上緑化などを導入）

ような建築での対策のみならず，透水性のアルファスト舗装の道路整備といった都市的な対策も望まれる．いずれにせよ，敷地計画や平面計画など建築計画で対応するだけでなく，構造形態や材料選定，設備計画など総合的に省エネルギーが図られることが重要なのである．

こうした省エネルギーに配慮したデザインは，住宅のような小規模な建築からオフィスビルのような大規模な建築まで，また官民関係なく実行されなければならない．そして，省エネルギーに適した空間なり設備を意匠的にも優れたものにしなければならない（**図 4.2**）．これまで技術として用いられてきた省エネルギー手法を，意匠デザインの分野まで踏み込んで提案することが求められるようになってきたといえるだろう．したがって，省エネルギーに関するデザインボキャブラリー豊かな設計者の育成が，今後急務となる．

c. 建築のライフサイクルと省エネルギー

建築においては，〈建設時〉，〈使用時〉，〈廃棄

表 4.3 建築のライフサイクルと省エネルギー手法

(1) 製造時の省エネルギー：壁などの材料の開発・改良
　〈エコマテリアル〉の開発：半透明断熱材，光電池，新型ガラス
　材料の改良：アスファルト，紙
(2) 使用時の省エネルギー：空間形態による省エネルギーへの配慮
　生活条件の見直し：照度，温度などの室内条件の見直し
　〈自然エネルギー〉の利用：太陽光，風力，雨水，氷蓄熱，雪蓄熱
　エネルギー効率の向上：機器の改良，エネルギー回収，照明，空調，〈コージェネレーション〉(注9)，焼却熱・廃熱利用
　環境性能の強化：自然通風・換気，気密性，断熱性，屋上緑化
　日射遮蔽：反射ガラス，庇，簾
(3) 廃棄時の省エネルギー：空間・材料のリサイクルによる省エネルギー
　建物の長寿命化：廃棄物の減少
　空間・材料の再利用：空間の用途変更，鉄やコンクリートの再生

時）のそれぞれの時点で，省エネルギーなり省資源を図らなければならない（**表 4.3**）．とくに，生活上の見直しは快適性を過度に重視しがちな現代生活をそのまま維持しようとすることへの反省が必要であろう．その面については先進の欧州などを見習いたい．ただし，建設時や廃棄時は主として材料の問題であり，素材の使い方という面に主力がある．一方，使用時は形態などが主要因となる．建築分野における消費エネルギーの約半分は建物の運用時といわれる．したがって，以下においては，主としてデザインに関係すると思われる使用時の省エネルギーについて考えてみたい．ただし，4.6「材料・空間のリサイクルによるエネルギーデザイン」においては，建設時や廃棄時の省エネルギーについても言及する．

d. エネルギー使用量の時間的変動（重油/灯油/都市ガス/電気の使い分け）

建築にとって，エネルギー使用量の時間的変動を考慮する理由は2つある．

1つ目は，ピークカット，すなわちピーク時の使用量を減らすという側面である．いうまでもなく，電力使用量のピークは夏，とくにお盆の時期といわれている．このような季節変動に対応した建築デザインのあり方も今後重要になるであろう．例えば，昼間の廃熱利用は，外部への排熱を減らすことからヒートアイランド現象の軽減にもなる．

2つ目は，未利用エネルギーの利用の面である．昼間と夜間でのエネルギー使用量の差は大き

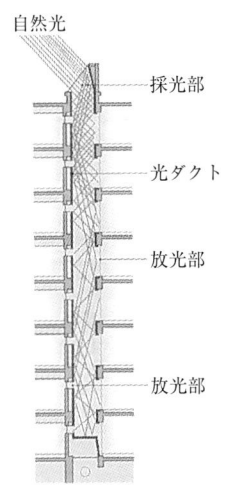

図 4.3 太陽光の導入方法[30]

い．つまり，夜間は電力が余っているという無駄があるので，その対策として夜間蓄熱などエネルギー消費のシフトが考えられている．なお，建物用途によってエネルギー消費量にかなりの差がある．したがって，やみくもに省エネルギーを実行するのではなく，建物種別によって適切な省エネルギー手法を考えることも必要となる．

e. 自然エネルギー利用の省エネルギー

省エネルギーに関するものは，〈光〉と空気を含めた〈熱〉と考えてよい．光エネルギーは，鏡により方向を変える（**図 4.3**），光ファイバー内を通すなど自然光の利用が考えられている．

一方，熱エネルギーは，その伝わり方に，①輻射，②伝導，③対流の3タイプあり（**図 4.4**），損失として④空気漏出がある．それぞれの特性をよく把握することが省エネルギーにつながる．ま

た，⑤蓄熱利用も増加している．

暖房では外からの熱のエネルギー吸収を大きくすることや，断熱性能を高めて内部の熱エネルギー損失を防ぐことが重要となる．その熱源としては，外部から取り込む場合と，自分でつくり出す場合がある．外部からの場合，自然エネルギーを取り入れる場合と，焼却場などの排熱を利用した地域暖房システムもあり，いずれも省エネルギーの観点から推進が望まれている．

一方，冷房では暖房とは基本的に逆で，外からの熱エネルギー流入を遮断すること，内部で発生した熱エネルギーを効率よく外に排熱することが求められる．このように，建築では輻射と伝導による熱移動が主なので，これらを抑えることで熱負荷を効果的に低減することができる．

④空気漏出の対策としては，基本的には部屋を高気密化することになる．その場合，シックハウス症候群を防止するためには強制的な換気が欠かせない．また，出入口ではどうしても空気が漏れる．そのために，昔からオフィスビルの入口には風除室が設置されていたし，最近ではそれより有効とされる回転ドアが設置されることも多い．そして，機械式の大型回転ドアの設置も多くなってきている．しかし，機械式の大型回転ドアは，六本木ヒルズでの事故（2.3節，注12参照）をもち出すまでもなく，行動を読めない子供や機敏に動くことができない身障者や高齢者の利用が想定される場合には，その場で対処できる監視員を置くことができない限り導入すべきではないだろう．

⑤蓄熱手法としては，冬期には昼間に躯体に熱を蓄え，夜間に熱放出する手法が考えられる．夏季には水や氷さらには雪の潜熱が大きいことに着目し，そのエネルギーを冷房に使用する蓄熱装置（例：図4.11）や，夜間の未利用エネルギーを使って水を氷化してエネルギーを蓄えるナイトパージ（注3）の装置（図4.10）などが開発されている．

4.2 自然エネルギーを利用した省エネルギーデザイン

a. 自然エネルギーと建築

自然エネルギーとしては，太陽エネルギーや風力，水力が代表的で，そのほかに雪氷，地熱や潮力などがある．また，熱エネルギー源としてバイオマス（注14）が注目を浴びている．基本的にこれらの自然エネルギー利用は小規模・分散型で，商用エネルギー供給が大規模・集中型であるのと対称的であると考えてよい．

その中で「風力発電」は身近なものになりつつある．しかし，発電効率を高めるには50mもの大きさの羽を必要とする．デンマークは風力発電の先進国であるが，かの地でさえ景観破壊や騒音を理由に風力発電の計画が中止される事態が起き始めているという．日本でも渡り鳥への被害懸念が出てきている[24]．自然エネルギー利用を促進すべきなのはいうまでもないが，その前提として経済性のみならず，自然保護や景観保全をしっかり考えた上のことであることを忘れてはならない．

b. パッシブソーラーシステム

一般にパッシブソーラーシステムというと，地域の気候に合わせた建物の設計や材料によって集熱，蓄熱，断熱や気密などの性能を高めることにより建物全体のエネルギー効率を高めることや，建物内部に空気の通り道をつくって，その中を冬は太陽で暖められた空気を通して暖房し，夏は床下から空気を入れて冷やすことにより躯体を冷やすことで冷房に寄与することを目指したシステムを指す（図4.5）．

最も簡単で効果が大きいのは，ダイレクトゲインと呼ばれる開口部より直接日射を室内に取り込む手法である．これは，採光としての太陽光の導入とそれによる照明エネルギーの削減を目指すもの，あるいは熱エネルギーの補助熱源とするため

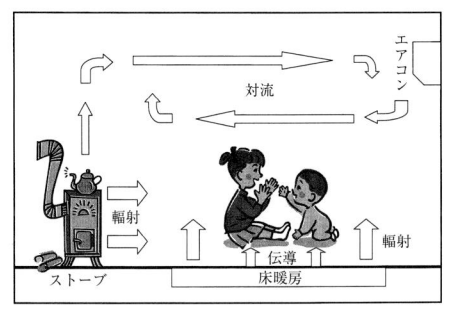

図4.4 熱の伝わり方

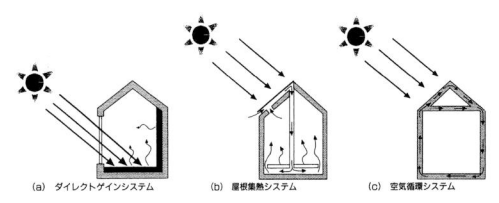

図 4.5 パッシブソーラーシステムの基本的な考え方[1]

の太陽熱の導入手法となる．なお，パッシブ手法は天候に左右され，不確実な手法である．また，日本のように南北に長い国土では，各地で気候が異なることから，全国一律に適用するというのも無理がある．したがって，次に述べるアクティブな手法を組み合わせて省エネルギーを図ることが肝要となろう．

c. アクティブソーラーシステム

アクティブソーラーシステムとは，機械を使って積極的に太陽エネルギーを変換して利用しようとするシステムの総称である．こうした太陽エネルギーの利用も，熱エネルギーとしての利用と光エネルギーとしての利用に2分される．

太陽熱エネルギーを集熱する方法としては，集熱器を使うものが一般的で，熱の伝送に液体を使うものと空気を使うものがある．

集熱機器としては太陽熱温水器が最も普及している（図 4.6）．これは，建築の屋根面に設けた機器内の液体を太陽の熱エネルギーを使って温水に変換するシステムである．既にかなりの実績があり，日本は世界一の普及率を誇るという．天気がよければ，夏で約70℃，冬でも40℃程度のお湯を沸かすことができるため，個人住宅の給湯用としては十分な性能をもつ．よくみかけるものは集熱板と貯湯槽が一体になったものであるが，貯湯槽内の液体を合わせて約300 kgと重いので，始めから屋根の対策を立てておかないと屋根が歪んで雨漏りを引き起こしたりするし，冬に凍結する地域では凍結防止用ヒーターが必要になり不適である．さらに，メンテナンスフリーでもないので，直接水を扱う機器だけに衛生面には常に注意したい．

一方，集熱板のみ屋根に載せて貯湯槽は下に設置するものもある（図 4.7）．その場合，重量は軽くなるし，循環する液体を不凍液にするなどして冬の凍結対策も可能なものもあるなどメリットも多いが，高価であるのが難点である．

太陽電池すなわち太陽の光エネルギーを電力に変換するという発電システムもかなり普及している（図 4.8）．日照がないと発電できないという点で天候に左右されるが，発電効率は高く，必要電力以上の発電による電力会社への売電も可能となり，普及が進められている．

また，新しい技術として，窓ガラスに太陽電池

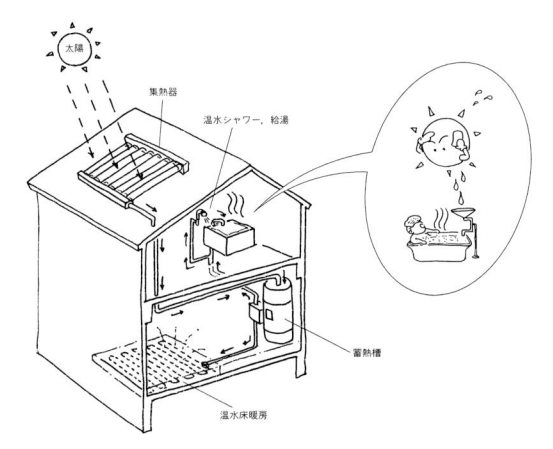

図 4.7 太陽熱集熱器の例（野原文男）[9]

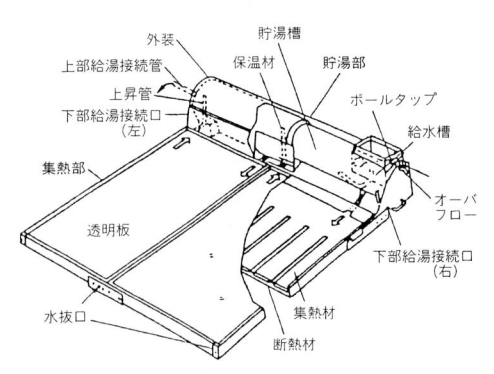

図 4.6 太陽熱温水器の例[9]

図 4.8 太陽光発電器の例（大阪大学）

を埋め込んだ製品も登場してきた．この新しい太陽電池は折り曲げることができるだけの柔軟性もあるので曲面ガラスにも対応可能で，デザインの自由度は高い．スモークガラスと同じで，一般のガラスと比べて透過性が落ちるが，それが逆に夏の日差しを和らげる効果として期待されてもいる．

こうした太陽熱温水器や太陽電池の設置場所を考えると，陸屋根の屋上面であれば下から見えることはあまりないので，デザイン上の考慮は必要でないかもしれない．しかし，傾斜屋根上あるいは窓面に設置する場合には，機器が下から見えることから，デザイン上の考慮も必要である．

d. そのほかの自然エネルギー利用デザイン

クールチューブと呼ばれるものは，空気道であるパイプを地中に埋めることにより，冷暖房効果の向上を図るシステムである（**図 4.9**）．夏季には地熱で冷やしてから室内に空気を取り入れる一方，冬季には予熱に利用するというように，地下の温度変化が地上より少ないことを応用したものである．ただし，日本のような多湿地域において

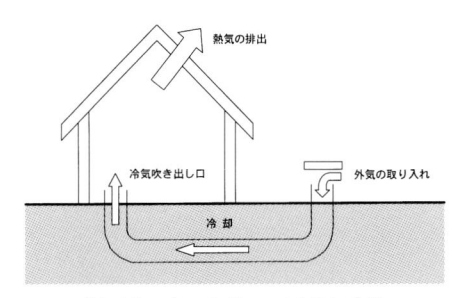

図 4.9 クールチューブのしくみ

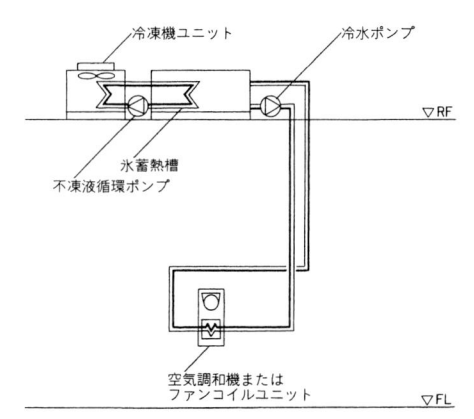

図 4.10 氷蓄熱システム[9]

図 4.11 雪蓄熱の例（雪のまちみらい館，設計：青木　淳，1999）

は，除湿のしくみが欠かせない．

水蓄熱・氷蓄熱といったシステムは，夜の電気が余っている時間帯に，建物の躯体内に氷を製造し，昼はその融解熱を利用し冷房負荷を少なくする方法である（**図 4.10**）．また，同じような考え方で，冬に積もった雪を貯蔵しておき，夏に融解させることで冷房負荷を減少させるという雪冷房という試みも始まっている（**図 4.11**）．

これらのように，エネルギー利用の時間的変動を考慮することにより，全体としての省エネルギーを進めるという考えが生まれてきている．

4.3　エネルギー負荷を軽減する省エネルギーデザイン

4.1節で概観したように，エネルギー負荷を軽減するには，夏季には日射遮蔽など外部からの熱流入を防ぐ工夫と通風など内部での発熱を外に逃がす工夫が，冬季には開口部などからの熱流入を促進する工夫と，断熱などで内部からの熱流出を防ぐ工夫が必要である．以下，それらのデザインをみてみよう．

a. 開口部における日射遮蔽

冷暖房機器にたよる場合においても，その冷暖房負荷を軽減することは省エネルギーにつながる．そのためには壁面の断熱性能や気密性能の向上が欠かせない．とくに，窓などの開口部では一般にそれらの性能が落ちるので，その対策が第1となる．

わが国における日照の受熱量は建物の壁面の方位によって大きく異なる．日本においては，夏の冷房負荷を少なくするには日照を遮ること，冬の

暖房負荷を減らすには日照を取り入れることが重要である．具体的には，南向きの面においては窓に庇など日射遮蔽装置を設けること，東西面には機械室など窓を設けないで済む部屋を配置するなどして断熱性能の高い壁を設ける．

開口部での日射遮蔽としては，開口部前面，ガラス面，室内側のそれぞれの部位において対策を取ることが求められる．

1） 開口部前面における日射遮蔽　開口部前面における防熱性能の向上には，まず窓面前での日射遮蔽が効果的である．なぜなら，日射光はガラスをたやすく透過するが，いったん室内に入って熱に変化すると，その熱輻射はガラスを透過せずに室内に留まってしまうからである．この効果は温室であればありがたい効果であるが，通常の建物では迷惑以外なにものでもない．したがって，建物周囲に植樹する，建物周囲からの照り返しを防ぐ，建築の受光面での制御，庇，反射ガラスなどを利用することによって極力排除したい（図 4.12）．

このように建築のデザインにおいては，夏は日射が部屋に入るのを避け，冬は部屋に日射を入れるという，エネルギーの抑制と利用を兼ね備えた部位としての庇やルーバーの重要性を十分認識しておきたい（図 4.13）．なお，ルーバーは太陽位置の関係から南面は横ルーバーが，東西面は縦ルーバーが有効とされる．

住宅において外からの見栄えからか，窓に庇がないものが建築家の作品でよくみられるが，その

図 4.12　省エネルギーを目指した形態デザイン（ロンドン市庁舎，設計：ノーマン・フォスター）

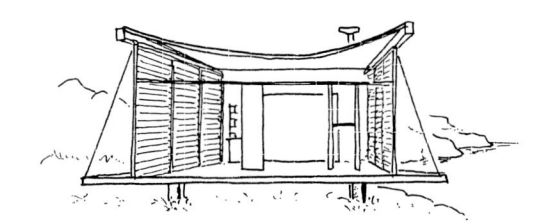

図 4.13　ルーバーのデザイン例（まゆの家，設計：P. ルドルフ）

ような場合でも，古くからの"よしず"や"すだれ"，最近では外付けブラインドと呼ぶものなど日射を遮断するしくみを工夫するべきであるのはいうまでもない（図 4.14）．

なお，当然のことながら，こうした外部に設置するものは飛散すると大事故につながるため，台風などで破損しないことが求められる．

2） ガラス面における日射遮蔽　日射遮蔽を目的とするガラスとして，熱線反射ガラスや熱線吸収ガラスなど様々なガラスが昔から開発されている．最近では Low-E ガラスの使用も目立つ．断熱性能からいうと，複層ガラスさらには中間層を設けたダブルスキンとするのがより効果的

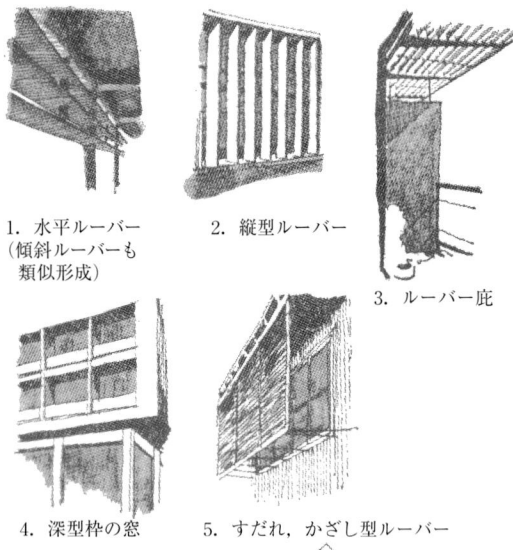

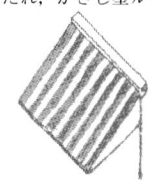

1. 水平ルーバー（傾斜ルーバーも類似形成）
2. 縦型ルーバー
3. ルーバー庇
4. 深型枠の窓
5. すだれ，かざし型ルーバー
6. 格子ルーバー
7. 布日覆

図 4.14　ルーバーなどのデザイン例[15]

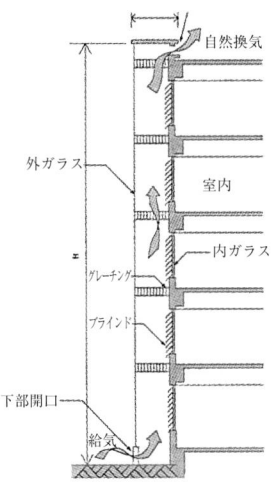

図 4.15 ダブルスキンの説明図[13]

である（**図 4.15**）．最近では，エアフローウインドウとも呼ばれる二重窓の間に空気を通すことにより熱負荷を低減するもの，エアフロースクリーンというガラス内部にロールスクリーンを入れたもの（2.2.4項参照）などが開発されている．このように夏季にはスキン内部において，ブラインドによる日射制御や，室内から流れてくる余剰な空気を通すことにより，省エネルギーを目指す一方，冬季にはいわゆるペアガラスと同じ原理で断熱性能が高くなることから，暖房用エネルギーの節約になるわけである．なお，ダブルスキンで内部通気する場合には，ガラス面の汚れ対策と清掃方法に注意が必要となる．

　ガラスは使用する地域や開口部の大きさや方位により，省エネルギーに関する特性が異なるので，それぞれの特性を考慮して設計しなければならない．最近では地域や方位に影響されずに高い省エネルギー特性をもつガラスも開発されているし，光の通過量を制御できる材料（調光材料）や，透明でありながら断熱性が高い材料（透明断熱材）などの開発も進んでいるので，その動向には注目したい．

3）室内側での日射遮蔽　室内側での日射遮蔽方法としては，昔からブラインドやカーテンなどが使われている．ただし，前述したように，いったんカーテンなどに蓄えられた熱は室内側にも一部放出されてしまう．やはり，日射は開口部の外側で遮るのがよく，室内側の工夫は次善の策となる．

b. 通風・自然換気の確保

　換気には機械換気と自然換気があり，もちろん省エネルギーには自然換気が望ましいし，冷房機器にたよる前に，通風よる外気冷房を考えたい．昔から日本では，夏の常風方向（卓越風の吹く方位）に開口部を設けることが常識であったのである．なお，通風の要点は，風の入口だけでなく，出口も必ず設けて，建物内の通風の経路を確保することである．その際，外部の冷たい空気が下のほうから部屋に入り，暖かくなった空気が上のほうに抜けるようにすると効果的である．

　もちろん，このような自然な通風を確保するには季節風の方位を正確に把握しておくことが必須となる．さらに，風向きに対応した開口部位置，室内の温度差に対応した窓面高さ，障害物のない通風経路など，デザイン面における配慮も重要となる．設計の前に敷地の1年間の気候や風の向きなどを調べるのは，デザインの基本中の基本なのである（**図 4.16**）．

c. 断熱による省エネルギー

　冬季の省エネルギーには断熱が効果的であることは前述したが，断熱を考慮した建物をデザインするために熱を制御する工夫をまずつかんでおこう（**図 4.17**）．例えば，冷房時では外部からの熱流入の阻止と室内の熱発生の抑制を，暖房時では外部からの熱取り入れと外部への熱流出の抑制，断熱性能を高めるほかに，平面プランになるべく凹凸のない形状とするなどが考えられる．吹き抜け空間のように天井が高いと暖房が効かないことや，ダイニングキッチンでは炊事の熱で冷房が効

図 4.16 自然通風のデザイン（名護市庁舎，1981）[25]

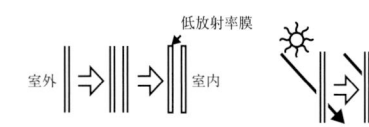

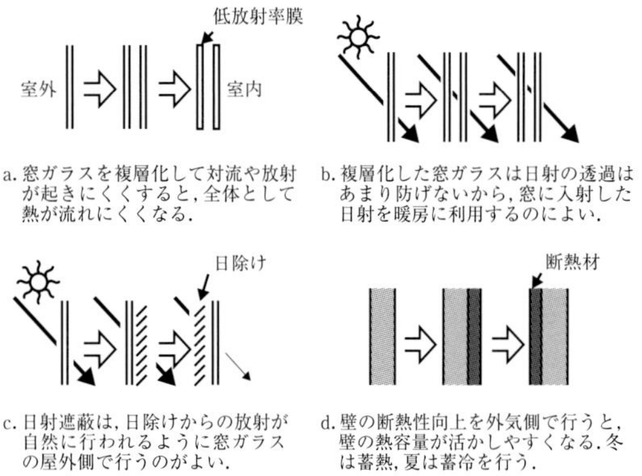

図 4.17 熱の流れを制御する方法[13]

a. 窓ガラスを複層化して対流や放射が起きにくくすると,全体として熱が流れにくくなる.
b. 複層化した窓ガラスは日射の透過はあまり防げないから,窓に入射した日射を暖房に利用するのによい.
c. 日射遮蔽は,日除けからの放射が自然に行われるように窓ガラスの屋外側で行うのがよい.
d. 壁の断熱性向上を外気側で行うと,壁の熱容量が活かしやすくなる.冬は蓄熱,夏は蓄冷を行う.

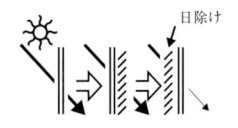

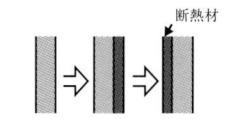

きにくいことなど,身近な対策も欠かせない.

d. 屋上緑化

屋上を緑化することで熱負荷の減少が期待できる.ただし,コストだけを考えると屋根面を断熱化するのみのほうがよい.屋上緑化は人間への癒しの効果など多様な視点から検討した上で導入を考えたい.そのほかに,建物周辺の植樹などは建物と外部の熱的緩衝空間として様々な工夫の余地がある.

4.4 オフィスビルの省エネルギーデザイン

a. オフィスビルにおける省エネルギー事情

1970年代のオイルショック前には省エネルギーという考え方はなく,一部のビルで先駆的なデザインがされていたのみであった(図 3.87 参照,図 4.18).オイルショック直後は居住環境を犠牲にしてでも省エネルギーという考えが主流になった.例えば,大林組技術研究所本館は,第2次オイルショック後の本格的な省エネルギービルで98 の省エネルギー項目を使って,エネルギー消費量を 1/4 まで縮小させた.しかし,その後の OA 機器の普及,インテリジェントビルの登場などでエネルギー大量消費に戻っている.

そして,昨今の地球環境の悪化により,ふたたび省エネルギーが注目されるようになった現在,居住環境を改善しつつ,省エネルギーという考えが着実に実行されようとしている.特徴的なのは,過去の省エネルギー手法がもっぱら設備機器にたよっていたのを,庇やバルコニー,材料の選定など建築全体での取り組み,さらには太陽光発電,自然採光・通風,雨水利用など周辺環境をも視野に入れていることである(図 4.19).

現在,オフィスビルにおいては,年間のエネルギー使用量の約 50% が冷暖房,約 30% が照明によるものとされる.とくに,労働空間の改善やパソコン使用の増加で照明コンセント電力は年々増加する傾向にある.これらのことから,冷暖房負荷の軽減ならびに照明電力の節電(インバータ化など)が,オフィスビルの省エネルギーに大きく寄与することが理解できよう.最近では従来のように全体(アンビエント)均一な冷暖房や照明から,個別(タスク)最適な考え方に変わりつつある(注6).いつもいる机まわりの照明や温熱環境は快適である必要があるが,廊下などは多少暗くても,暑くてもいいという考え方なのである.

また,エネルギーのカスケード利用(高品質から順に低品質のエネルギーとして利用すること,

図 4.18 先駆的な外気利用制御を導入した事例(大阪大林ビル,1973)

図 4.19 自然通風を導入したボイド型ビル(新宿NSビル)

注5)の観点からは，コージェネレーションを使って最初は発電用に，最終的に低温になった段階では給湯用に使うという手法が望まれる．

そして，オフィスの省エネルギーの評価基準は，省エネルギー法に示されているガイドラインによる評価が一般的でPAL（注12）やCEC（注13）などいくつかの評価項目からなる．例えば，PALにより外壁から5m以内のペリメータゾーン（注2）における1m²当りの年間熱負荷の合計が80 Mcal以下であることなどが定められている（図4.20）．最近では省エネルギーのみならずトータルな環境性能を重視する流れも出てきているのが特徴的である．

b. 建築計画によるオフィスの省エネルギー

どのような建築であっても同じであるが，とくに規模が大きいオフィスビルでは，敷地条件，建物の配置，外構計画，建物の全体計画，部屋配置，ディテールまで幅広い箇所において省エネルギーすることの効果が大きい．その中でビルの外皮の工夫により，まず機械設備への依存の割合を減らすことが求められよう．すなわち，①光環境：自然採光と人工照明の併用，②空気環境：自然換気と機械換気の併用，③熱環境：未利用熱利用と機械式冷暖房の併用という組み合わせが重要なのである．もちろん，それだけでなく構造計画，建築計画，環境計画それぞれが密接な関係をもつのはいうまでもない．

以下では，建築計画的なデザイン手法に絞って詳しくみていこう．

1) 建物の全体形状 建物の形状別に熱負荷を考えると，面積が同じであれば正方形が最良であるし，長方形だと縦横比が大きくなるほど年間の熱負荷は大きくなることが知られている．つまり，長方形の平面では，長軸方向が東西より南北の場合の方が熱負荷は小さいなど，配置・方位にも注意すべきなのである．

2) 断面形状 階高を低くすれば容積は少なくなるので熱負荷も減る．一方，長寿命を目標にした空間の転用性の確保などから最近のオフィスの階高は大きくなる傾向にある．その兼ね合いが重要となろう．また，壁面緑化や壁面やガラス面を傾けることも日射には効果ある（図4.21）．

また，全消費エネルギーの25%を占めるといわれる照明エネルギー抑制のため，機器の改良に加えて照明が不要あるいは少なくて済む採光計画も重要である．窓面からの奥行きを深く取らないデザインや，トップライト，光庭，ライトシェル（図4.22）の活用が望まれる．

換気計画としては，自然換気ができるように開閉可能な窓を設置するものや，ソーラーチムニーによる自然換気を意図したデザインがある（図4.23）．最近では，超高層ビルにおいてもコンピュータ制御による自然換気導入も試みられるようになってきた．

3) ペリメータゾーンにおける日射の遮蔽

オフィスビルでは，メンテナンスなどを考慮し

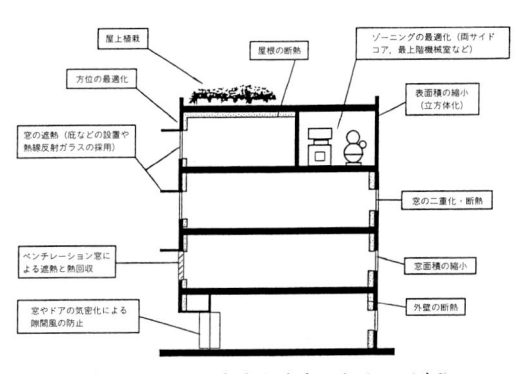

図 4.20 PALを小さくするための工夫[9]

図 4.21 緑化による熱的緩衝の例（スペイン，バルセロナ）

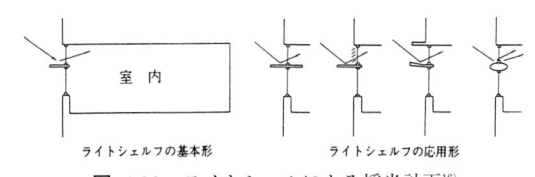

図 4.22 ライトシェルによる採光計画[16]

図 4.23 ソーラーチムニーをもつ建築（イギリスの例）[2]

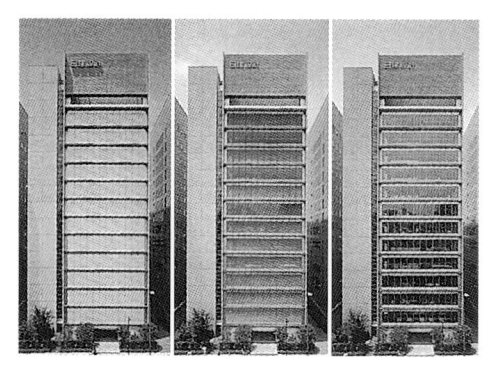

図 4.25 ファサードにおける省エネルギー対策（日建設計東京ビル）[13]

図 4.24 日射制御の例（ソフトピアジャパン，岐阜県大垣市）

てカーテンウォールの使用などで全面ガラスであることが多い．こうしたペリメータゾーン部は断熱性能が落ちるので，省エネルギー対策が最も効果的であるのは明らかであろう．

例えば，窓のある方位によって室内への日射量は変わる．特に東西面のガラス面積は抑えるようにしたい．さらに，できれば庇・バルコニーなどを取り入れることが望ましい（**図 4.24**）．ただし，暖房負荷は増えるし，採光悪化による照明量の増加というデメリットもある．また，庇が無理であっても，ルーバーやブラインドの設置も効果がある．さらに，ライトシェルの手段としての工夫もある．

なお，こうしたファサード面のデザインは，構造計画や防災計画とも密接に結びつき，ファサードエンジニアリングの観点から注目を浴びている（**図 4.25**）．

4）平面計画 いわゆるコアと呼ばれる階段室や便所，倉庫，機械室は，熱環境にあまり関係がない．したがって，それらを外壁側に配置し，熱緩衝帯（ソーラーバッファー）として利用する

図 4.26 北側採光を重視したオフィスビル（JTBビル，大阪市）
立地条件の分析により南面を大きく閉じ，北側採光を利用する平面設計は，よく考察検討され，まとまったものとなっている．

ことで，熱負荷を少なくすることができる．とくに，熱緩衝帯となる東西面にコアを配置することはよく採用されている（**図 4.26**）．

また，部屋の配置についても，冷暖房の運転時間が同じものをまとめることが省エネルギーにつながる．これは冷暖房不要な部屋と分けることで，室間の熱移動も少なくなるからである．その一方で，オフィスは昼間電力の消費は大きく深夜電力消費は少ないが，住宅はその逆であることに着目して，オフィスと集合住宅を複合化した計画も注目されつつある．

以上，様々なオフィスビルの省エネルギー手法をみてきたが，オフィスは都市空間の中で多数の人間が活動する場であるから，それを評価する軸は様々である（コスト，居住性，景観，安全など）．したがって，省エネルギーは重要視すべきもので

4.5 住宅の省エネルギーデザイン

a. 現代住宅のエネルギー消費事情

住宅におけるエネルギー消費は，①冷暖房，②給湯（炊事，風呂など），③照明などの3種類に大別される．そして，気候変化による冷暖房設備の増加，単身世帯など世帯数の増加，電化機器の大型化などにより給湯や家電製品の利用増加が増加しているために，家庭部門のエネルギー消費は一貫して増加してきている．

したがって，それぞれ個別に省エネルギー化を図ることが住宅設計に求められる（図4.27）．ただし，前節のオフィスビルと比較すれば，設備機器によるエネルギー使用量は少ないので，住宅の省エネルギーとして効果があるのは熱負荷の軽減である．つまり，夏期には通風・夜間換気や日射遮蔽などにより外部からの熱流入を抑制し，冬期には断熱・気密や蓄熱により内部からの熱流出を減らすのが一番といえる．

そうした住宅における省エネルギーは，建物周辺の対策，住宅自体の計画面や構造面での手法に加えて，当然ながら設備面，さらには生活上の手法がある．ただし，日本列島は南北に細長いので緯度差も大きい．そうした地理的特性を考慮した省エネルギーを考えないといけない．

b. 省エネルギーからみた日本と外国の住宅

日本の家屋は古くから大きな開口部をとって通風をよくする，あるいは庇を設けて夏の強い日射

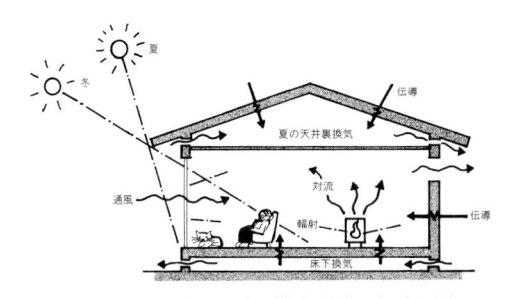

図4.27 日本における住宅設計の概念図[15]

図4.28 日本の民家（日本民家集落博物館，豊中市）

図4.29 イギリスの住宅（テラスハウス，小さな窓と厚い壁）

を遮蔽する，そしてうまく気流を起こすことができれば扇風機などなくても心地よい風が住宅内を流れる．その一方で冬の弱い日射を部屋に引き入れるというように，設備がない時代には建物に様々な工夫があったのである（図4.28）．

一方，ヨーロッパでは石や煉瓦造の家屋が多い．煉瓦造では窓は小さくなり，壁は厚くなる（図4.29）．これは，夏は涼しく過ごしやすいが，冬は大層厳しいヨーロッパの気候に合致している．組積造は蓄熱や断熱の性能が高いので暖房負荷が小さいのである．また，砂漠地方においても厚い壁の民家が多い．厚い壁は，暑さが厳しい昼間は蓄熱し，急激に温度が下がる夜にその熱を放出するという特性をもつためである．いずれにせよ，古くから気候風土に合った建築様式が採用されてきたことを今一度，確認してほしい．

c. 住宅における省エネルギー手法

住宅といっても省エネルギーの手法自体は，ほかの建築とさして変わらない．具体的には表4.4でみるように通風による自然換気や庇などによる日射遮蔽，さらには，高断熱化・高気密化によるエネルギー消費の抑制などがある．ただし，住宅

表 4.4 住宅の省エネルギー手法[1]

削減対象		省エネルギー手法
暖房エネルギー	建築的手法	躯体の断熱・気密化 開口部の断熱・気密化 窓面積の適正化 パッシブソーラー化（南面の大窓と蓄熱体の設置）
	設備的手法	太陽熱利用（空気集熱および水集熱） 換気廃熱の回収（熱交換器） 機械換気量の適正化 給湯廃熱の回収
冷房エネルギー	建築的手法	屋根・天井の断熱 窓の日射遮蔽 通風の利用（適切な通風経路） 躯体の断熱・気密化（大きな冷房負荷を削減する） 調室材利用（電力ピークカットに適する）
	設備的手法	換気廃熱の回収（熱交換器） 機械換気量の適正化 地中冷熱の利用（クールチューブなど）
給湯エネルギー		太陽熱利用，冷房などの廃熱の回収，配管の断熱と距離短縮
電力エネルギー		太陽電池，家電機器の消し忘れ防止，待機電力の少ない家電機器

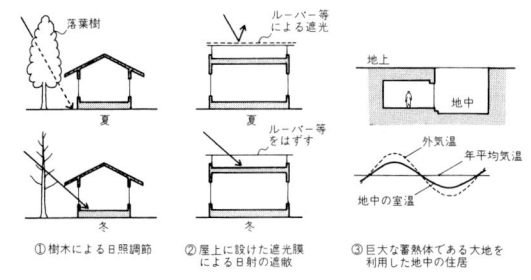

図 4.30 日照調整による省エネルギー手法の例[14]

① 樹木による日照調節　② 屋上に設けた遮光膜による日射の遮蔽　③ 巨大な蓄熱体である大地を利用した地中の住居

におけるエネルギーが使用される場所を見据えたメリハリのある計画が必要となる．また，オフィスビルとは違って，床面積当りの全体の表面積ならびに窓面積は大きいので，断熱・気密・防湿さらには窓面の配慮がより重要となる．

また，床蓄熱といって，冬場，日中の日射熱を床に蓄えて，夜間にその蓄熱を放出させて室温の低下を防ぐ手法や，天井裏の中空層内において太陽熱で空気を加温させて，暖まった空気を循環させる手法などもある．

なお，独立住宅においては，落葉樹を南側に植えると，夏は葉が茂って日射を防ぐと共に，冬は葉が落ちて日射を取り入れるということが比較的簡単に実現できる．また，屋根が平らな場合には，屋上面に日射を反射させるルーバーを楽に設置できる．さらに，外国でみられる例としては，地面に穴を掘り，地下に部屋を設ける住宅がある．地下水の水温が年中一定であるのと同じで，こうした地下住居での室内気温の変動は少ない．雨があまり降らない地方ならではの住宅であろう（図 4.30）．

d． 改修による省エネルギー化

住宅を新築する場合には，以上述べた手法をはじめから考慮すればよいが，既に建設されている住宅を省エネルギー化するにも表 4.5 に示すような様々な手法がある．とはいえ，大幅な住宅改修を省エネルギーの観点からのみ実施するのは，それこそエネルギーの浪費になる．実際には高齢者向けの改修が必要なおりに検討をすればよいだろう．

また，改修の程度が「小」とされているものであっても，省エネルギー効果が高いものもあるので，費用対効果で改修を考えたい．

e． 新しい住宅における省エネルギー手法

前述したことは旧来からの住宅設計における省エネルギーデザインの手法であるが，最近においては様々な省エネルギー手法が開発されている．

1） 太陽熱の利用―OMソーラー―　外気導入式太陽熱空気集熱床暖房システム（通称OMソーラー）は，屋根面に太陽熱の集熱器を設け，冬にはそこで集めた熱により内部空気を暖めて昼間の暖房に供する一方，床下のコンクリート蓄熱層を暖めて夜間の暖房に供するしくみで，夏にはそこで集めた熱によりお湯を沸かすことに使うというもので，いわゆるパッシブソーラーハウスの一種である．

2） 太陽光発電　住宅の屋根に太陽光パネルを載せて発電に供するデザインである．陸屋根であれば屋根面は見えないので特段の配慮は必要がないであろうが，傾斜屋根の場合には太陽光パ

表 4.5 改修による省エネルギー化[20]

改修項目		改修内容		改修の程度			改修効果		
		方法	内容	大	中	小	大	中	小
窓	ガラス	ガラスの取替え	日射反射・断熱	○			○		
	ブラインド・カーテン	ブラインド・カーテンの設置	日照調節				○	○	
	反射フィルム	日射遮蔽フィルムの貼り付け	日射反射		○		○		
	窓面積	窓面積率の低減	貫流熱の低減	○			○		
外壁・屋根	壁構成	断熱ボードの貼り付け・外断熱	断熱性の向上	○			○		
開口部	サッシ	気密サッシの採用	隙間風の防止					○	
	出入口	風除室・回転ドアの設置	ドラフトによる外気侵入防止				○		
外構	非舗装部分	芝生の植込み・樹木の適切な配置	照り返し防止, 日射遮蔽, 通風, 防風	○			○		

図 4.31 太陽光発電の屋根（PanaHome）[26]

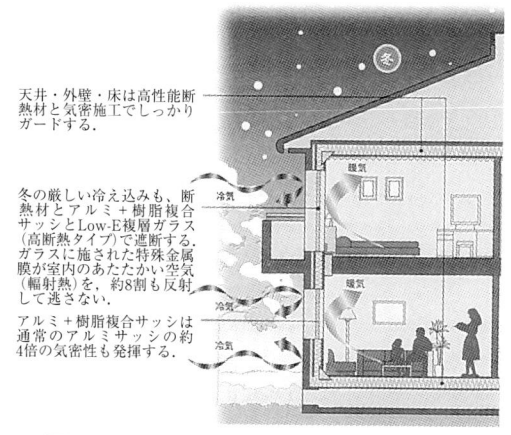

図 4.32 高気密・高断熱住宅（PanaHome）[27]

ネルが下から見えることも考慮してデザインする必要があるだろう（図 4.31）．さて，いったん太陽パネルを設置することで売電ができるようになると，家族が電力メーターを見て省エネルギーに躍起になるというような例が報告されている．このように省エネルギーの意欲も高くなることが期待されよう．ただし，コスト的にみると，補助金の削減や売電価格の低下や修理などの可能性があり，太陽発電のみで元をとるのは難しいようだ．

3） 外断熱 日本の住宅では通常，躯体の部屋側に断熱材を取り付ける「内断熱」が採用されてきた．しかし，最近では躯体の外側に断熱材を取り付ける「外断熱」が有利と主張されることが目に付く．環境工学の観点からすると，適用事例によってそうともいえない場合があるので，十分な検討を要する．例えば，ヨーロッパの集合住宅のようにバルコニーがない立方体の住宅であれば外断熱とする施工も簡単であるが，日本のようにバルコニーが張り出している場合には断熱材の施工は困難となる．

4） 高気密・高断熱住宅 高い気密性能に加えて断熱性能も高くすることで，壁面などからの熱損失を軽減することを目的とした住宅である（図 4.32）．1980 年に制定された「住宅に係るエネルギーの使用の合理化に関する建築主の判断の基

準(1999年全面改定)」により断熱・気密が求められるようになったことから生まれた住宅であるといえよう．前述した旧来の日本の住まいのあり方とは逆の発想である．

確かに省エネルギーには優れているのだが，注意しておかないといけないのは，住宅の換気を悪化させてしまうとシックハウス症候群を引き起こしてしまうことである．前述の基準改定により新しい住宅はすべて機械換気が義務づけられているが，本来は自然換気と機械換気の選択の余地を残した基準があってしかるべきと考える．

住宅は様々な実験の場でもある．環境先進国であるドイツなどでは，バイオマスによる発電を備えた住宅も多い．日本でも，木造だけでなく，アルミやスチールによるプレハブ住宅も出現している．そうした中に，これからのあるべき住宅がでてくることを期待したい．

図 **4.33** ツインビル（梅田スカイビル）

4.6 材料・空間のリサイクルによる省エネルギーデザイン

今までの節においては，建物利用時のエネルギー使用を抑制することで省エネルギーを達成しようとする流れを説明してきた．最後に建築の材料をリサイクルすることにより省資源を図り，ひいては省エネルギーに寄与する手法についてみてみよう．

a. ゼロ・エミッションとは

建設時の廃棄物を減らす施策として，ゼロ・エミッション（1995年に国連大学が提唱した概念で，廃棄物をゼロにするという意味）がある．具体的には，①なるべく少ない材料でできる建築とする，②加工の際の無駄をなくす，③不要になった材料はリサイクルすることなどが促進されなければならないとされる．

b. 表面積が少ない建築形態

なるべく少ない材料で必要な面積なり容積をもつ建築をつくろうとするならば，立方体に近いほうが表面積は少なくて済む．その逆の例として，図 **4.33** のようなツインにすると表面積が1棟にする場合より大きくなる．さらに，表面積が多いということは日射によるエネルギー対策にも配慮が必要となる．建築を設計する際は，そのデザイン性に配慮しつつ，このような形態面にも眼を向けなければならない．

c. 材料の製造・輸送時における省エネルギー

構造材としてコンクリートあるいはスチールを使うかどうかは，純粋な構造計画上の話と思われるが，材料生成に必要なエネルギーからみると，鉄よりRCが，RCより木のほうが材生成に要するエネルギーは少ないという．

また，材料の輸送エネルギーは無視できないほど大きいものがある．太古の昔から，石が採掘できれば石造，粘土が採れれば煉瓦造というように，周辺で採取できるものが主たる材料だったのである（図 **4.34**）．このように，建築物の近場で調達できる材料ならば省エネルギー効果も増すわけで，この意味でローカルな材料の重要性は大きい．

建築はもともと建てられる土地の環境と深く結びついていた．それが近代になればなるほど崩れ

図 **4.34** 古代建築（左：ピラミッド，右：コロセウム）
ピラミッドは，紀元前4500年頃の石造の建築物であるが，単純に石を積み上げた構造のため，王室など特別な部屋を除いて，内部に広い空間はない．

てきたことが問題なのである．材料の製造に要するエネルギーと輸送に要するエネルギーは，省エネルギーを考える際の重要なファクターである．

d. 材料のリサイクル

古い石造はもともと再利用されやすい．例えば，ローマのコロセウム（図 4.34（右））に使われていた石は多数，盗まれて家の建造に使われたという．わが国においても寺院などで使われている大きな断面をもつ木材はほかの建築物に再利用されている．

一方，現在の建築材料の問題の1つは，様々な材料が複合したものになっていることであろう．複合材を材料別に分離してリサイクルするのは困難であり，最悪，廃棄するほかない．逆に，民家の木材のような単一の材料は比較的転用が効く．最近においては古い民家を再生するというプロジェクトも数多く生まれている（図 4.35）．また，特殊な事例として，中古コンテナの建築としての再利用というものもある（図 4.36）．

いずれにせよ建築には，博覧会のパビリオンのような短期間のみ存在する〈仮設建築〉と，長寿命が期待される一般の建築がある．そして，仮設建築にも材料の再利用など環境への配慮が求められる時代となってきたことに留意したい．

e. 空間のリサイクル

空間のリサイクルいわゆるリニューアルは，廃棄物の減少という観点から省エネルギーに寄与する．産業廃棄物の中で，建築廃材は15.2%（重量比，平成8年，旧・厚生省発表）を占めているか

図 4.36 古いコンテナを再利用した建築（撮影：阪田弘一）
すべてコンテナ建築でできたショッピングモール入口．この通りでひときわ目を引く．

図 4.37 公共建築のリサイクル例（宇目町役場庁舎，設計：青木　茂）[31]
林業研修宿泊施設として使用されていた鉄筋コンクリート造の建物に鉄骨造のホールと大会議室が増築されている．

らである．とくに公共建築のリサイクルは，自治体の財政難もあるが，公共ということから強く求められるようになってきている．例えば，図 4.37 は，役割を終えた建物を庁舎にリサイクルしたものである．リサイクルといっても大胆に壁などを取り払っており，単なる内部の改装だけという枠を超えたものとなっている．

以上，本章では建築における省エネルギーの流れを概観した．環境問題に対して意識の高い人々にとっては，こうした対策の結果現在の生産活動や生活水準が多少低下することに対して抵抗はないと思われる．しかし，大多数の一般の人々にとっては大きな抵抗があるであろう．なぜ支払い可能な財力があるのに，わざわざ省エネルギーをしなければならないのか？という意識があるのは仕方あるまい．したがって，まず第1段階として，消費量はそのままであっても，エネルギー源の転換なり，エネルギー効率の向上といった方策が望

図 4.35 長屋の転用例（大阪市中央区）

まれよう．そのことにより環境への意識が高まれば，自ずと消費量の削減も視野にいれた意識改革が進むに違いない．

参 考 文 献

1) 日本住宅・木材技術センター編：これからの木造住宅省エネルギー・熱環境計画，丸善，1998
2) キャサリン・スレッサー著，難波和彦訳：エコテック　21世紀の建築，鹿島出版会，1999
3) 特集：エコ・デザイン，日経アーキテクチュア，No.661, 2000
4) 特集：環境―近未来に向けて今できること―，建築と社会，No.953, 2001
5) レイナー・バンハム著，堀江悟郎訳：環境としての建築―建築デザインと環境技術―，鹿島出版会，1981
6) 特集　新省エネルギー建築，建築雑誌，Vol.119, No.1517, 2004
7) 日本建築学会編：ガラスの建築学，学芸出版社，2004
8) 中嶋康孝，傘木和俊：環境建築のための太陽エネルギー利用，オーム社，1998
9) 「建築の設備」入門編集委員会編：「建築の設備」入門，彰国社，2002
10) (財) 日本建築設備・昇降機センター：建築設備検査資格者講習テキスト(下巻)平成14年度版，2002
11) 久保田滋：空気調和・衛生工学会新書　オフィスビルの省エネルギー，理工図書，1995
12) 日本建築学会編：建築の省エネルギー，彰国社，1981
13) FAÇADE ENGINEERING：建築画報特別号，Vol.39, No.6, 2003
14) 岡田光正ほか：建築計画1, 鹿島出版会，1987
15) 岡田光正ほか：新編住宅の計画学―すまいの設計を考える―，鹿島出版会，1993
16) 建築雑誌，Vol.111, No.1393, 1996
17) 葉山成三：エネルギー消費と暮らしの100年―環境適応技術としての住まい，建築雑誌，Vol.114, No.1447, 1999
18) 真鍋恒博：省エネルギー住宅の考え方，相模書房，1979
19) 木村健一編：民家の自然エネルギー技術，彰国社，1999
20) 省エネルギーハンドブック編集委員会編：住宅・建築省エネルギーハンドブック2002, (財) 建築環境・省エネルギー機構，2001
21) 日経アーキテクチュア，No.699, 2001
22) 朝倉則行：仮設建築のデザイン，鹿島出版会，1993
23) 朝日新聞，2004年4月14日
24) 小川　巖：私の視点，朝日新聞，2004年2月20日朝刊
25) 新建築，Vol.57, No.1, 1982
26) エコライフの達人たち（パンフレット）
27) パナホームテクニカルガイド（パンフレット）
28) 坂本守正ほか：環境工学(四訂版)，朝倉書店，2002
29) 松浦邦男・高橋大弐：エース建築環境工学I―日照・光・音―，朝倉書店，2001
30) 関根雅文：オフィスの光環境（自然光との共存），Re, No.142, 2004
31) 青木　茂：リファイン建築，建築資料研究社，2001

注1　Energy Service Company (ESCO) 事業：エネルギー効率の悪くなった既存建物の省エネルギーを，その建物の所有者に代わって遂行するアメリカ発の事業の総称．所有者の費用負担なしで省エネルギーを実現するというふれこみでビジネス展開がはかられている．では，ESCOの会社はどこから報酬を得るのかというと，当該建物で削減できたエネルギー代からということになっている．日本ではESCO推進協議会が中心となっている．事務所ビルや官庁舎などの業務部門に手を広げている（事例：大阪府和泉市の府立母子保健総合医療センター，新建築2003年6月号参照）．

注2　ペリメータゾーン：建物内においてその外周に近い領域のこと．この領域は外気温や日射など外部環境の影響を受けやすい．逆に，より内部の領域をインテリアゾーンと呼ぶ．

注3　ナイトパージ：夜間の外気が低気温であることを利用して，夜間に外気を取り入れて構造体に冷熱を蓄熱し，日中の冷房負荷を少なくする方法．

注4　外断熱：断熱層を構造体の屋外側に設置する断熱方法のこと．日本では，構造体の室内側に断熱層を設ける内断熱がよく用いられてきたが，それよりも外断熱のほうが断熱層の不連続が少ないことや室内環境を安定させやすいなどの特徴をもつことから，注目を浴びてきた．ただし，バルコニーなど突出物が多い建物では納まりが複雑であることなどデメリットもあるので，一概にどちらがよいとい

うことはできない.

注5　カスケード利用：エネルギーのカスケード利用とは，石油・ガスなどの1次エネルギーを燃焼させて得られる熱エネルギーを，温度の高いほうから順繰りに，その温度レベルに合わせて電気（照明・動力），次いで蒸気（冷暖房），さらに温水（給湯）といったかたちで利用することにより，エネルギーを有効利用すること.

注6　タスク・アンビエント照明：オフィス照明方式の1つであるタスク・アンビエント照明は，タスク光源（例：デスクスタンド）とアンビエント光源（ambient, 例：天井に設置する全般照明）の2種類の光源を使用する．ローパーティションと併用することが多い．

注7　ソーラーシステム：太陽からの熱や光を利用するシステムの総称．

注8　アクティブソーラーシステム：太陽集熱器などの機械設備システムの動力源として外部エネルギーを用いることにより，太陽熱の希薄さや不確実性を補おうとするシステム．反対は，パッシブソーラーシステム．

注9　コージェネレーション：ガスなど単一の燃料エネルギーから，発電機による電力とそこから出る排熱利用といった2つの有効なエネルギーを生み出す複合システム．エネルギーとして質の高い高温熱エネルギーを発電に用いて，その後，質の低下した低温熱エネルギーを給湯や冷暖房に再利用することで，80%以上の高い効率をもつ．需要ピークの時間帯が異なる業務ビル（日中がピーク）と住宅（朝夕がピーク）を組み合わせた複合施設ではより効果的．

注10　熱負荷：室内の温度あるいは湿度をある一定値に保つために供給あるいは除去する必要な熱量のこと．供給すべき熱量を暖房負荷，除去すべき熱量を冷房負荷と分けることもある．

注11　パッシブデザイン：機械的な設備や装置を使うことなく，建物自体の性能によって熱・空気・光を活用あるいは制御することで，快適な室内環境を維持しようとする設計手法のこと．ISO 14001環境マネジメントシステム．

注12　PAL（年間熱負荷係数）：建物外周部の断熱性能を評価する指標である．窓際部分（ペリメータゾーン）の年間熱負荷をペリメータゾーンの床面積で除した数値．建築の計画面における省エネルギー指標値．

注13　CEC（設備システムエネルギー消費係数）：空調や換気設備，照明機器，エレベータなどの昇降機といった設備に関わる省エネルギーを評価する指標．それぞれ対象となる設備の年間のエネルギー消費量を，法で設定した基準的な設備を設置すると仮定したときの年間エネルギーの想定消費量で除した数値．建築の設備設計面における省エネルギー指標値．

注14　バイオマス：生物資源という意味で使われることが多い．特に，木材の中で使われない物を再生したり，燃料として用いる木質バイオマスが注目されている．

5

環境と共に生きる建築のデザイン

　アメリカ，ニューメキシコ州を本拠とする建築家マイケル・レイノルズの提案によるアースシップは，電気，ガス，上下水道を完全に自給自足し，空缶と古タイヤを廃物利用したリサイクルハウスで，自力で航行する船に譬えて名付けられた．
　半地下に埋まった建物の壁面は，古タイヤを土砂でつき固め積み上げたもので，南面する窓の角度は夏場の温度上昇を防ぐため緯度により計算され決定されるパッシブ・ソーラーハウスである．
　アメリカでは既に 200 戸以上が自力建設されている．

5.1 環境共生と建築のデザイン

5.1.1 環境共生とは
a. 歴史

「環境共生」という言葉は，環境破壊が地球規模で問題となって以後目にするようになってきたが，自然環境と人間との共生自体は，はるか昔から行われてきたといえる．人類が誕生したとき，「共生」というよりは人類自体が自然の一部であり，狩猟時代の移動生活以前はその傾向が顕著であったであろう．しかし，集団生活が始まり移動が困難になり，生活場所を固定するようになったとき，自然から分離してしまい，「自然の一部」であった時代から「自然と共生」する時代へと移行していった．定住するということは，年間を通して，快適に居住できる環境を整えなければならないということである．暑い地域は暑さをしのぐため，寒い地方では寒さをしのぐためなど，過酷な自然環境から身を守るための固定された建築が必要とされ，その土地特有の建築が発展していった．その発展した建築が，ヴァナキュラー（vernacular＝風土的な）建築と呼ばれている各地域の気候・風土・文化などにあった建築であり，環境共生建築の原初である（図5.1，5.2）．

しかし，日本では戦後の高度成長期を経て，長期にわたり自然環境を優先しない気風が浸透しており，「環境保全」の観点は忘れられていた．そして，環境問題が目に見えるほど深刻化してようやく，エネルギー問題，地球温暖化，森林破壊，オゾン層の破壊，ゴミ問題，水質問題など，様々な環境問題が大きく取り上げられ，大量消費社会に対する見直しが迫られている．具体的には，以下の表5.1の流れとなっている．このように，環境に対する配慮を行うことを建築の前提条件として考えることの重要性が高まってきている（図5.4）．

b. 環境共生建築の定義

「環境」とは地球・都市・地域・周辺・建築の全体であり，自然環境と社会環境の両方を含んだ周辺の状態であり，「共生」とは本来的な生態学的な

図 5.1 京都の町屋(左：秦家外観，右：坪庭，撮影：高木恭子)

図 5.2 タイ（ウタイ・タニ）の水上住宅

表 5.1 日本における環境共生に対する社会の流れ

1990年：   「地球温暖化防止行動計画」が内閣の関係閣僚会議で採択
1990年12月：   建設省住宅局で「環境共生住宅研究会」が組織
1992年：   地球サミットにおいて，地球温暖化問題は現在の人類の生活と将来の生存に直接関わる深刻な問題であるとの認識が共有され，「気候変動枠組条約」が締結
1993年：   環境共生住宅市街地モデル事業が創設され，適用地区が相次いで開発
1994年：   民間の「環境共生住宅推進会議」が組織
1997年：   京都で開催された「第3回気候変動枠組条約締約国会議」において，先進国全体の2008年〜2012年の5年間の温暖化ガス平均排出量を1990年の5%減，日本の削減率は6%と目標が定められる
1997年6月：   「環境共生住宅推進会議」が改組され，「環境共生住宅推進協議会」となる
1997年11月：   「環境共生住宅推進協議会」による「環境共生住宅」宣言（図5.3）
1997年12月：   「地球温暖化対策推進本部」を設置
1998年6月：   「地球温暖化対策推進大綱」を取りまとめる
1999年：   「(財)建築環境・省エネルギー機構」による「環境共生住宅認定制度」が開始
2000年6月：   建築関連5団体による「地球環境・建築憲章」が宣言（図5.4）

5.1 環境共生と建築のデザイン

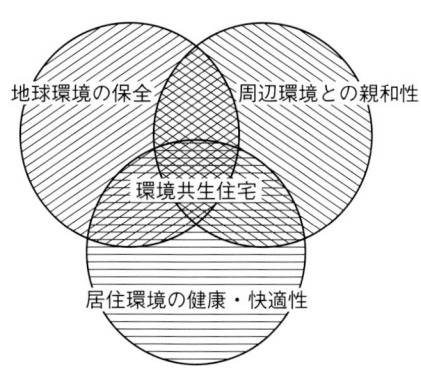

図 5.3 環境共生の基本テーマ

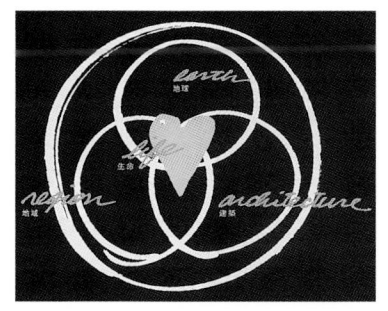

図 5.4 地球環境・建築憲章[1]
日本建築学会，日本建築士会連合会，日本建築士事務所協会連合会，日本建築家協会，建築業協会の五社団法人の起草により，地球環境問題と建築の関わりの認識に基づき，制定されたもの．次の5つのような建築の創造に取り組むことを宣言している．
①長寿命，②自然共生，③省エネルギー，④省資源・循環，⑤継承．

意味ではなく，共に同じ所で住み，生きていくことである．したがって，「環境共生」とは自然環境と社会環境を含む地球・都市・地域・周辺・建築の全体と共に住み，生きていくことであり，環境共生の具体的な手法である「環境共生手法」とは，環境共生の基本テーマに対して具体的に行っている工夫，および工夫であるとうたっているものである．

「環境共生建築」とは上記の環境共生手法を採用している建築のことである．環境共生建築は様々な用途の建築があるが，住宅・集合住宅で採用されている例が多い．

「環境共生の基本テーマ」は**図 5.3**に示される3つに大別され，重なり合う部分も多い．「地球環境の保全」，「周辺環境との親和性」，「居住環境の健康・快適性」は，それぞれ環境共生住宅が目指すべき事項をあげているが，具体的な手法は確立されていない．また，何をどの程度配慮していれば「環境共生」であるのかは定義されてはいない．

具体的な環境共生手法の分類を整理したものが**表 5.2**である．各手法は，**図 5.3**の環境共生の基本テーマにほぼ当てはまるが，複数のテーマにまたがる手法やまったく当てはまらない手法もある．手法名も設計者により命名され，より分類がしにくくなっているのが現状である．

以下，**表 5.2**の分類に沿って，「地球環境の保全」，「周辺環境との親和性」，「居住環境の健康・快適性」，「支援システム」の各手法の説明を行うが，事例は1つの手法のみを採用することは少なく，複数の手法を採用している．そのため実際に

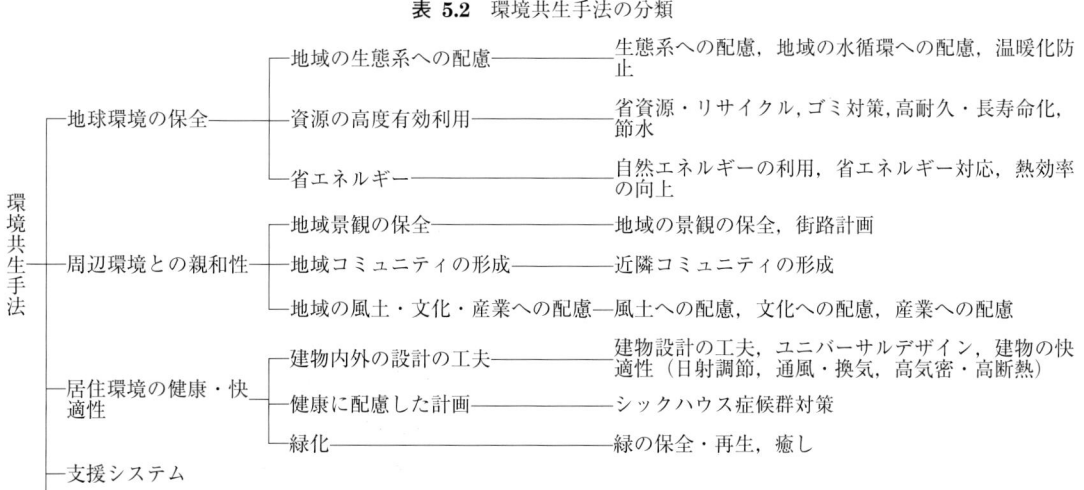

表 5.2 環境共生手法の分類

環境共生手法		
地球環境の保全	地域の生態系への配慮	生態系への配慮，地域の水循環への配慮，温暖化防止
	資源の高度有効利用	省資源・リサイクル，ゴミ対策，高耐久・長寿命化，節水
	省エネルギー	自然エネルギーの利用，省エネルギー対応，熱効率の向上
周辺環境との親和性	地域景観の保全	地域の景観の保全，街路計画
	地域コミュニティの形成	近隣コミュニティの形成
	地域の風土・文化・産業への配慮	風土への配慮，文化への配慮，産業への配慮
居住環境の健康・快適性	建物内外の設計の工夫	建物設計の工夫，ユニバーサルデザイン，建物の快適性（日射調節，通風・換気，高気密・高断熱）
	健康に配慮した計画	シックハウス症候群対策
	緑化	緑の保全・再生，癒し
支援システム		
そのほか		

5.1.2 地球環境の保全
a. 地域の生態系への配慮

都市部においては，開発により緑地・土・水辺が不足しており，生態系が大きく変化している．その変化をできる限り少なくし，地域の動植物・昆虫，水環境に配慮した手法が地域の生態系への配慮である．

1) 生態系への配慮 都市部において居住空間が減少している地域の動植物・昆虫に配慮した手法が生態系への配慮であり，その空間はビオトープと表現されることが多い．ビオトープとは多様な生物の安定した生息空間であるとされ，環境共生の手法としては比較的目に見える手法である（図5.5）．そのほか，住まいづくりの場に野鳥と共生できる空間をしつらえる，健全な水循環を損なわず，多様な生物の育成環境を整備・保全し，水質と景観を向上させる手法などもこれに含

図 5.5 ビオトープ（深沢環境共生住宅，撮影：鷲尾真弓）

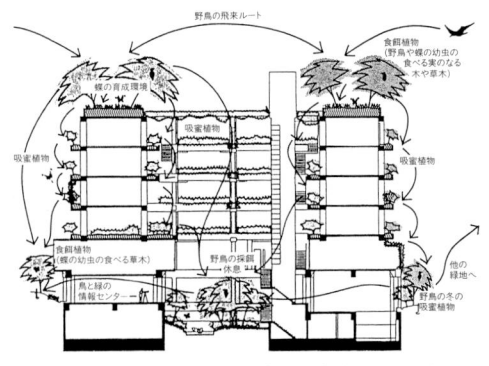

図 5.6 野鳥と緑の環境構造概念（NEXT 21）[2]

図 5.7 透水性舗装（左：マ・テール穴生，右：深沢環境共生住宅，撮影：鷲尾真弓）

まれる（図5.6）．建物単体だけでなく，地域や小学校などにおいても運営・管理されており，環境教育の場としても機能している．

2) 地域の水循環への配慮 雨水を地下に浸透させること，生活廃水を浄化することなどにより，地域の水循環を極力変化させない手法である．

① 透水性舗装：排水性舗装と違い，雨水を地下に浸透させることにより，舗装前の地域の水循環を極力変化させない手法である．雨水浸透性に優れた多孔質な材料や工法により舗装を行う．透水性にするだけでなく，プラスチックブロックの隙間に芝生を張り，保水性にも優れたものもあり，ヒートアイランド現象の緩和にも効果がある（図5.7）．

② 汚水の処理：台所・風呂・トイレの排水処理システム，高性能合併浄化槽など，設備機器により汚水の処理を行う手法から，無リン洗剤の使用，排水の再利用などによる汚水の量を減少させる手法まで，様々な手法がある．機器にたよるだけでなく，ライフスタイルを変化させることによって，行える手法でもある．

3) 温暖化防止 世界的に温暖化が問題となっており，異常気象を引き起こす原因ともなっている．とくに都市部においては，深刻なヒート

図 5.8 壁面緑化（倉敷アイビースクエア）[3]

図 5.9 屋上緑化（アクロス福岡，左：全景，右：近景）

図 5.10 緑化ネット（河内長野環境共生住宅，左：バルコニー側，右：廊下側，撮影：鷲尾真弓）

図 5.11 リサイクル可能な建材（紙）の使用（ハノーヴァー国際博覧会日本館，左：内観，右：外観，撮影：林志穂）

アイランド現象が起きており，その防止を建築分野において対策した手法が最重要課題となっている．

① 建物緑化：建物自体に行われる各種の緑化である．その方法の代表例として「壁面緑化（図5.8）」，「屋上緑化（図5.9）」などがあげられる．これらの「緑化」は，夏期には葉が茂り日射を遮蔽し建物の熱負荷を下げ，冬期には葉が落ち日射を取り入れることにより，設備などにたよらない自然のサイクルを使った省エネルギーを図る有効な手段として用いられていることが多い（図5.10）．

② 冷房エネルギーの削減：夏場の冷房の使用を抑えることは，都市部のヒートアイランド現象を防止する有効な手段の1つである．冬場の雪を貯蔵すること，地上と地下の温度差の利用，通風をよくすることなどにより，涼しい風を取り込むことで夏場の冷房の使用を抑える手法である．

b. 資源の高度有効利用

使い捨ての時代はとうに過ぎ，地球規模的なリサイクルが必要になってきている．リサイクルにも様々あるが，ここでは建材・資材，ゴミ，水について述べる．

1) 省資源・リサイクル リサイクル資材・建材は，建設時に廃棄物として出るべきものをほかのものに転用する手法である．建築の建材が使い捨てられることによって資源の無駄遣いが行われることを防ぐこと，前建築の思い出を現建築に反映させていくことなどにより行われる．とくに仮設建築物の建設において重要な手法である（**図5.11**）．

2) ゴミ対策 生活に一番密着している環境共生といえるのが，ゴミの問題である．ゴミの問題と一口にいっても，建設時に出る大量の廃棄物から日々の生活から出る生ゴミまで，その対処方法は多種多様である．

まず，建設時に出る廃棄物の対策としては，建設時に施工方法や構法を合理化することで，建設残土や建設廃棄物の発生量を削減する「建設残土減量法」がある．また，廃棄しても安全な材料を使うことにより，廃棄時の汚染などを防ぐ「廃棄時の安全確保」も必要である．

次に，生活していく上で出るゴミの対策としては，ゴミの分別をすることによってリサイクルを可能にする「ゴミの分別化とリサイクルの推進」，ゴミをコンポスターで処理することにより，減量化を図り，堆肥などにして緑化に利用する「コン

図 5.12 コンポスター（左：家庭用，右：共用，撮影：鷲尾真弓）

ポスターによるゴミの減量化」などがあげられる（**図5.12**）．

3）高耐久・長寿命化　建築自体の寿命を延ばすことにより，廃棄物の削減を図る手法である．材料や躯体の強度を増すなどのハード面，用途の変更可能な計画やメンテナンス・管理の簡易化などのソフト面の対策がある．スケルトンインフィル，オープンビルディング，リノベーション，コンバージョンなどは，その解決方法の１つである．

4）節　水　環境共生の具体的な手法としては，雨水を敷地内で貯留し，散水や修景用に活用する「雨水利用」，一度使用された水を浄化することによって再び使用することで，水資源を安定して確保する手段として有効な「排水の再利用」，既存の井戸をそのまま景観用と散水などに利用する「井戸水の利用」などがある（**図5.13**）．

c．省エネルギー

石油系エネルギーの枯渇，廃棄物・オゾン・二酸化炭素などの発生に対する対策として，未利用エネルギーの利用，新エネルギーの開発，エネルギーの循環，省エネルギーなどの手法がある．

自然エネルギーとは，太陽光・熱，河川水，海水，風などこれまで利用されなかった自然エネルギーを利用することである．具体的には，太陽電池を屋根面などに設置し，エネルギーを直接電気エネルギーに変換するシステム「太陽光発電・太陽光利用」，太陽熱を給湯などに利用するシステム「太陽熱」，風車の動力を池やせせらぎの循環に用いたり，機械的に利用したり，発電用に利用する

図 5.13　水の再利用（左：雨水貯留ポンプ，右：井戸，撮影：鷲尾真弓）

図 5.14　風力発電と太陽熱発電(左：河内長野環境共生住宅，右：深沢環境共生住宅，撮影：鷲尾真弓)

図 5.15　マウンド建築（河内長野環境共生住宅，撮影：鷲尾真弓）

「風力発電・風力利用」などがある（**図5.14**）．そのほか，採光と自然換気など，設備機器を使用せず，計画を工夫することにより自然エネルギーを利用する手法もある（**図5.15**）．

5.1.3　周辺環境との親和性
a．地域景観の保全

地域景観の保全は，町並み保存やまちづくりなどで環境共生とは違う次元で討論されることが多い．しかし，まちの景観や周辺環境との調和なども，建築物単体のミクロな環境共生ではなく，地域規模の環境共生であるといえる．具体的には，建築物により地域の景観を変化させない，変化を最小限にする，建設前よりも周辺環境をよくするなどの手法である．

1）景観の保全　日本においては，城下町・宿場町・門前町などの江戸時代以前のもの，明治・大正・昭和初期の港町や洋館などの歴史を感じさせる町並みを保存する手法，ニュータウンなど，同一の規定のもとに町並みに沿った建築以外を規制する手法などがある（**図5.17**）．

ヨーロッパなどの海外では，町や村単位で統一された町並みを形成する例も多い（**図5.16**）．

図 5.16 ヨーロッパの町並み(左：アッシジの広場，右：シエナ・カンポ広場の鳥瞰)

図 5.17 日本の町並み（妻籠）[4]

図 5.18 街路計画(左：歩車分離の動線計画，右：里山との緑地の連結)

図 5.19 コミュニケーションの場(左：菜園スペース，右：菜園に集まる高齢者，撮影：鷲尾真弓)

図 5.20 コミュニティの形成(左：居住者による緑地の清掃，右：ビオトープで遊ぶ子供，撮影：鷲尾真弓)

2) 街路計画 歩車分離の動線計画を行い，歩行者の安全を確保する，隣接する公園・里山などの緑地をつなぐ・引き込むといった地域の動線計画，周辺の緑とのネットワークなどを考慮した手法である（図 5.18）．

b. 地域コミュニティの形成

共用空間は居住者どうしのコミュニケーションを行う場としても，また，周辺住民との交流の場としても成立できる空間である（図 5.19）．

空中歩廊，アルコーブなど，路地的空間を集合住宅で採用することによって住戸間の交流の支援を，外部共有空間に住民が好きな植物を育てられる菜園スペースを，敷地内に多自然型親水空間をつくることによって公開空地，児童公園，菜園などの共用施設の充実を図ることなどが，その有効的な手段とされている．また，居住者と地域社会の住民が交流できる機会や雰囲気をつくるような開放型の空間構成を行う，多目的ホールなどの地域に開かれた施設を設置する，地域在宅サービスセンターなどの地域支援システムを設置することなども地域コミュニティの形成に有効な手法である（図 5.20）．

c. 地域の風土・文化・産業への配慮

都市部のように画一化された計画でなく，その土地に根ざした風土・文化・産業を活かした計画が，建築の周辺地域の風土・文化・産業に配慮した手法である．ニューカレドニア島のヌメアに1998年に完成した，カナク族の文化や伝統を伝えるための文化センターである「ジャン・マリー・チバウ文化センター」は，「カーズ」(カナク族の伝統的住居) に似た10のブロックから構成される．カーズの曲面は自然換気を効率よく行うための風の誘導装置．カーズの外装には熱帯の巨木イロークーを使用しているほか，木材や樹皮など自然の材料を積極的に使用している（巻頭のイラスト参照）．

1) 風土への配慮 地球上各地域において気候・風土は様々である．元来，建築はその土地の気候・風土に密接し，適合していたが，技術が進歩した結果，空調設備などによりどこでも快適な温度・湿度に調節できるようになった．しかし，地域の環境に適合した建築のほうがエネルギーの消費が減少し，環境負荷が少ないことから，気候・風土に配慮した計画が見直されるようになった．太陽光や自然風に考慮した手法のほか，多雪や台風などの風土を考慮した手法が風土に配慮

図 5.21 風土への配慮（名護市役所，左：外観，右：パーゴラによる日陰）

した手法である（図5.21）．

2）文化への配慮 地域の歴史・文化を積極的に，建築に取り入れる手法である．地域の景観の保全とも密接に関係している場合が多い．周辺の風景になじんだ建築形態，町並みの統一，伝統的住宅手法をデザインとして取り入れる，周辺緑地との調和（周辺潜在自然植生による植栽，既存緑の保存・再生）などが，文化に配慮した手法である．

3）産業への配慮 地域の産業を振興するために，地場産の建材・資材を使用する手法である．地場産であるため豊富であること，経済的であること，地域の気候・風土に合っていることなどもこの手法が採用される理由である．また，地場産の建材・資材を使用することにより，地域の景観や色彩に溶け込むことが容易であり，景観の保全の一助にもなっている．

5.1.4 居住環境の健康・快適性

ここでは，主に住宅の居住環境の健康・快適性について述べるが，ほかの建築の室内環境にも適用できる手法もある．

a. 建物内外の設計の工夫

様々なライフスタイルに対応した手法があるが，ここではとくに必要不可欠な手法を取り上げる．

1）ユニバーサルデザイン 高齢化が進み，高齢者のみの世帯も増えてきている．そのことからも，高齢者・障害者へ配慮したバリアフリー，年齢・性別・能力や障害の有無に関係なく，世の中すべての人に公平で自由度の高い安全な生活環境をもたらすユニバーサルデザインなどが必要とされている．建物設計時に工夫を行い，住み手の年齢や身体能力に関わらず，事故を未然に防ぐ観点から材料などを選択すること，居住者のライフスタイルの変化によって，変更可能なゆとりのある計画が必要である．

2）建物の快適性 過ごす時間が長くなることの多い住宅は，ほかの建築物に比べて，より一層の快適性が求められる空間ともいえるであろう．

快適な室内環境として，採光・通風に配慮し，夏に風通しをよくし，冬に室内に長く日が当たるように考えられた室内を計画している．具体的な環境共生の手法としては，住宅（住棟）の接外気性を高めるために設ける外部の吹き抜け空間，雁行配置など，採光・通風・換気に効果がある手法がある．

b. 健康に配慮した計画

シックビルディング・シックハウス症候群の原因とされる有害物質を使用した建材が問題視され，最低限居住できるだけの空間から，安全性も最低限保証されるべきであるという考え方に変化してきた．有害物質を排除した環境・健康配慮型建材を使用することや，原因物質を使用した場合に，入居前に強制的に揮発させるベークアウト，有害物質を最初から含まない自然素材の使用などがその対応策とされている．

居住環境の安全性と同様に衛生・健康性も最低限保証されるべきことだが，これは建築単体の問題だけでなく，生活習慣なども関連してくることから，実際の使用者の環境に対する考え方が影響してくる問題である．内外の温度差を顕在化させず，断熱・気密性を高め，湿気の発生源をコントロールし，通風換気を十分に行うことが結露防止に，原因物質を使わないことと計画的な換気が室内空気汚染の防止につながる．また，ノンフロン，低オゾンの環境・健康配慮型機器を使用することなどが，日々の生活から環境に配慮した衛生的・健康性な生活への第一歩といえるであろう．

c. 緑化

緑化という言葉にも様々な定義があり，都市計

画レベルでの緑化から，個人が行う鉢植えレベルの緑化まであるが，基本的には人的労力を加えなければ存在しない緑のことであるといえる．

ここでは，地域の生態系への配慮，温暖化防止，省エネルギーなどのためでなく，居住環境の観点からみた緑化を対象とし，個人や周辺の住民が居住環境を良好にすること，楽しむことを主な目的としたものを取り上げる．

1） 緑の保全・再生 新たな植栽計画による緑の創出ではなく，建設・建替え前の既存木・草花が保存・移植し，過去の記憶・思い出を残すこと，防風林・防砂林など実際の良好な居住性を確保することを目的とした緑空間の創出が，緑の保全・再生の手法である．とくに建替えの場合，過去の記憶・思い出を残しておきたいという居住者の希望から緑が保存される場合が多く，このような精神面からの環境共生へのアプローチから生まれた建築デザインもある．この緑の保全・再生により，良好な居住環境だけでなく，その土地・地域に対する愛着も生まれる可能性が高く，精神面への影響の大きな手法である．

2） 癒 し 緑化を行うこと，緑化を観賞することは，癒しの効果があり，目にもよいといわれる．観光においても庭の緑や花を観賞する場所が多く，都市や建築の憩いの場には公園を筆頭に緑が置かれることが多い．その表出の仕方は，内部から観賞するためのもの，外部から観賞されるためのものと両方の機能をもっている．

また，緑化を媒体に心を癒す園芸療法，コミュニケーションなどが高齢者の生活に有用であるともいわれており，緑化を行いやすい居住環境も考えられるべきである．

5.1.5 支援システム

支援システムは，国・地方自治体などの行政，供給主体，市民団体，個人など，様々な規模のものがある．また，種類も補助制度などの支援から環境共生の知識を得るための学習支援まで幅広い．ここでは，基本的な補助制度，認定・評定・顕彰制度，学習システムを取り上げる．

a． 補 助 制 度

環境共生住宅の建設を進めるため，国土交通省では「環境共生住宅市街地モデル事業」が，また戸建住宅を建てる場合に環境共生技術を取り入れるために，住宅金融公庫による融資の優遇措置が用意され，様々な公的支援の制度がとられている．

1） 環境共生住宅市街地モデル事業 国土交通省住宅局住宅生産課により，地球の温暖化防止，資源の有効利用，自然環境の保全などを十分考えた施設の整備を促進するため，国がモデル性の高い住宅市街地を整備する地方公共団体，都市基盤整備公団および地域振興整備公団と，地方住宅供給公社および民間事業者に補助する地方公共団体に対して必要な助成を行っており，平成5年度から実施されている．

事業地区内に計画される住宅の戸数がおおむね50戸以上で，環境との共生を図ったモデル性の高い市街地の整備が一体的かつ総合的に行われる一団の土地区域で実施される，調査設計計画（事業の対象地域の気温分布，風向き，地下水脈の状況や動植物の生息状況などの調査，環境共生住宅市街地の設計）および環境共生施設設備（透水性舗装，雨水浸透施設，屋上緑化施設，緑化公開空地，緑化人工地盤，コンポストなどのゴミ処理システム，雨水および中水道などの水有効利用システ

図 **5.22** ビオトープによる学習（尼崎市立七松小学校，上左：岸と川底の石積み作業，上右：池の横の田んぼ，下：ビオトープで遊ぶ子供）

図 5.23 花と緑の育成による学習システム
希望する住民が，敷地内に設けられた花畑，温室などで，地方自治体から提供される苗木や種（「花と緑の協定」による支給制度を利用）を育て，育った草花を沿道や団地内の花壇，バルコニーのプランターなどに植えていくもの．住民参加型の組織を主体として，住民・子供達が土と触れ合い，植栽の管理などの居住者による自主的な運営と共同作業を通して，地域コミュニティが形成されるように援助している．アドバイザーによる講習やイベントも行われている．（アーバニア志賀公園，上段：専任のアドバイザーがいるクラブハウス，中段左：温室と花畑，中段右：花畑，下段左：沿道の花壇，下段右：敷地南側の1階住戸の緑と花の育成）

などの整備）に要する費用が補助の対象となる．

2）住宅金融公庫の融資 住宅金融公庫により，175 m² 以下で耐久性などの一定の性能をもち，省エネルギーに配慮した住宅を建てる場合，基準金利で融資が受けられる．また，環境共生住宅の実現に向けて住宅の機能を向上させる特定の工事を行った場合，基本融資に加えて割増融資が受けられる．工事の種類によって融資額が異なる．

b．認定・評定・顕彰制度

（財）建築環境・省エネルギー機構においては，これまでの研究成果を踏まえた環境共生住宅の基準を定め・公表し，誰もが環境共生住宅のイメージを同じように描くことができるようにすると共に，認定することにより環境共生住宅の普及を図ることを目的とし，1999年から環境共生住宅の認定・評定・表彰制度を設けた．

1）認定制度 必須要件と提案類型の2段階で構成されており，必須要件は環境共生住宅をうたう住宅として最低満足して欲しいレベルの仕様，提案類型は限定的な基準を設けず自由に発想した環境共生に資する技術や設計の工夫の提案を求めている．また，相応の効果が推測される工夫に対しては，積極的に評価することとしている．

環境共生住宅の認定は，「システム供給型」，「個別供給型」，「団地供給型」の3つに分かれている．2004年12月現在，「システム供給型」が49住宅，「個別供給型」が15住宅，「団地供給型」が11住宅となっている．

2）評定 断熱性能・気密性能・次世代省エネルギー基準適合住宅などに関する評定（新たに開発された材料や工法などについて，住宅の省エネルギー基準に定める性能と同等の性能を有するか否かの評定），熱負荷計算法の開発とプログラムの評定（住宅の熱負荷計算のためのシミュレーションプログラムの開発と一般に開発された計算ソフトの評定），省エネルギー計算プログラムの評定（建築物の設計計画，省エネルギー計画書の作成などに利用する，各種省エネルギー計算プログラムの評定），環境エネルギー優良建築物の評定（室内環境水準を確保し，一定水準以上の省エネルギー性能を有するか否かの評定を行い，一定水準以上の建築物にマークを交付）の4つの評定を行っている．

3）顕彰 環境負荷低減，省エネルギーに優れた性能をもつ建築物の事務所ビル，商業・サービスビルおよびそのほかビルの3部門別と住宅に，国土交通大臣賞，当財団理事長賞として顕彰し，その技術などの普及・促進を図っている．建築物は奇数年度，住宅は偶数年度にそれぞれ顕彰が行われている．

c．学習システム

「地球環境の保全」，「周辺環境との親和性」，「居住環境の健康・快適性」の3つをバランスよく考

えることが，環境と共生する場合，必要なことである．そのため，住み手の共生的住まい方の支援を行い，居住者自身が環境と共生することを考え，学習し，実践していくことが効果的である．

ビオトープがみえる環境共生学習室，住民参加型の管理システムなど，学びつつ環境共生に参加することが環境に配慮した生活の推進に有効な手法である．小学校などでは，ビオトープをつくるところから始め，その場で生物・植物を育成し観察することにより，より身近な学習の場としている．また，集合住宅においては，「花と緑の協定」による支給制度を利用して，共同で苗木や種を育てることにより，緑の管理・運営を学習している．

参 考 文 献

1) 地球環境・建築憲章パンフレット
2) 建築と社会，No.905，1997
3) (財)都市緑化技術開発機構：特殊空間緑化シリーズ2　新・緑空間デザイン技術マニュアル，誠文堂新光社，1996
4) みわ明：日本の町並み探険，昭文社，1995

5.2 建築の非顕在化のためのデザイン手法

a. 生物にみる非顕在化

ある種の生物は，体型や体色を周辺環境に合わせることで外敵の視覚的認知を妨げている．このような行動を擬態と呼んでいる．擬態は，さらに隠蔽的擬態と標識的擬態に大別することができる（図 5.24）．

隠蔽的擬態には，餌となる生物が天敵にみつからないようにするためのもの（カムフラージュ，camouflage）と，強者である捕食者が餌となる生物に気付かれないようにするためのものがある．一方，標識的擬態は，ハチのように武器をもっていたり，まずくて捕食の対象とならない生物の姿に似せたりすることで，相手の目をごまかそうとするものである．姿は見せているが，いわば変装することで気付かれないようにしている点が，隠蔽的擬態との決定的な違いである．

b. デザインの非顕在化における擬態の応用

生物の擬態の考え方は，建築や都市のデザインにも応用可能であり，また実際に多くの事例が存在する．建築のファサード，形態，屋根形状，材料，色彩などを周辺の自然景観や街並み景観に同化させることで存在を目立たなくする手法は，隠蔽的擬態そのものである（図 5.25）．また，防火扉，屋内消火栓ボックス，設備点検口などの開口部の表面を周囲のデザインと同じ材料・色彩・ディテールとすることで存在を気付かれないようにするのも，隠蔽的擬態の典型例である（図 5.26）．また，生物には例がないが，表面仕上げを鏡や鏡

図 5.25 歴史的街並みとの同化による存在の消去
右端が五十鈴川郵便局（伊勢おはらい町，三重県伊勢市）

塀と一体化した出入口（大原家住宅，倉敷市） 　　床と同化させた床下点検口（ビッグ・アイ，大阪府堺市）

図 5.26 目立たないようにした開口部

隠蔽的擬態（ランに似たハナカマキリ）　　標識的擬態（左がテントウムシ，右がゴキブリ）

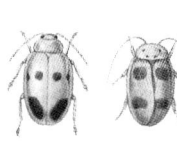

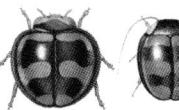

図 5.24 生物にみられる擬態[1]

面仕上げのステンレスにすることで周囲の景色を映り込み，そのものの存在を目立たなくする方法もある．

標識的擬態の応用としては，清掃工場，葬祭場，パチンコ店などの，いわゆる迷惑施設の「らしさ」を意図的に排除することで，近隣の反対を和らげようとする試みがあげられる．東京都臨海副都心清掃工場（図 5.27）は，標識的擬態の典型的な事例であり，外観を文化ホールのような形態と仕上げとし，また煙突に時計を取り付けて時計台とすることで，清掃工場らしさを消している．

c. 存在自体の消去

1) 地下埋没化　非顕在化の手法としては最も効果が大きいのは，構築物自体を地下に埋没させることである（図 5.28）．建設費（イニシャルコスト）が高くつくことが難点であるが，国立公園内，風致地区内，神社仏閣の境内など，周辺環境への配慮がとくに強く求められる場合のよう

図 5.27 東京都臨海副都心清掃工場（基本デザイン：長倉康彦，小林克弘＋デザインスタジオ，1994）

図 5.29 ガラスによる透明感の高い空間の実現（オアシス21，名古屋市，設計：大林組）

図 5.28 地下に埋没させた建築（真宗大谷派（東本願寺）参拝接待所，京都市，設計：KAJIMA DESIGN）

図 5.30 強化ガラスによる階段の手摺り壁（豊田市美術館，豊田市，設計：谷口吉生）

に，コストだけでは計れない場合の切り札的手法として用いられることがある．なお，設計の工夫次第では，光熱費やメンテナンスコストが大幅に減少し，ライフサイクルコストでみると，必ずしも不利にはならない．

2）透明化 視覚的な存在を消す材料としての魅力と耐候性を兼ね備えているガラスは，割れやすいという欠点があるものの，今のところほかに代わる材料がないことから，外壁，内壁，扉，窓，屋根，天井などによく用いられてきた．最近では，ガラスを支持する枠や金物類などを極力目立たないようにデザインし，ガラスの透明性を最大限に生かすことで，より透明感の高い空間が実現している（**図5.29**）．また強化ガラスを用いれば，ガラスだけで自立する透明感の高い扉や手摺り壁も可能である（**図5.30**）．

ただし，ガラスは透明であってこそ，その美しさが際立つものである．直接風雨に晒されるガラス面は，その上の壁面やサッシュ枠の継ぎ目からの雨だれ，シーリング材の成分，落ち葉や塵埃な

どにより汚れやすいので，ガラスを多用する場合は，設計段階から清掃方法とメンテナンス費用を考慮しておく必要がある．

d. 消してよいもの・いけないもの

1）同化による消去の危険性 本来，存在が知られていなければならないものがデザイン的に消されることで，安全上の問題が生じることがある．扉のデザインを周囲の壁と完全に同化させると，扉の存在に気付かずに扉の前に物を置く，壁と思ってもたれる，扉が急に開いてぶつかるなどの問題が生じる．駐車場や車寄せの丸柱の表面をステンレス鏡面仕上げとしたため，運転手が柱に気付かずぶつかる例もある．そのほか，消火器ボックス，視覚障害者用の誘導ブロック，案内文字やサインなど，本来目立たせなければならないものを安易に消すと，本来の機能が損なわれることがある（**図5.31**）．

2）透明化による衝突事故の危険性 透明建築の流行により，ガラスが多用されるようになって久しい．ガラス張りの建築は空調負荷が大き

壁と区別がつかない防火扉　白壁に書かれた白い文字

竣工後に外壁に「119　火災・救急」の大きな文字が書き足された消防署分署.

白地に白で見えない視覚障害者用ブロック

図 5.31　存在の消去

獣医科医院であることがすぐにわかるよう，現在は正面に大きな動物の絵が貼られている.

図 5.33　これら建物の用途は何か

図 5.32　透明ガラスへのぶつかり事故防止　ぶつかり防止のためのガラス面に色の付いたシールを貼ってある.

い，昼間明るすぎるなどの問題点は，ガラス面を用いる方位の限定や，可動ルーバー，ダブルスキン化，高断熱性ガラスの使用など，最近の様々な環境制御技術の応用により，おおむね対処できるようになっている．

別の問題として，透明ガラスへのぶつかり事故の発生があげられる（**図5.32**）．山中に周囲の森や空が映り込むハーフミラーガラス張りの建築を建てたところ，周辺に生息する希少種の鳥がガラス面に衝突死し，問題になったこともある．

3）「らしさ」の喪失による混乱　某市庁舎が郊外に新築移転した当初，その外観デザインからよくホテルに間違われたという話があるように，あまりに「らしくない」外観デザインにすると，利用者が外観から機能や用途を推定できず混乱を生じることがある．その結果，外壁に大きな文字，絵，看板などが掲げられ，結果的に設計者のデザイン意図が大きく損なわれてしまった例は少なくない（**図5.33**）．

参　考　文　献

1) W．ヴィックラー著，羽田節子訳：擬態　自然も嘘をつく，平凡社，1993

6

環境の管理と建築のデザイン

オランダにおける有機的建築の代表者である建築家マックス・ファン・フートとトン・アンベルツの設計によるアムステルダムのING銀行本社ビル(1987年)は，ルドルフ・シュタイナーの人智学の影響を受けたデザインが特徴的である．

外壁は太陽に向けて傾斜し太陽エネルギーを最大限に利用し，壁面全体の20％に限定された窓により熱をコントロールするため空調を必要としない．

サスティナブル・デザインの思想を徹底し，世界で最もエネルギー効率のよい建築のひとつと言われている．

6.1 防災と防犯

6.1.1 環境の安全性

建築空間や都市空間などの，いわゆる構築環境（built-environment）に求められる基本的性能の1つが安全性である．国連のWHO（世界保健機関）は，建築に要求される基本性能として「安全性」，「保健性」，「利便性」，「快適性」をあげていることからもわかるように，建築の安全性向上は，世界共通の目標である．しかし，建築に求められる安全性は，以下のように実に多様であり，その対応には多くの経験と知識が必要である．

① 構造安全性：地震，強風，積雪などの外力に耐えること．施設の種類によっては，爆発や衝突による衝撃に耐えることが要求される場合もある．

② 火災安全性：内装の不燃化や防火・防煙区画により火災の進展や煙の発生を抑制する．スプリンクラーや消火栓などの消火設備により，火災を初期段階で鎮圧する．また，耐火構造にして火熱による構造体の損傷や倒壊を防止する．

③ 水害安全性：洪水・高潮・津波による浸水被害が生じないこと．また浸水しても機能停止に至る重大な被害を生じないこと．

④ 避難安全性：火災に対しては，熱や煙を避けて安全な場所（一般には地上の屋外）まで避難できる経路が確保されていること．地震に対しては，構造体の破壊，建具の変形，落下物・転倒物などによる避難経路の閉塞，避難階段の破損・離脱が生じないこと．いずれの場合も，自力避難が困難な障害者や高齢者を含めて適切な避難誘導や救助がしやすいこと．

⑤ 日常安全性：墜落，転落，転倒，ぶつかり，挟まれなどの日常災害が発生するおそれがないこと．不特定多数が利用する公共空間において，とくに重要である．

⑥ 防犯安全性：不審者の侵入，盗難，放火，破壊行為などを未然に抑止できること．物理的に防御する方法と，心理的に接近・侵入しにくい空間や衆目による自然監視機能による防御方法がある．補助的に防犯設備機器を設置する場合もある．なお，小学校のように地域に開放する施設においては，防犯安全性と開放性の両立が重要な課題となる．

6.1.2 火災安全計画
a. 火災時の避難行動

火災時の避難計画を立てるためには，ふだんの建物の使用状況や，火災時の人間行動を知る必要がある．日常の動線と避難動線が一致していないと，とっさに避難階段の存在や位置が思い浮かばないし，そのような避難階段は，防犯上の理由から施錠されるか，倉庫代りになりやすい．また，頻繁に人が通過する場所に常時閉鎖型の防火扉を使うと楔をかませて開け放ちにされる．

火災時の避難行動については，死者14名を出した白木屋百貨店火災（東京，1932年），死者100名以上を出した千日デパート火災（大阪，1972年）や大洋デパート火災（熊本，1973年）などで助かった人への聞き取り調査や，様々な避難行動実験から，次のような傾向が明らかになっている．

① いつも使っている出入口や階段に向かう：動物は，身に危険を感じると直ちに来た道を引き返し，元の出入口に戻る習性がある（いのしし口）．人間も，不案内な場所で避難するときは既知の経路を選んで避難する傾向がある．

② 明るいほうに向かう(指光本能)：煙に追いつめられたときは，明るい方向に本能的に移動する．

③ 開かれた空間に向かう(向開放性)：通路の分岐点に来たときは，より開けた通路を選択する．

④ 他人に追従する(追従本能)：混迷の度合いが増し，自分で行動の判断ができなくなると，先頭を行く人に従う，より多数のグループについて行くなどの行動がみられる．

⑤ 火や煙に対しておそれをいだく：人間も動物と同じく，炎や煙を本能的に忌避する．

⑥ 思いもよらない力を発揮する：熱や煙に追いつめられると，通常はとても1人では運べない

ような重い物を運び出す，電柱に飛び移る，高所から飛び降りるなどの行動がみられることがある．

b. 避難行動と避難計画

人間は，火災に遭遇すると日常的に使わない避難階段や避難経路は頭に思い浮かばず，ふだんは避難に使ってはいけないと認識しているはずのエレベータで避難しようとする人が少なからずみられる．このように，人間は非常時に理性的な判断能力が低下し，本能的な行動が優勢になることが知られている．したがって，避難計画は火災時の人間行動に対応させることがきわめて重要である．1982年に出火し死者32名を出したホテルニュージャパンの平面は，3本の廊下が120度で交差する複雑な通路形状で，しかも廊下のデザインが一様なため，非常に迷いやすい空間であったこと，および中廊下形式で袋小路があったことが，犠牲者を増やした一因とされる（**図2.57**参照）．

以下に，火災時の人間行動を考慮した避難計画手法を示す（**図6.1**）．

① 二方向避難の徹底：大きな居室には出入口を2か所以上とり，かつ互いに離す．廊下には袋小路（行き止まり）をつくらず，廊下の端部には避難階段または避難バルコニーのいずれかを配置する．

② 日常動線と避難動線の一致：日常利用する経路が避難経路と重なるような動線計画とする．避難階段とエレベータ，避難階段とトイレを接近させて配置するなどの方法がある．

③ 単純明快な避難経路：何度も折れ曲がる，直交しないなどの避難経路は見通しがきかず，また方向感覚を失いやすい．逆に，見通しがきくほど周囲の状況が把握しやすくなり，自分で避難方向を判断しやすくなる．

④ 指光本能・向開放性の利用：明るいほう，開けたほうの先に避難階段や一時避難場所を設ける．薄暗く狭い廊下の奥に避難階段を配置しても，非常時に役立たない可能性が高い．

不特定多数や高齢者・障害者が利用する施設では，とくに上記の避難行動を考慮した避難計画が必要である．

c. 建築の防火対策

可燃物に着火しても，最初の数分間は非常にゆっくりと燃焼し，炎はあまり上がらず煙が出る状態が続き，燃焼範囲は限定的である（初期火災）．しかし，室内が煙で充満すると煙の成分である可燃性ガスが突然爆発的に燃焼し始め（フラッシュオーバー），室内全面火災の状態になり（盛期火災），炎や煙が室外に急速に拡大し始める．人間が通常避難できるのは，このあたりまでである．したがって，いかにフラッシュオーバー時間を遅らせるかが，防火対策の要点となる．そのためには，初期火災段階で消火器やスプリンクラーでの消火を図る（初期消火），不燃性の内装材を使うなどの対策が必要である．

火災の延焼拡大を防止し，また物的被害や人的被害を最小限にとどめるためには，建築の床・壁・開口部を耐火性能のある材料で防火区画し，火災を区画内に封じ込める必要がある．防火区画は，面積区画，層間区画，竪穴区画，異種用途区画（用途や使用形態がほかと大きく異なる部分の区画）に大別される（**図6.2**）．

面積区画は，同一階での延焼阻止を目的として，一定面積以内（最大3,000 m^2）ごとに耐火性のある壁や防火シャッター，防火扉などで防火区画するものである．層間区画は，上階への延焼阻止を目的とするもので，建物内は耐火性のあるRC造の床で区画するのが一般的である．外壁部は，腰壁（高さ90 cm以上）または庇（外壁から50 cm以上）を設けて，火炎の上階延焼を阻止する．竪穴区画は，避難階段・エスカレータ・エレベータ，パイプシャフトなどの各階を貫通する竪

図6.1 ビッグ・アイの避難経路
二方向避難，指光本能，単純明快，日常動線と避難動線の一致を考慮した避難経路．突き当りは避難スロープにつながる．

安全性を高めるため二重に設けられた防火シャッター（面積区画）

上階への延焼を阻止する庇（層間区画）

火災時にはエスカレータが防火シャッターで囲まれる．両側にガラススクリーンを併用し，遮煙性能を高めている（竪穴区画）．

図 6.2 防火区画の例

穴部分が火や煙の伝播経路とならないように壁や開口部を防火区画するものである．

なお，バルコニーや庇には，①上階への延焼遮断効果，②中廊下が煙に汚染されたときの代替避難経路や一時避難場所，という防災上の効果だけでなく，③日射のコントロール，④外壁のメンテナンス用足場，など環境負荷の低減効果も期待できるので，積極的に採用すべきである．全周バルコニーにすれば，これらの効果が格段に高まると共に，水平線を強調した美しいデザインが可能になる（図 6.3）．

d. 煙 の 制 御

避難で最も恐ろしいのは，火より煙である．火災による死亡原因の多くは焼死ではなく煙に含まれた有毒ガスによる中毒死である．したがって，避難時の安全性を高めるためには，煙の流動を適切に制御し避難経路を煙から守る必要がある．

煙制御の方法は，排煙と蓄煙に大別される．

1) 防煙区画　天井面から床まで不燃性の壁で塞ぐタイプと，天井面に取り付けた防煙垂れ壁で天井面を水平に広がる煙の流動を遅らせるタイプがある．防煙垂れ壁は，天井面の煙濃度を高めて煙感知器が作動しやすいようにする役割もある．

2) 排　煙　火災室や避難経路に煙が侵入すると避難行動や救助活動が大きく制約される．とくに，中廊下は煙の逃げ場がないため排煙設備が不可欠である．排煙設備には窓を開けて外気に直接煙を逃がす自然排煙と，ファンで強制的に煙を追い出す機械排煙がある．ただし，自然排煙は強風時にうまく煙が抜けないので，高層建築には不向きである．

3) 蓄　煙　劇場や屋内競技場のように，天井が高い大空間は，火災時には大きな気積を利用して煙をため（蓄煙効果），煙層の降下時間を遅らせることで避難可能時間を引き延ばす方法がある．アトリウムも，平常時はアメニティを高める効果が大きいが，火災時には上記の蓄煙効果のほか，出火場所が確認しやすいため避難上有利な場合がある（図 6.4）．

e. 災害弱者の避難安全

医療・福祉施設のように，自力で避難できない高齢者，障害者，入院患者がいる施設で最もこわい災害は，火災である．建築基準法や消防法の規

市立豊中病院（設計：日建設計）

阪急グランドビル（設計：竹中工務店）

図 6.3 全周バルコニーを設置した建築

図 6.4 天井への蓄煙効果をもたせたアトリウム
自然光が地下まで差し込む巨大なアトリウムは，火災時に蓄煙空間となる（東京国際フォーラム）．

定を守るだけでは必ずしも安全性が十分に担保されないので，個別の条件を勘案しながら連続した避難バルコニー（図 6.5），平面を防火区画で分割し相互に避難できるようにした水平避難区画，籠城区画（二重の防火区画や独立した電気・空調設備系統とすることで鎮火まで避難の必要がない），一時待機場所（消防隊が救助に来るまでの間，熱や煙の影響を受けない，図 6.6）などの採用を検討する．

そのほか，とくに車いす使用者の避難施設として，避難用スロープが設置されるが（図 6.7），車いす単独でのスロープ避難は加速がついて危険なので，勾配はできるだけ緩くすると共に，踊り場の設置間隔を短くすべきである．また，勾配が緩いほど避難用スロープが大きな面積を占めること，避難距離が長くなること，建設費が高くなること，ファサードデザインへの影響が大きいことなどから，設置されているのは中・低層の障害者用施設がほとんどであるが，事例は増えつつある．

なお，エレベータ避難は，火災時に停電したりシャフト内に煙が侵入したりするおそれがあるため原則禁止とされているが，安全性を確保するた

図 6.5 避難用の連続バルコニー（ビッグ・アイ）

エレベータホール内に設けられた車いす用の一時待機場所（大和ハウス金沢ビル）

室内と段差のない避難バルコニー（シルバーピア多摩）

図 6.6 車いす利用者のための避難場所

図 6.7 車いす用の避難スロープ（ビッグ・アイ）
左：勾配は 1/16 と緩いが，それでも加速がつく．
右：スロープ部分を壁で隠してある（中央スリット部分が踊り場）．

めの一定条件を満たせば，認められる場合がある．

6.1.3 被害を軽減する建築計画手法

阪神・淡路大震災では，災害時にこそ機能を発揮すべき市役所，消防署，警察署，病院，放送局などが被災し，機能停止に至る事態が発生した．また，構造体の被害は軽微であったにもかかわらず，内装材の落下・破損，家具類の転倒，ドアの変形，設備機器や配管の被害などにより，人命だけでなく資産価値を失うことへの疑問が浮上した．

阪神・淡路大震災の経験から，地震をはじめとする災害により被災した場合に，人的被害を出さないことはいうまでもなく，2次災害による被害の拡大を防止すること，必要最低限の機能を維持すること，避難所や避難救援拠点への機能転用がしやすいことなど，災害時の被害を軽減する計画手法の重要性が，広く認識されるようになった．以下に，その具体的内容を整理する．

① 敷地の選定：敷地の特性（地形，地質，気象条件），過去の災害履歴などをもとに，その敷地で予想される災害の種類・最大規模・発生頻度を調査し，建築計画上の対応策を事前に検討する．

② 配置計画：敷地境界・道路境界からの距離，隣棟間隔などを考慮して建物の外壁位置を決定し，外部からの延焼危険性を低減する．また，地震時にタイルやガラスなどが落下する危険性が

ある範囲や落雪のおそれがある範囲に人が近寄れないよう，植え込みや池を設ける．

③ 平面計画：構造計算のコンピュータ化が進んだとはいえ，構造上バランスのよい平面計画を基本とすべきである．また，単純明快な避難経路，二方向避難の確保，居室，廊下・階段への自然採光・自然換気などを極力図ることも重要である．

④ 断面計画：上部が重たい階構成やピロティ形式は地震に対して不利になるので，採用に当たっては十分に注意する．壁面を階段状に後退させたり，バルコニーを設けたりすることで，地震による外壁やガラスの地上への落下防止，火災の上階への延焼防止，一時避難場所としての役割が期待できる．また水害に対しては，地下室の浸水防止，機能維持に必要な諸室や設備機器類を2階以上に設置するなどの対策を講じる．江戸東京博物館（1992年）が空中に持ち上げられているのは，隅田川の氾濫に備えるためでもある．大阪市水上消防署（1998年）は，阪神・淡路大震災の経験をふまえ，来るべき大地震による津波に備えて電気室，機械室などを6階に上げるなどの対策を講じることで，災害時の機能維持を図っている（**図6.8**）．

⑤ 内装計画：内装材の落下防止，家具の転倒防止，建具類の変形抑制により，災害時の避難経路を確保する．

⑥ 設備計画：平常時から太陽光発電装置や井水を利用し，電力，水道，通信のインフラのバックアップ態勢を整えておくことで，災害発生時にも最低限の機能を維持できるようにする．

⑦ 災害時の機能転用性：災害発生時に，直ちに避難・救援拠点や避難所として転用できるようにする．ハード面では，耐震性，耐火性，空間の広さにゆとりをもたせ，2次災害のおそれがないようにする．またソフト面では，平常時と非常時をふだんから関連づけておき，災害発生時には，平常時の施設・設備（ハード）と運営・人員（ソフト）が，そのまま非常時の態勢に移行できるようにする．

6.1.4 日常災害
a. 建築における日常災害

住宅を含む各種建築において発生する日常災害の原因のうちで死亡者数が最も多いのは溺水であり，次いで転倒，墜落（真っ逆さまに落下する），転落（階段などに体を接しながら落下する），火傷が続く．建築に起因する日常災害の多くは，設計者が人間の行動心理，行動法則，行動能力を十分に理解していないこと，とくに一般成人と比べて運動能力や危機対応能力が劣る子供，高齢者，障害者などへの配慮不足に起因している．とくに，不特定多数が利用する公共建築や公共空間においては，日常災害の発生防止に格段の配慮が必要である（**図6.9**）．

日常災害が一向に減らないのは，社会の高齢化が進行する一方で，過去の事故情報が共有化されず，設計にフィードバックされていないことと，安全性よりも審美性を優先する設計姿勢が背景にある．安全性を軽視したデザインにしたために日常事故が頻発し，危険箇所に警告シールを貼る，目立つよう色を塗るなどの事後対策の結果，非常に見苦しくなっている事例は枚挙にいとまがな

図 6.8 津波・高潮に備えた大阪市水上消防署　1階が浸水しても機能が維持できるよう，6階に電気室と機械室がある．

図 6.9 子供が挟まれて死亡する事故が発生し使用中止になった自動回転ドア（現在は撤去され，通常の自動ドアに取り替えられている）

b. 日常災害の発生要因と発生箇所

建築における日常災害の主な発生要因は，以下のとおりである（**図 6.10**）．

① 磨いた石，金属，磁器タイルなどの平滑な材料の床は，とくに濡れたときに足を滑らせやすい．

② 同一材・同一仕上げの階段は段鼻が見えにくく，段差に気付かず踏み外す危険がある．

③ 急勾配階段，中間踊り場がない直線階段，手すりがない階段，らせん階段は高齢者や身障者のみならず，一般の人にとっても昇降時の不安が大きく，また危険である．

④ 大面積の透明ガラス，側頭上部や足もとにある突起物は存在に気付きにくく，ぶつかる・つまずくなどの危険がある．

⑤ 手摺りの横桟など，足がかりとなる部分は子供がよじ登りやすい．低い手摺りはバランスを失ったときに墜落し，縦桟の手摺り子の間隔が広いと，隙間から子供が墜落するおそれがある．

左：段差がわかりにくいため段鼻部分を塗り分けた階段．
右：鋭角の出隅でつまずかないよう，3本の棒が後付けされた．

左：足元の段差を注意喚起するためにコーンが置かれている（現在は改善されている）．
右：長いスロープの下に設けられた自動ドアは車いすにとって危険．

左：ベンチの上の天井面は床から 180 cm しかない．
右：階段を上がって頭をぶつけないよう床に円柱を置いている．

左：水にはまらないよう池の縁に沿ってプランターが並べられた．
右：斜め柱にクッション材を巻いてあるが，柱と同色で目立たない．

図 6.10 建築デザインに起因する危険箇所

6.1.5 群集事故

a. 群集密度と群集圧力

群集の一人一人は善良な市民であっても，大群集の中では個人の意思や理性は埋没し，その制御を誤れば将棋倒しなどの群集事故に至ることがある．群集事故の発生を防止するためには，群集全体の連続的な流動性を失わないよう，群集を適切に制御する必要がある．

競技場，劇場，音楽ホールなどは定員や空間構造が明確にわかるため，群集処理計画が立てやすいが，野外コンサートや花火大会などの屋外イベントでは，来場者数や群集の性質に不確定要素が多く，誘導・制止・情報伝達などの群集制御が難しい．会場の立地やイベントの種類によっては，交通渋滞対策，暴走族対策などが別途必要になる場合もある．したがって，現場で異変が起きたときに主催者，警察，警備会社が臨機応変かつ組織的に対応できるよう，事前に慎重な雑踏警備計画を立てることが重要である．

b. 群集の制御方法

群集事故発生を防止するための群集制御の手法を以下に示す（**図 6.11**）．

① 人数に応じた通路幅にする：群集の合流により流れが滞らないようにする（**図 6.12**）．

② 群集の流れを絞らない：流れのネックとなる出入口，改札口，階段部分の通路幅を広げる．

③ 滞留スペースを設ける：群集が一度に通路や出口に殺到しないよう，一時的に滞留させる．

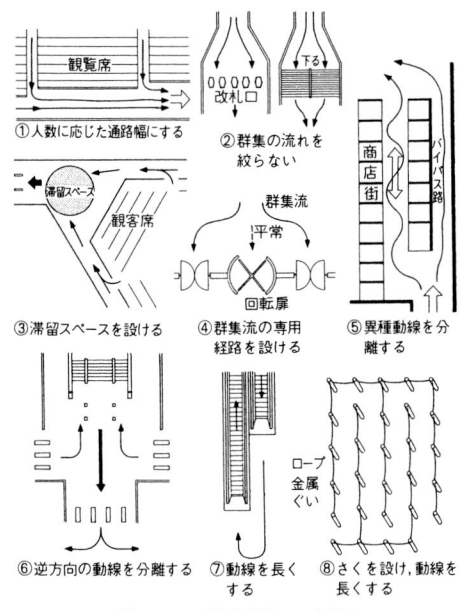

図 6.11 群集制御の手法[1]

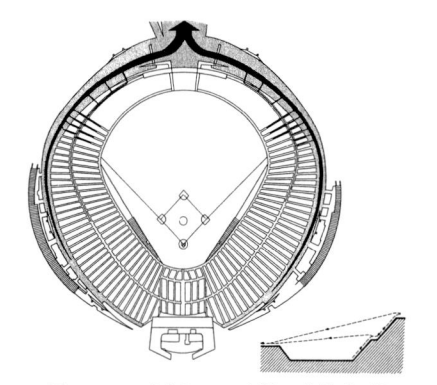

図 6.12 西武ドーム球場の動線計画[2]
出口に近づくにつれ増加する流量に応じた通路幅員となっている.

④ 専用通路を設ける：イベント会場や学生の乗降が多い駅では，ピークに備えて一般用と別に群集専用の通路や出口を設けておく．

⑤ 動線を分離する：歩行速度，歩行目的が異なる群集の分離，逆方向の群集動線の分離や一方通行化などにより，群集の混乱を回避する．

⑥ 動線を長くする：群集の動線を遠回りさせる，固定柵に沿って蛇行させるなどにより，群集の圧力を緩和する．また，係員が柵の役目を果たし，臨機応変に対処することも必要である．

⑦ 斜路（スロープ）を使う：階段の代りに緩勾配の斜路にする（法的には勾配 1/8 以下）．

⑧ 行列の位置を指定する：床にラインを示すことなどにより，行列が常に所定の位置に誘導する．

⑨ 情報を与える：群集の状況を正確に把握し，整理担当者と群集に常に正しい情報を伝える．

⑩ ピークを分散する：大相撲の弓取り式のように，催しが終わった後も興味をひく催しを続け，群集の流出ピークを緩和する．

6.1.6 防犯環境設計
a. 悪化する治安と防犯環境設計

1955 年に建設されたプルーイット・アイゴー団地（11 階建て，2,764 戸）は，数年後に犯罪者と麻薬常習者のたまり場と化し，空き家率が 70％に達した結果，建設からわずか 19 年で取り壊された（図 6.13）．また，取り壊しにまでは至らなくとも治安の悪化により空き家が増え，ますます治安が悪化するという悪循環に陥り，スラム化や廃墟同然となった住宅地は多い．こうした社会背景もあって，欧米では 1980 年代から防犯環境設計（CPTED：Crime Prevention Through Environmental Design）の研究が行われて，この考え方が早くから重視されてきた．

一方，欧米と比べて治安がはるかによいといわれた日本でも，近年治安の悪化が懸念されており，防犯環境設計を真剣に考えざるをえなくなっている．とくに，大都市近郊の新興住宅地では，昼間は高齢者や女性・子供が大半を占める，街灯などの明かりが少ない，近隣関係が成熟していない，夜間の人通りが少ない，住宅の様子をうかがいやすい空地が残っているなどの理由から，家屋の侵入や路上犯罪が多発している．

図 6.13 築 19 年で爆破解体されたプルーイット・アイゴー団地（アメリカ・セントルイス）[3]

b. バンダリズム

バンダリズム(Vandalism)とは，故意の破壊行為のことであり，4～5世紀にかけてスペインやローマを侵略・略奪したバンダル王国（429～534年）の故事に由来する．バンダリズムは破壊，落書き，放火などの形で現れ，実行者の多くは社会，個人，組織などに不満や恨みをもつ若者といわれる．欧米では1950年代頃から深刻な社会問題となっていたが，日本でも治安の悪化に合わせてバンダリズムによる被害が目立つようになっている（図6.14）．バンダリズムを放置しておくと，さらに事態が悪化するという悪循環に陥るので，早急な対策が必要である．

環境と犯罪発生の関係について述べた先駆的な著作は，ジェーン・ジェコブスの『アメリカ大都市の死と生』（1961年）である．そこでは，スーパーブロックにより再開発が行われた都市は旧来の都市より犯罪が起きやすいこと，パブリック・スペースとプライベート・スペースを明確に区別すること，建物は街路に面しているべきであることなどが述べられている．オスカー・ニューマンは『まもりやすい住空間』（1972年）において，環境設計による犯罪防止の方法をさらに推し進めたが，これはその後のアメリカやイギリスで発展した防犯環境設計やバンダリズム研究の出発点となった．

c. 住宅の侵入被害の実態

侵入被害にあった独立住宅には，①高いコンクリートブロック塀・車庫・植栽が死角をつくっていた，②足がかりとなるものがあった，③隣家と近接して建っていた，④2階のベランダが腰壁になっていた，⑤施錠を忘れていた（とくに2階の窓）などの共通点がみられる．

一方，中・高層の集合住宅地では，死角になったエレベータ・階段・屋上・自転車置き場などで犯罪が発生しやすい．また，高層集合住宅の最上階は，屋上からの伝い降りや，地上から死角になりやすいルーフバルコニー経由の侵入が多い（図6.15）．

住宅の侵入被害を防止するためには，監視カメラ，照明，忍び返しを取り付けるなどの対策が講じられるが，万全ではない．

d. 防犯環境設計による犯罪防止

防犯環境設計とは，建物や街路の物理的環境の設計や再設計を通じて，地域の安全性向上，犯罪に対する恐怖の除去，犯罪を助長する要因の除去などを図ることであり，住民，警察，地方自治体などによる防犯活動と合わせた総合的な防犯環境の形成を目指すことで，より大きな効果が期待できる（図6.16）．防犯環境設計の原則を以下に示す．

図6.14 バンダリズムによる被害例
左上：空きビルのガラス破壊と落書き（ロンドン），右上：集合住宅の妻壁への落書き（ベルファスト），下：塀への落書き（大阪）．

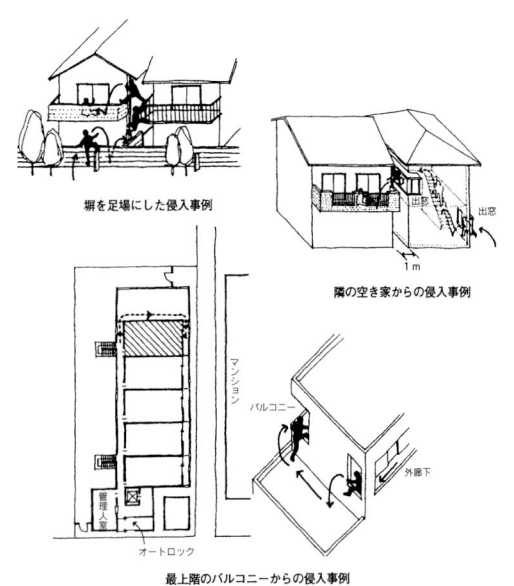

図6.15 住宅への侵入経路の例[4]

図 6.16 総合的な防犯環境の形成[5]

図 6.17 自然監視が期待できる路地空間（大阪市中央区）

植栽，自転車，話し声，撒いたばかりの水などの様々な生活の「表出」が防犯性能を高める．

① 領域性の確保（territoriality）：住民に交流，警戒，不審者の監視を促して，部外者が侵入しにくい環境をつくる．

② 監視性の確保（surveillance）：不審者や不審な行動を見極める能力を育てる．

③ 地域活動のサポート：住民が公共の施設を意図したように使用することを促す．

④ 建物などの所有の明確化：公共施設と私的物の所有を明確化する．

⑤ 対象物の強化：住戸の出入口や窓の錠や扉，ガラスなどを強化する．

⑥ 接近の制御（access control）：侵入経路に障害を設けるなどにより，侵入を困難にする．

⑦ 環境：周辺環境を考慮し，紛争集団の施設利用を制限するような設計または場所の選定．

⑧ イメージ/メンテナンス：施設などを清潔にし，維持管理を適切にする．

⑨ 自然監視性の確保：周囲の目が自然に届く環境をつくる．

e. コミュニティによる自然監視システムの再生

コミュニティによる自然監視は，悪意をもっている部外者が侵入しにくい雰囲気を生み出す．自然監視機能を高めるには，直接の視線のほかに囲み配置・門・立て札・塀などで領域を明示し，他者に「ここに入るな」という強い意思表示を行うと共に，住戸の前に植木鉢，自転車，置物，掃除道具などを積極的に置くことで，居住者の生活感や個性を表出させることが有効である．路地は，このような特質をよく備えている空間である（図6.17）．

自然監視が十分に期待できない環境下では，インターホン，監視カメラ，モニターテレビ，オートロック，防犯センサーなどの防犯設備を設置する．しかし，防犯設備は，あくまで補助的役割にとどめるべきであり，防犯設備に全面的にたよるのは本末転倒である．集合住宅では，共同玄関にオートロックを装備していることで安心してしまい，住戸の玄関やバルコニー窓の施錠がおろそかになることもあるという．また，防犯を重視して施錠を厳重にすると，災害時に解錠できず逃げ遅れるおそれがあるため，防犯安全は避難安全の面からの検討も必要である．

6.1.7 安全性・経済性，そして地球環境問題

一般に，環境の安全性を高めようとするほど，その対策に必要なコストが上昇する．地震を例にとると，耐用年数を長く想定するほど大きな地震に遭遇する確率が高まるので，建物の用途，社会的重要性，被災によるリスクなどを勘案して耐震性能を決める必要がある．その一方で，安全性の水準を高くするほど，災害による被災リスク（人的被害，構造被害，損害額など）を抑えることができる．同じことは，台風や豪雨による被害や火災，防犯についても同様である．

耐震性能や防火性能は，建築基準法，消防法そのほかの防災関連規定を守れば十分に安全と考えられがちであるが，これらの規定は最低基準を定めたものにすぎない．また，施工精度のばらつき，

経年による性能の低下，法規の改正・強化を考えれば，十分なゆとりをもった設計とすべきであるという論が成り立つ．

一方，経済効率を優先する立場からは，日常の利便性や経済性を優先し，安全に対する投資の優先順位を後回しにするという判断がはたらく．とくに，建築が竣工から役割を終えて解体されるまでの間に一度遭遇するか否かという発生頻度の低い大災害に備えることは，非現実的とみなされる．

この判断を覆すためには，以下の点を明確にする必要がある．

① 安全への投資が，災害時のリスク軽減だけでなく，日常の快適性や空間のゆとりの向上，日常のメンテナンス・光熱費などのランニングコストや環境負荷低減につながり，ライフサイクルコストで考えれば投資を十分に回収しうること．

② 建築の性能に対する要求水準の経年的上昇，建築基準法などの法改正，そのほかの社会環境の変化への対応力が大きくなり，物理的耐用年数いっぱいまで建物を使いきる可能性が高まり，またそのほうが経済的であること．

資源の枯渇，地球温暖化，廃材処理の問題など，差し迫った地球環境問題を考えれば，災害による被災や治安悪化のために建築を解体する事態は極力回避すべきであることは，もはや論をまたない．

参 考 文 献

1) 日本建築学会編：建築設計資料集成10「技術」，丸善，1983
2) 日本建築学会編：建築設計資料集成「人間」，丸善，2003
3) 湯川利和：不安な高層 安心な高層，学芸出版社，1987
4) 山本俊哉：住宅侵入の被害事例とその対策，建築と社会，No.961，日本建築協会，2002
5) 田中直人・老田智美：安全・安心の環境デザイン－新たなバリアフリーの試み－，建築と社会，No.961，2002
6) マヌ都市建築研究所：防犯環境設計ハンドブック［住宅編］，JUSRIリポート別冊，No.8，(財)都市防犯研究センター，1997

6.2 シックビルディング・シックハウス

近年，住宅の気密性の高まりと同時に，化学物質を使用した建材の多用により，シックハウス症候群（表 6.1）と呼ばれる症状を訴える居住者が増加している．健康的な居住環境を計画するためには，発生原因を知り，的確な対策を立てておくことが重要である．

a. 概　要

シックビルディング症候群（SBS：Sick Building Syndrome，以下シックビルディングと記す）やシックハウス症候群（SHS：Sick House Syndrome，以下シックハウスと記す）は，室内空気質による健康障害を表す言葉で，病因が特定できない広範囲の症状に対して用いられている．世界保健機関（WHO）ではシックビルディングの定義を表 6.2 に示す諸症状としている．この中で，最も頻繁に現れる症状は眼，鼻，咽喉の粘膜刺激であるといわれる．シックハウスは和製英語で，シックビルディングと似た症状が住宅でおこる場合をさす．

欧米では1950年代頃からシックビルディング

表 6.1 シックハウスの定義[3]

定義
室内空気汚染因子による健康障害である

参考事項
室内空気汚染物質
1. ホルムアルデヒド，揮発性有機化合物
  (1) 住宅建築関連物質（木材，合板，内装材，接着剤，防腐剤，防蟻剤）
  (2) 生活空間内関連物質（家具・調度品，生活用品，業務用事務機器，職業性化学物質）
2. 粒子状物質
  (1) 生物学的因子（真菌，ダニ類，細菌，花粉，ペット動物）
  (2) 家塵，タバコの煙，アスベスト
3. ほかのガス成分
  (1) 物質の燃焼（一酸化炭素，二酸化炭素，硫黄酸化物，窒素酸化物）
  (2) 生活起因物質（メタノール，オゾン）
5. 環境放射線
  ・ラドン（大地，花崗岩，コンクリート）

注）室内空気汚染源として給気口周辺の汚染物質にも配慮する

表 6.2 シックビルディングにおける症状

1. 眼球粘膜，鼻粘膜，のど粘膜への刺激
2. 唇などの粘膜が乾燥する
3. 皮膚の紅斑，じんま疹，湿疹が出る
4. 疲労を感じやすい
5. 頭痛，気道の病気に感染しやすい
6. 息の詰まる感じや気道がぜいぜい音を出す
7. 非特異的な過敏症になる
8. めまい，吐き気，嘔吐を繰り返す

が指摘されてきたが，1970年代のオイルショック後に省エネルギーを目的としてビルの気密性を高めたことにより，広く確認されるようになり，1980年代には社会的な問題に発展した．日本では1970年にビル衛生管理法でビル内の空気環境の管理基準が定められ，また必要換気量の規定も設けられているので，シックビルディングはそれほど多くない．むしろ1990年代に高気密・高断熱住宅が普及し，シックハウスに関心が集まった．

これを受けて1990年代後半には行政と学会，民間により調査研究が進められ，後述する様々な対策が打ち出された．

b. 生物的因子

シックビルディングは元々，1976年に在郷軍人病（レジオネラ症）が米国フィラデルフィアのホテルで発生したことで注目された．これは空調機の冷却水に繁殖したレジオネラ菌に起因している．その典型的な発生過程は図 6.18 に示すとおりである．

一般的にはカビやダニが代表的な生物的因子とされる．中でもダニは，第1の汚染源である．ダニはどんなに清潔な建物にも存在する可能性があ

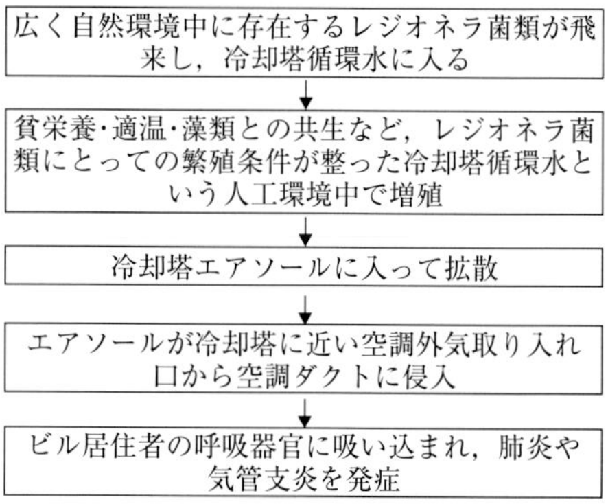

```
広く自然環境中に存在するレジオネラ菌類が飛
来し，冷却塔循環水に入る
          ↓
貧栄養・適温・藻類との共生など，レジオネラ菌
類にとっての繁殖条件が整った冷却塔循環水と
いう人工環境中で増殖
          ↓
冷却塔エアソールに入って拡散
          ↓
エアソールが冷却塔に近い空調外気取り入れ
口から空調ダクトに侵入
          ↓
ビル居住者の呼吸器官に吸い込まれ，肺炎や
気管支炎を発症
```

図 6.18 レジオネラ症の発生過程

るが，ダニが繁殖できる温度範囲は 10～35℃ で，室内塵中の有機物を餌とする．日本では一般に 6～8 月にダニが最も増加し，ダニアレルゲン量はこれより 2 か月遅れてピークに達するといわれる．畳・絨毯などの床部やソファー，クッション，寝具などが主な生息場所である．畳の上に絨毯を敷いた場合のダニ発生量は，板張りの 500 倍以上との調査結果もみられる．住居以外のオフィスビルなどでは，通常はダニの数は非常に少なく，ダスト 1 g 当り住宅の数十分の 1 から数万分の 1 である．

カビは高温多湿で最も繁殖するが，建物内では表面結露が誘因となる．表面結露は室内空気の湿度が高く，室温が壁面温度よりも高いときに発生し，とくに空気の流れが止まっているとおこりやすい．また，カビはダニの食物となるので，カビが発生すればダニの繁殖にもつながる．

c. 化学的因子

シックハウスのもう 1 つの原因が，化学物質を放散する建材（接着剤，可塑剤，防蟻剤などを含む）の使用による室内空気質の汚染である．これは化学物質過敏症を発症し，揮発性有機化合物（VOC：Volatile Organic Compounds）がその原因であるとされる．VOC は建築の部材のほかに，エアコン，暖房器具，家具，家庭用品などの室内空間を取り巻くほとんどのものから放散されている．

代表的な VOC であるホルムアルデヒトの場合，その濃度の影響で図 6.19 に示す症状が現れる．

一方で厚生労働省の提示する VOC 濃度指針値を図 6.20 に示す．ホルムアルデヒト濃度指針値は，23℃ のときに 0.08 ppm であるが，これにはにおいを感じる濃度から設定された値である．ただし実際の室内環境では，温度が上がると建材からの揮発量が増加するので，夏や暖房時は注意が必要である．また，ホルムアルデヒトの室内濃度指針値・規制値の国際比較を図 6.21 に示す．

室内空気質中に検出される VOC は 100 種以上に及ぶといわれ，また個々の VOC の健康影響評価に不明な点が多く残るため，近年は VOC を全体として低減させる補完的指標として総揮発性有機化合物（TVOC：Total Volatile Organic Compounds）が着目されている．

d. 対 応 策

室内空気中の化学物質や細菌，カビなどを，健康障害をひきおこさない程度の質と濃度に抑えることが重要になる．そのための対策として，①発生源を低減する，②換気を効果的に行う，③ベークアウト処理や吸着・分解を行うことが考えられ，概要を表 6.3 に示す．

①は，市場には多種多様な製品が出回ってお

人体への影響	ホルムアルデヒド濃度 (ppm)
においを感じる	0.08
目への刺激を覚える	0.4
のどの炎症がおこる	0.5
鼻への刺激を覚える	2.6
催涙がおこる	4.6
強度の催涙がおこる	15
生命の危険，浮腫，肺炎	31
死亡	104

図 6.19 ホルムアルデヒトの濃度と諸症状

揮発性有機化合物	室内濃度指針値
クロルピリホス	0.07 ppb
フタル酸ジ-n-ブチル	0.02 ppm
パラジクロロベンゼン	0.04 ppm
スチレン	0.05 ppm
ホルムアルデヒド	0.08 ppm
トルエン	0.07 ppm
キシレン	0.2 ppm
エチルベンゼン	0.88 ppm

図 6.20 VOC 室内濃度指針値（平成 14 年 2 月現在）

機関・国名	規制値・ガイドライン (ppm)
ノルウェー	0.05
カナダ（目標）	0.05
WHO	0.08
オーストリア	0.08
イタリア	0.1
オーストラリア	0.1
オランダ	0.1
ドイツ	0.1
カナダ（当面）	0.1
アメリカ（USEPA）	0.1
スウェーデン	0.11
デンマーク	0.13
フィンランド	0.13
スイス	0.2
スペイン	0.4
アメリカ（連邦政府）	0.4

図 6.21 ホルムアルデヒト室内濃度指針値・規制値の国際比較

表 6.3 シックハウス対応策の概要

因 子	対 策
ダニ・カビ	断熱材などで結露しにくい工夫をする 部屋の換気と通風をよく行い湿度を抑える 湿度が高いときは除湿器を用いる 調湿性の高い材料（木材・塗り壁・紙など）を内装材に使用する 天然防虫効果のある材料（ヒノキ・ヒバなど）を内装材に使用する
化学物質	揮発性有害物質を多く含む建材を使用しない 竣工後間もない場合は，多量の有害物質が発生し，滞留するので，積極的に換気を行う

り，工法も千差万別なため，建材メーカーの製品化途中における改善と，それが良心的な価格帯で流通することを待つしかない．③のベークアウト法は，現実の室温は40℃程度までしか加温できないので，その効果に否定的な研究報告も多数存在する．空気清浄機による吸着・分解も2次的な障害発生の可能性をもつ．したがって，①の建材の選択や②の換気対策が設計者が最も積極的に関わることのできる解決法である．

またカビやダニの発生については，結露を防ぐことが必須であり，そのためには断熱性能を上げること，換気と除湿対策がポイントである．

e. 換気

室内の空気が1時間で何回入れ替わるかを示す換気率は，窓を閉め換気扇を動かさない場合，戦前は最低でも1.5回程度だった．しかし，80年代後半になると住宅の気密性が高まって，0.1回を切るようになった．このような換気率の低下による室内空気の汚染を防ぐためには，換気が重要な手段となる．

2003年の改正建築基準法は，シックハウス症候群対策として，換気率0.5回以上など（注1）を満たす換気設備の設置を義務づけている．

しかし，建築の設計において重要なことは，機械力に全面的にはたよらず，自然通風を取り入れる方法を検討するなどプランニングによる解決策を重視することである．まず，空気の流れやすい開口の取り方を工夫する．24時間換気システムがなくても，浴室やトイレの換気扇は1時間に排出できる量は100〜200 m^3 であるからうまく使えば相当の効果が得られる（注2）．ポイントは，換気扇から離して空気の取り込み口を確保することである．

換気に最も有効なのは，窓開けである．風が入れば，1時間に何回も空気が入れ替わる．開ける幅は風上を狭く，風下を広くすると吹き込みやすくなる．風が部屋の対角線上を通るようにすると，周囲の空気が引っ張られて効率がよい．風がない日は，高さの違う2か所の窓を開けると温度差で流れやすくなる．

このように健康で快適な居住環境をつくるためには，建材の選択，風の流れに配慮した空間の計画と同時に居住者の使い方の工夫など機械力にたよらないライフスタイルの確立が求められる．

参 考 文 献

1) 建築環境技術研究会編：環境からみた建築計画，鹿島出版会，1999
2) 建築知識，2001年3月号
3) 建築雑誌，Vol.117，2002

注1 構造方法，天井の高さなどにより換気回数は定められている．
注2 朝日新聞，2004年6月8日の生活欄の記事による．

6.3 環境のメンテナンス

a. メンテナンスの原点

アフリカ・ニジェール川のほとりにあるジェンネ旧市街の大モスク（図 6.22）の外壁は泥でできているため，雨季になると外壁が雨で流されてしまうが，雨季が終わると地元の専門集団が近くで採取した泥を塗って補修する．この作業が何百年もの間繰り返され，雄大なモスクの姿を今日まで伝えてきたのである．また，泥の壁から突き出ている多数の木は補修時の足場であるが，ふだんは壁面を飾るアクセントとして，意匠的に重要な要素となっている．ここには建築保全の理想的な姿が凝縮されているといっても過言ではない．

また，近世以前のヨーロッパの積石造建築は，軒蛇腹や基壇のような様式の細部意匠や庇，窓台，水切りが，雨水による汚れの発生を抑制してきたこと，地元産の石や煉瓦などの自然素材を使用しており，材料が安定供給されていたことなどにより，時間の経過と共に風格が醸し出され，「なじみ」，「味わい」，「熟成」などと表現されている．このように，プラスイメージで捉える経年変化を，エイジング（aging）と呼んでいる．

b. 建築の汚れと劣化の原因

建築の外壁における汚れ発生の原因は，雨，塵埃・煤塵，化学反応，塩害，生物（ハト，昆虫，カビ）などがある．また，汚れの発生場所や汚れの程度は材質，形態，部位，方位，ディテールなどに大きく左右される．とくに，外部に現れた梁型の垂直部分，パラペットや窓台の下部，タイル張り・石張りの目地部分，プレキャスト版の目地

図 6.22 ジェンネ旧市街の大モスク（アフリカ，マリ）

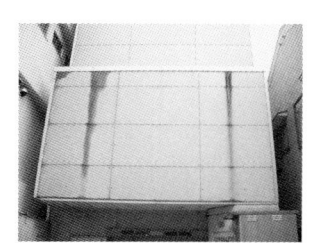

図 6.23 外壁の汚れ

シーリング部分，外壁面の大きな凹凸の下部，外壁サッシュ窓枠下部，排気ガラリまわり，ハトがとまる部分などは汚れがとくに顕著に発生しやすい（図 6.23）．現代建築は，庇，窓台，基壇，犬走りなどの省略や形骸化により，それらが本来有している機能が失われたのに加え，シールに全面的にたよった防水処理，耐久性・耐候性の実績がない新材料の多用により，外壁の汚れが目立つ，劣化の進行が速いなどの問題点が指摘されている．建築の形態や外壁の検討にあたっては，外壁の清掃や補修のしやすさ，汚れの発生抑制，汚れが落ちやすい素材の選択が重要である．

c. 建築の外観デザインと清掃

建物を長期間にわたって良好な状態に保つためには，清掃，補修，点検，部材交換などが容易かつ低コストで行えるように設計段階から考慮しておく必要がある．外壁の清掃には，階数が 10 階程度までは屋上階から吊り下げる 1 人乗りのブランコ，それ以上の高層建築では，屋上のレール上を走行するルーフカーから吊り下げられるゴンドラが用いられる．超高層になると，風による揺れ防止のため外壁のカーテンウォールの目地部分にゴンドラ用のレールが組み込まれる（図 6.24）．外壁が垂直な角柱状の建物であればゴンドラは 1 基ですむが，斜め壁，曲面・球面，複雑な凹凸，大きな跳ね出しなどがある場合は，多数のゴンドラや特注のメンテナンスラダーが必要になる（図 6.25）．メンテナンスラダーは大きくて目立つので，目立たないデザインや格納場所の検討が重要である．メンテナンスコストの低減や作業の安全化は重要であり，設計段階からメンテナンス業者やゴンドラメーカーとの綿密な打ち合わせをして

ブランコによる清掃　ガイドレール付きゴンドラ

図 6.24　外壁の清掃方法

フジテレビ本社ビル（見上げ）　コトブキ DI センター

図 6.25　メンテナンスラダー

おくことが必要である．

d.　バルコニー・庇の効用

大阪ガスビル（1933年）の窓のスチールサッシュは，外壁の連続庇に守られて，竣工当時のものがいまだに現役で使われている（**図6.26**）．このように，バルコニーや庇は，外壁を風雨・熱・紫外線による外壁や窓まわりの劣化を遅らせる効果がきわめて大きい．また，日射を防いで空調負荷を軽減する省エネルギー効果，窓ガラスや外壁の清掃やシールの補修・取り替え作業の足場になるなど，建築の保全効果も期待できるので，積極的にデザインに取り込むようにしたい．

e.　建築の長寿命化

日本の建築の平均寿命（半数が取り壊されるまでの年数）は，鉄筋コンクリート造が35～40年，鉄骨造が30年前後，木造住宅も30年程度という推計がある．これらの値は，イギリス，アメリカ，フランス，ドイツなどの欧米先進諸国と比べると1/2～1/3程度にすぎない．資源の有効活用や廃棄物の削減には建築の長寿命化がきわめて有効であり，その点では，日本は欧米先進諸国に大きく遅れをとっている．日本では，建築の長寿命化を実現するために，以下の方法が試みられている．

1）躯体と内装・設備の明確な分離　耐用年数が長い躯体部分（スケルトンまたはサポート）と，10～30年で更新される内装や電気・給排水管設備部分（インフィル）を明確に分離し，日常の保守点検や将来の更新工事が容易に行えるよう計画する．NEXT 21（**図6.27**）は，この考え方に基づいて設計された実験住宅であり，竣工以来，様々な実験データが蓄積されている．

2）大きな階高　建築の用途転用のしやすさを左右する要因には，構造壁や柱の位置と共に，階高の大小があげられる．例えば，日本で軒高31 mの絶対高さ制限の時代（1970年以前）に建てられた事務所ビルは，階数をできるだけ増やすために階高を3.5 m程度，天井高を2.5 m以下で設計するのが一般的であった．しかし，これが1980年代後半から本格化した事務所のOA化対応のためにフリーアクセスフロア（二重床）を導入する支障となり，取り壊される一因となってい

図 6.26　大阪ガスビル外壁の連続庇

図 6.27　大阪ガス実験集合住宅 NEXT 21
（1993年，提供：大阪ガス）
(a) スケルトン（構造躯体），クラディング（外壁など），インフィル（住戸内装）に分離した建築システム．(b) 外観遠景．耐震壁をなくした純ラーメン構造で，スケルトン（構造躯体）は100年の長耐久性を確保している．

図 6.28 テート・ギャラリー現代美術館（設計：ヘルツォーグ，ド・ムロン，ロンドン，2000）
(a) 正面ファサード．中央の塔は煙突．(b) 1階展示室．天井走行クレーンを残してある．

る．しかし，1980年代から事務所ビルの階高が徐々に高くなる傾向にあり，現在では階高4m以上，天井高2.8m以上の例もみられるようになった．

3）用途転用 欧米の建築の寿命が日本と比べて長い理由は様々であろうが，その1つに，欧米の建築に用途転用が多いことあげられる．宮殿や城を美術館やホテルに転用した例をあげるまでもなく，ヨーロッパでは用途転用が当たり前のように行われている．廃線により不要になった駅を改修したオルセー美術館（1986年），役目を終えた歴史的なランドマークである火力発電所を改修したテート・ギャラリー現代美術館（2000年，**図6.28**）の例などのように，日本では思いもつかない用途転用例は珍しくない．建物を100年単位で大切に使い，環境を守るヨーロッパ文化には，見習うべきところが多い．

f. 建築の長寿命化に向けて

建物の建設，改修，解体時のCO_2排出量は，竣工から解体までの間に建物が消費するエネルギーに伴うCO_2排出を加えた建物の生涯CO_2排出量（$LCCO_2$）の約1/3を占めるという試算がある．$LCCO_2$を削減するためには，建築の省エネルギー化だけでなく，長寿命化により取り壊し・建て替え時期を遅らせることが重要である．省エネルギー建築や環境共生建築であっても，短期間で取り壊され建て替えられれば，$LCCO_2$の排出量削減にはつながらない．

日本では従来，建築の寿命は経済性から決まることが多く，日本建築学会などが保存要望書を提出した建築の多くが取り壊されたり，申し訳程度の部分保存でお茶を濁されたりしていることからもわかるように，近代建築の歴史的・文化的価値は軽視されてきた．また，1990年代前半にバブル経済が崩壊して以降，地価が大幅に下落しているとはいえ，不動産評価額に占める土地の価格が依然として大きな割合を占めること，更地による土地取引が主流であること，住宅政策が新築優遇であることのほか，地震・台風などの大規模自然災害による大量滅失が多いことも，日本の建築の平均寿命を短くする一因となっている．だが，今までのような安易なスクラップ・アンド・ビルドは社会的に許容されなくなることは間違いない．少しでも平均寿命を欧米並の水準に近づけるためには，建築の企画・設計・施工の段階はいうまでもなく，竣工後の維持管理や将来の用途転用の可能性も含め，あらゆる段階でメンテナンスを考慮し，建築の長寿命化を図ることが不可欠となる．建築界が，地球環境問題の緩和のために果たすべき役割は，きわめて大きいことを十分に認識しなければならない．

参 考 文 献

1) 土と左官の本3，コンフォルト，2005年5月別冊
2) 建築技術，No.557，1996

7

高齢者のための環境計画と建築のデザイン

パイミオのサナトリウムは，1928年のコンペで一等に選ばれ，1933年に完成した結核療養所．
フィンランドにおいてヨーロッパにおける最先端であったインターナショナルスタイルの近代建築を実現させるため，建物はもちろん，家具，照明器具など細部に至るまで，当時30代の若手建築家であったアルヴァ・アアルトが全てをデザインしている．
合理性，機能性を重視しながらも，人間である患者の側にたって設計されていることが大きな特徴であり，この作品の成功によりアアルトはフィンランドを代表する建築家としての国際的な地位を確立した．

7.1 高齢者の生理特性

a. 高齢者と老化

今日，長寿社会の進展で「高齢者」の概念も変化しつつある．一般的に75歳以上から心身機能の低下が急激に起こることから，65〜74歳までを前期高齢者，75歳以上を後期高齢者といっている．人は加齢に伴い，心身機能の様々な変化を遂げる（図7.1）．老化は年と共に誰にでも現れるが，個人の特性，生活習慣，精神的ストレスによって非常に個人差があり，年齢だけで判定するのは難しい．生活意欲の有無が大きく関係し，老化の現れ方は各々違う形をとる．すなわち，老化は物理的な加齢という単純なものではなく，生理学的には身体の諸器官，組織機能の低下，心理学的には環境変化への適応性の低下，社会学的には社会的地位や役割からのリタイアなど様々な条件を含んだ概念である．

b. 高齢者の心身機能の特性

加齢による心身機能の変化には大きく分けて生理的機能と心理的機能の変化がある．生活環境との対応では生理的機能特性に関するものと関係が深い．一般的に，ストラッツの生活曲線（図7.2）にみられるように身体機能は20歳をピークに次第に衰え，40歳を過ぎると視力や脚力は全盛期の半分に，65歳を過ぎると心臓や聴力などは1/3になるといわれている．

高齢者の心身機能の低下は生理的老化のみならず，疾病などによっておこる老化の促進あるいは生理的老化とは異なる老化の過程（たとえば障害）

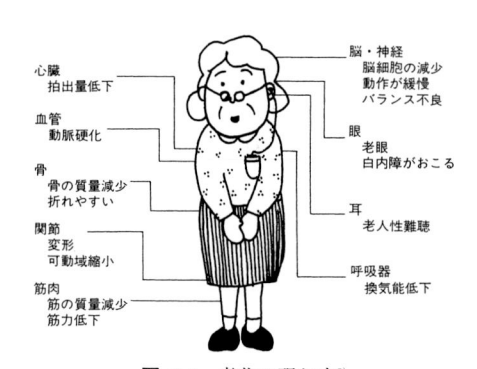

図7.1 老化の現れ方[5]

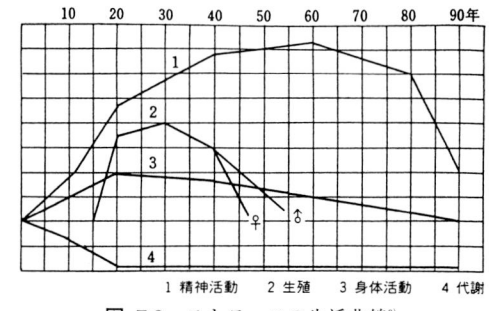

図7.2 ストラッツの生活曲線[3]
1 精神活動　2 生殖　3 身体活動　4 代謝

をたどることになる．こうした疾病や障害もまた高齢者にとって特殊なことではない．表7.1は高齢者の心身機能の特性を生理的機能，身体的機能，知的機能，統合的機能という側面からまとめたものである．高齢化に伴うこうした機能変化が人間の行動にどのような影響を及ぼし，環境計画上どのような配慮が必要になるか，十分考慮しなければならない．

1) 生理的機能の変化　生理的機能の変化は，ここでは人間の内臓の機能として捉えている．一般的に人間の臓器は高齢化に伴って重量が減少する．脳は15〜20歳代で最高となり，以後減少していく．脳の減少に伴って神経系機能も低下する．この結果，言語理解力の低下や記憶力の低下が起こってくる．

肺においては，最大換気量（1分間に呼吸できる最大のガス量）や肺活量の低下が起こる．この結果，持久力が低下し，疲労しやすくなる．また呼吸器系においては気管支炎・ぜん息にかかりやすくなり，心臓・血管系においては血圧が高くなりやすく，立ちくらみすることがある．腎臓・尿路系においては尿量の減少や頻尿が起こりやすく，尿意が夜間にみられるのも高齢者の特徴である．

2) 身体的機能の変化　身体的機能の変化として，骨・関節の萎縮・屈曲・硬直化が起こる．これは脊椎骨や椎間板の萎縮や扁平化，脊椎の湾曲度（曲背骨）の増加が原因となっている．身長は一般的に数cm低下するといわれている．その結果，身体を動かす，運ぶという力が低下し，足腰が弱くなり，指先，腕の力，背筋力も衰えるほか，敏捷性が低下し，平衡感覚も落ちるのでとっさの対応ができず，事故に遭いやすくな

表 7.1 加齢による変化と高齢者の行動特性

	加齢による機能変化	行動の特性
生理的機能	脳における変化	言語理解力の低下, 記憶力の低下(忘れやすくなる)
	肺における変化	肺活量の低下, 持久力の低下, 疲労しやすくなる
	心臓・血管系における変化	血圧が高くなりやすい, 起立性低血圧をおこしやすい, たちくらみすることがある
	腎臓・尿路系における変化	頻尿・失禁しやすい
	呼吸器系における変化	気管支炎, ぜん息にかかりやすい
身体的機能	骨・関節の萎縮・屈曲・硬直化	人体寸法の短縮, 高い所へ手がとどきにくい, 視線が遮られる, 歩行が困難になる, 立ったり座ったりが困難になる, うまく握ったりつまんだりできない, 骨がもろくなり骨折しやすい
	筋力の低下	体の支持が困難になる, 握力が弱くなる, 歩行が遅くなる, 足があがらず少しの段差でころびやすくなる
	皮膚における変化	温度・痛みに対する感覚の低下
感覚的機能	視覚・色覚の低下	見えにくくなる, まぶしさを感じる, 青・黄色などが見えにくくなる
	聴覚の低下	高音域が聞こえにくくなる
	味覚・嗅覚の低下	におい, 味がわかりにくくなる
	温度感覚の反応の低下	温度の高低差がわかりにくくなる
	平衡感覚の低下	姿勢の保持をしにくくなる, 転倒しやすい
知的機能	知的能力の低下	反応スピードの低下, 記憶力の減退, 新しい知識の獲得力の減退
	判断力の成熟	豊かな経験による適切な判断
	痴呆状態	基本的日常生活の維持困難, 空間や家族がわからなくなる, 様々な行動障害(睡眠妨害, 迷子, 大声, 徘徊, 乱暴行為など), 情緒障害(精神的緊張, 不安, 抑うつ, 怒り, 欲求不満など)
統合的機能	パーソナリティ	依存症の増加, 孤独感の増加, 情緒不安定
	運動機能の低下	動作がにぶくなる, 動作が困難になる
	筋の協調力の低下	動作がぎこちなくなる
	予備力の低下	無理がきかなくなる
	防衛力の低下	とっさのときの危険が避けられない
	回復力の低下	疲労の回復に時間がかかる
	適応力の低下	環境の急変に適応できない

る. 不自然な姿勢での行為を避け, 立ち動作からもたれ動作, 座り動作にかえる空間的対応も必要となる. 握力の低下は日常の生活空間の中で操作する能力を低下させるので, 指先だけでなく手のひらや肘も使える空間対応が必要になる.

3) 感覚的機能の低下 人間の感覚は, 視覚・聴覚・味覚・嗅覚・触覚・平衡感覚などがあるといわれている. こうした感覚機能は何らかの刺激を受容器に伝え, 脳に伝達される. まずこの刺激の伝達能力が低下し, 受容器の数が減少し, 刺激応答性が低下するといわれている. 例えば視覚においては, 長年浴び続けた紫外線の影響や加齢に伴い, 角膜や水晶体, 網膜などにも変化や萎縮が起こり, 視力の低下を引き起こすだけでなく細かいものが見えにくくなったり色の識別能力が低下する. 目の水晶体の透光性が減少し網膜に光が到達しにくくなる(老眼). 視力が低下すると物を見分ける能力も低下するので, 明るさが必要になる. 水晶体における光の散乱によってまぶしさが感じられることが多くなる. また, 白内障の場合は水晶体の黄濁化がみられ, 黄色や青色が見えにくくなるといった現象がおこるので, わずかな色の違いの見分けがつきにくくなる. 色彩を利用した案内標識などのサインにおいて留意する必要がある.

聴覚においては周波数の大きい高音が聞こえにくくなる. 味覚・嗅覚においては全体に感度が落ちると共に, とくに塩味・苦みの感受性が低下するといわれている. 触覚はちょっと触れた自覚も少なくなるので, 壁面での擦傷をおこしやすくな

表 7.2 痴呆高齢者の行動特性

症状	内容
見当識障害	時間や場所，周囲の人や自分自身について正確に認識する精神作用が障害された状態
徘徊	家などから離れて，あてもなく歩き回ること
幻覚	現実にはないものが見える状態
せん妄	軽度の意識混濁や幻聴，興奮状態をさす．夜になると起こる夜間せん妄もある
妄想	客観的にみて，誤った考えを強く確信し，その考えに対する訂正が困難な状態
作話	実際に体験していないことが，誤って記憶に追想され，実際に体験したように話される状態
失語	声帯や舌，聴覚や知覚は障害されていないにも関わらず，言語機能が障害されている状態
失行	運動機能や行為への認識をする能力などには障害されていないにも関わらず，求められた行為をすることができない状態
失認	感覚系の障害がないもしくは軽度の障害であるにも関わらず，そこから得られる情報を認知できない状態．例えば知人の顔を見てもわからない

る．身体の触れる仕上げや材料に配慮する必要がある．温度の高低差がわかりにくくなり，やけど・低温やけどなどをしやすくなる．平衡感覚は耳の前庭に関係しているのであるが，姿勢の保持をしにくくなるといったことが起きる．

4) 知的機能の変化　知的能力については，脳が関係していることは間違いないが，何がどのように関係しているかについては，簡単に説明できない．知的能力としては反応スピードの低下や記憶力の減退，新しい知識の獲得の困難さなどがみられる．反面，判断力などは経験に応じて成熟することも知られている．痴呆状態の発生もまたよく知られた事実である．一般に脳血管性痴呆は血管の出血や梗塞による脳の器質的病変によって起こるものである．しかし老年性痴呆と呼ばれるものは，その病因が明らかでないので明確な予防策はないといわれている．**表7.2**に示されるような行動特性を有する．

5) 統合的機能の低下　人間の心身機能の多様な面を統合する統合的機能において，パーソナリティ，運動機能，筋の協調性，予備力，防衛力，回復力，適応力のそれぞれにおいて低下することが確認されている．

6) 高齢者の生理特性を考慮した環境計画
高齢者に対しては高齢化に伴う身体的変化や心理的変化を十分に考慮しなければならない．すなわち生理特性を理解した空間とサービスが不可欠である．

高齢者の身体的変化から「すべての高齢者＝障害者」と考えるのは間違いである．老化によって現れる身体的変化のうち，物理的な環境として配慮すべき事項については，バリアフリーなどを実現し，環境条件を整えていく必要がある．高齢者の日常的な生活環境としては住宅などの居住施設を中心とした近隣施設や環境が中心となる．環境計画としては建築デザインのみならず，家具や道具などのインテリアや照明デザインなど関連する分野において総合的に配慮していかなければならない．この結果として，高齢者のみならず周囲のすべての人にとってもアメニティが高く，生活しやすいユニバーサルデザインにつながることを期待したい．

近年，国や自治体などの公的住宅をはじめ，民間住宅などにおいても，高齢者を配慮した住宅のための計画や設計に関わる基準や指針が示されている．対象とする高齢者などの生活者が，これらの基準類だけで充足されるとは限らない．個々の条件に対応した環境計画も必要である．そのために建築デザインの中で生活者の条件を再度チェックしていくことも重要である．また，同一生活者であっても，経年変化によって身体的に家族的にどのような変化をたどっていくか，このプロセスに対応した環境計画も必要である．身体変化の状況を考慮した住宅環境の検討としては，身体のレベルを4つの段階に分けて考慮した筆者が関わった「新住宅開発プロジェクト―高齢者・身体障害者ケアシステム技術の開発」(旧・通商産業省)がある（**図7.3**）．

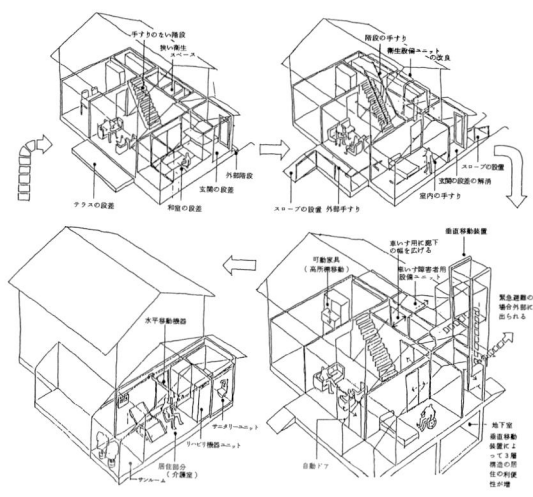

図 7.3 新住宅開発プロジェクトにおける身体レベルと住宅[9]

7.2 バリアフリー

a. バリアフリーの概念と法基準

ノーマライゼーションの理念を具体化する考え方の1つとして，バリアフリーがある．バリアフリーとは「バリア（barrier）：障壁」と「フリー（free）：自由な，開放された，除去する」を組み合わせた言葉で，「障壁がない」という意味である．

障害のために生ずる問題は様々であり，現在，バリアフリーはより広義に捉えられ，障害のある人だけでなく，すべての人の社会参加を困難にしている物理的，社会的，制度的，心理的なあらゆる分野や領域での障壁の除去という意味で用いられるようになっている．

バリアフリーを実現するために，国や自治体をはじめ関係する機関では法律や条例，要綱など各種の基準を用いている．アメリカでは1960年代に公民権運動の結果として人種差別を憲法違反としたが，1990年代になって障害者差別にも同じ概念が適用された．その結果，法律として具体化したものが，ADA（Americans with Disabilities Act，障害をもつアメリカ人に関する法律）である．

国や自治体は，法律・条例・要綱などにより，使いやすい施設や公共空間の設計基準などを定めているが，強制力の問題や，技術が進化し人の生活は変化する中で，技術的な基準を定めることの難しさもある．バリアフリーに関する基準については，当初，先進的な自治体による要綱などの整備から出発している．その後の条例や規則による基準の整備の進展は国によるハートビル法や交通バリアフリー法の誕生を促したといえる（後述）．

b. 加齢とバリアフリー

高齢者は加齢により手足の動作が緩慢になり，わずかな段差でつまずいたり，転倒の恐れがある．上下肢の筋力・背筋力・呼吸機能の低下が起こり，危険に対する運動反射神経や平衡感覚が低下，衝突などの危険が生じやすい．運動機能の低下と共に視覚・聴覚・嗅覚・触覚などの感覚機能も低下する．とくに視覚の低下により周囲からの情報入手が困難になりやすい．歩行環境におけるバリアフリーとしては歩行中の転倒やつまずきに留意して，不用意な床面の段差を設けないことが肝要である．また床面は滑りにくい材料・表面仕上げが求められる．とくに外部や水に濡れやすい床面については配慮が必要である．身体の運動能力を補完するために各種の補装具が用いられる．杖やカートはよく用いられるが，これらの使用者に対しては歩行空間の幅員や大きさに注意する．また，知覚しにくい突起物は大変危険になるので避ける．長距離の歩行は疲れるので適当な間隔で休憩スペースを設けることが必要である．歩行中に必要となる情報は本人の環境に対する学習による場合もあるが，あまり慣れていない環境においては適切な情報を入手しなければならない．サインはこの情報を提供する手段として一般的によく利用されている．このサイン計画においては文字の大きさや色彩のバランス，コントラストに注意する．視覚と音声情報を併用することにより，残存する感覚機能を有効に活用できる．高齢者の場合，視覚環境として十分な照度を必要とするので，サインがわかりやすい十分な明るさを確保することが重要である．

c. 住宅のバリアフリー

誰でも住み慣れた地域で，自分の家で，自立して，普通の生活を送りたいと望んでいる．それが，ノーマライゼーションの基本理念であり，生

表 7.3 高齢者の家庭内の事故死（厚生労働省「平成14年人口動態統計」資料より作成）

	総人数	65歳以上人数 [（ ）内は%]
家庭での事故死総人数	11,109	8,368（75.3）
住宅に関わる事故	4,859	3,900（80.3）
①浴槽などでの溺死	3,064	2,598（84.8）
②スリップ，つまずきなど同一平面での転倒	979	841（85.9）
③階段またはステップからの墜落，転倒	433	295（68.1）
④建物からの墜落など	383	166（43.3）

活の基本である．その生活を支える器である住居（住宅）は，大きな役割を担っている．しかし，生活の拠点として最も重要である住宅内における高齢者の事故が多い（**表 7.3**）．その住宅をそれぞれの住み手の要求に合わせるだけでなく，できるだけすべての人に対応できるようにしようという考え方でつくられたのが旧・建設省の長寿社会対応住宅設計指針である（**図 7.4**）．室内の床の段差を解消し，手すりを必要な場所に設置し，廊下やドアは介助者や車いすが通れるようにつくるという発想が基本であり，住宅金融公庫の融資と連動したこともあって，わが国における住宅のバリアフリー化が進展した．

住み手のみならず，訪問客として車いすなどを使っている親戚や知人を受け入れられるようにするにはどうしたらいいかを考えると，配慮すべき要点が明確になる．このように，直接の住み手だけではなく，訪問者というユーザーの視点からのバリアフリーも重要な視点である．

ところが，現在の日本の住宅は，たくさんの問題を抱えている．例えば，従来の木造住宅は段差や階段が多く，車いすでの生活がしにくい，住宅の広さが十分でない，高齢者や障害者は賃貸住宅を借りにくい，借家は住宅改造ができない，高齢で転居を余儀なくされる，などである．これらの問題点を解消しながら，持家・借家の別に関わらず，すべての人に住み続けられる住宅を保障するためには，住宅政策と福祉政策の連携が大切である．住宅は，供給量の確保を目的とする時代から，生活の質（QOL）を保障し，ハード・ソフトの両

① 滑りにくい床仕上げとする
② 手すりを設置する（標準高さ75 cm）
③ 緩やかな勾配の階段とする（階段の勾配6/7以下）

① 段差をなくす
② 滑りにくい床仕上げとする
③ レバー式など使いやすい形状のものを使用する
④ 手すりを設置する
⑤ 歩行補助具および介助車いすを使用できる幅を確保する

① 介助可能な広さを確保する（短辺1.4 m以上，面積2.5 m²以上）
② 段差を小さくする（2 cm以下の単純段差とする）
③ 滑りにくい床仕上げとする
④ 浴槽出入りのための手すりを設置する
⑤ 浴槽のまたぎ込みの高さを小さくする

図 7.4 長寿社会対応住宅設計指針[1]

面から人々の生活を支える時代に移っている．いつまでも，どんな状況でも住み続けられる住宅を整備することが必要不可欠である．とくに災害時などは安全で落ち着ける住居なしに，衣食や医療を充実させても，命と健康は守れないことが浮き彫りになる．

住居改善と呼ばれることもある住宅改造は，加齢に伴う身体機能の低下や身体障害などにより，それまでは行うことのできていた日常的な行動が

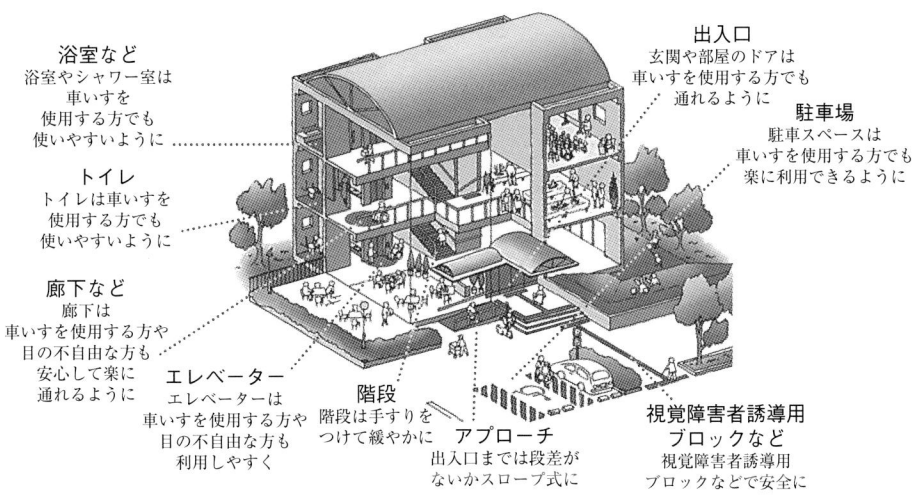

図 7.5 ハートビル法[10]

できなくなる場合に住宅を改造して可能な限り自立した生活を支援しようとするもので，在宅サービスの1つである．多いのは，浴室やトイレなどの段差解消や手すりの取り付けなどであるが，これらは本人よりむしろ介護者の負担をできる限り軽減させることを目的として行われている．

現在，住宅改造を進める主な公的制度は介護保険である．この場合は，まず，ケアマネージャーが個人にあったケアプランを立て，その計画に基づき住宅改造の内容を検討する．場合によっては住み替えることも選択肢の1つとなる．ただし，介護保険の適用には，限度額などが定められているため，利用する際には注意が必要である．

介護保険以外に住宅改造を支援する制度として，住宅改修費助成事業，住み替え家賃助成事業，高齢者住宅改造補修費補助事業などがある．これらは各自治体の福祉部局が行っている場合が多く，内容や金額もそれぞれ異なり，年度によっても変化する．設計者や施工者は，これらの情報を積極的に入手して，施主や関係者に対し，住宅改造やバリアフリー設計の必要性を説明し理解を得ることが重要である．

d. 建築物のバリアフリー

アメリカでのADAの成立がきっかけとなって，日本でも建築物のバリアフリー化を目的として「高齢者，身体障害者等が円滑に利用できる特定建築物の建築の促進に関する法律（ハートビル法）」が1994年に制定されている．不特定多数の者が利用する建築物（特定建築物）の所有者に対し，障害者などが円滑に利用できる措置を講ずる努力義務を課し，当該措置に関する判断基準を定めると共に，都道府県知事などによる指導および支援のための措置等について規定している（図7.5）．

その主な内容は，①デパート，ホテル等不特定多数の者が利用する建築物（特定建築物）の建築主（特定建築主）は，出入口，廊下，階段，便所等を高齢者，身体障害者等が円滑に利用できるようにするための措置を講ずるようつとめなければならないものとする．②建設大臣（現・国土交通大臣）は，高齢者，身体障害者等が円滑に利用できるようにするための措置に関し，特定建築主の判断基準（基礎的基準及び誘導的基準）を定め，公表するものとする．ここで基礎的基準とは高齢者，身体障害者などの利用を不可能としている建築物の障壁を除去する水準を示すもの，誘導的基準とは高齢者・身体障害者などが特段の不自由なく建築物を利用できる水準を示すものとしている．2002年には改正され，より一層のバリアフリーの実現が図られようとしている．

e. 交通環境のバリアフリー

交通環境については，高齢者・身体障害者などの公共交通機関を利用した移動の利便性・安全性の向上を促進するため，2000年11月に「高齢

者，身体障害者等の公共交通機関を利用した移動の円滑化の促進に関する法律（交通バリアフリー法）」が施行された．この法律では，①鉄道駅等の旅客施設および車両について，公共交通事業者によるバリアフリー化の推進，②鉄道駅等の旅客施設を中心とした一定の地区における市町村が作成する基本構想に基づいた旅客施設，周辺の道路，駅前広場等のバリアフリー化の重点的・一体的な推進がうたわれている．鉄道駅については，1日の利用者数が5,000人以上であることまたは相当数の高齢者・身体障害者などの利用が見込まれる旅客施設を中心としたおおむね旅客施設から500 m〜1 kmと考えられる一定の重点整備地区においてバリアフリー化を推進する基本構想を作成するものである．

f. 福祉機器によるバリアフリー

身体の環境への適応性を高めるため，車いすや義肢・義足，杖などの福祉機器が用いられる．これらのうち，高齢者を対象とするものは，介護保険制度の適用を受けて借りたり購入したりすることができる．高齢者の環境計画においては身体的な変化を確認しながら，必要とされる福祉機器を適切に導入し，建築のデザインに組み込んでいくことが必要である．高齢者の使い勝手や使用による効果を十分に把握しないで機械的に導入することは多くの危険や不都合を生む可能性があるので注意する．

福祉機器については，今後も研究開発が進み，新たな商品として登場してくることであろう．しかしながら，利用者に対して，その内容や効果など，性能や価格に関する情報が十分伝わらないことも予測される．また使用してから判明した問題点などに対する改善方法や対処システムの充実も図られる必要がある．アイデア商品的レベルに終始することなく，利用者に対し，安全に快適に使用し続けてもらえる福祉機器の開発が期待される．

7.3 ユニバーサルデザイン

a. ユニバーサルデザインの概念

特定の人に対応する考え方からより多くの人，できればすべての人を対象にしたデザインが求められている．すなわち，バリアフリーデザインのもつ個別の解決だけでなく，1つのデザインがあらゆる面において，新たな使いやすさや魅力的な空間機能を生み出すことをめざして，最近はすべての人のためにという概念をより明確に表現するために「バリアフリーデザイン」にかわって「ユニバーサルデザイン」という言葉がよく用いられるようになっている（**表7.4**）．「ユニバーサルデザイン」とは単純にいって，すべての人にあらゆる利用が可能な製品や建物，空間をデザインするということであり，アクセシブル（近づきやすい），アダプタブル（適応しやすい），バリアフリー，トランスジェネレーショナル（超世代）というような言葉はすべてユニバーサルデザインの概念と関連している．ちょっとした配慮や気配りで，ずいぶんと多くの人の生活で役立つ例が多い．身近な生活の道具や空間での配慮を積極的に進めることが期待される．

表7.4 ユニバーサルデザインの7つの原則

公平な利用
どんなユーザーグループに対しても有益で売れるものであること
フレキシブルな使用
人の好みや能力に幅広く適応すること
シンプルで直感的な使用
ユーザーの経験や知識などに関わらず情報を効果的に伝えること
わかりやすい情報
ユーザーの知覚能力などに関わらず情報を効果的に伝えること
間違いの許容
偶然や意図しない行動による危険や逆の結果を最小限にすること
少ない身体的不安
効率的に心地よく最小の努力で使われること
繰り返し使用するためのサイズとスペース
適切なサイズと，スペースがユーザーの体の大きさや姿勢，操作能力に関わらず，近づき，届き，操作し，使うために提供されること

b. ユニバーサルデザインと共用品

日本では，ユニバーサルデザインの考え方の具体化する動きとして，共用品や共用サービスという名で，商品やサービスの開発，普及が進められた．高齢社会において身のまわりで使用する生活用品はさらにシステムの高度化を推進するなど，健常者と障害者を含む高齢者が共用できる製品，あるいはシステムを機能面，デザイン面に十分配慮して開発する必要がある．共用品は福祉機器と一般品の整合性をめざす概念に基づいて，「障害のある人もない人も共に使える」を合い言葉にして開発されたが，そのために障害に引きずられている側面が強い．ユニバーサルデザインと同義語と主張されることもあるが，厳密に捉えると異なるものと考えられる．共用品の成果の代表例は磁気カードの種類を区別するための切り込み，そしてシャンプーとリンスとを区別するギザギザのマークなどである．しかし，例えば，磁気カードの場合，前後，裏表どちらから入れても使用できるカードのほうがよりユニバーサルデザインに近い事例である．近年では，挿入を要しない非接触型のICカードの採用事例も多くなり，ユニバーサルデザインは絶えず進化していく．しかし，一方で，進化した側面の裏側に潜む不便さや危険などにも十分に注意していくことも忘れてはならない．高齢者や障害者の場合，とりわけこのような便利さの追求とは逆に新たな操作に対応していけないような課題に直面することも予測される．

今後の共用品の開発に際しては，利用者の利便性を確保するという観点から，複数企業間の連携・協力体制の確立も要求される．

商品そのものについても，従来の福祉用具を，なるべく，すべての人が使えるように工夫したり，その反対に，文具や家電，ファッションなど，むしろ福祉産業とは無縁だった業界でも，ユニバーサルデザインを導入することにより，高齢者や障害者にも利用しやすい，ものづくり・サービス提供が進められつつある．

c. 専用・優先・共用

障害者の利用を考慮した環境整備やデザインの当初の考え方は専用ということであった．専用にすることによって，特殊で専門的に配慮した環境を提供できると考えたわけである．しかし，専用の環境は大多数のそのほかの利用者にとっては違和感があり，使用しにくいという問題がある．また，全体の規模や構成の枠組から，専用とはせずに，優先として障害者などの利用に優先権を付与することで，合理化を図ろうとする概念がある．しかし，これらはいずれも障害者とそのほかの人を区別することに立脚している．ユニバーサルデザインの概念につながるのは共用という考え方である．共用という考え方にこの区別はなく，同じ人間，利用者として平等な扱いを原則としている．共用されるものや環境はすべての人に受け入れやすいデザインであることにつながる．

国際シンボルマークについて，そのイメージを問うた筆者の調査[1]によると，やはり障害者専用というイメージが強く，共用や優先というイメージは弱いことが確認されている（図 **7.6**）．近年，多目的トイレ（多機能トイレ）という形で，空間設備の配慮とともに，入口のサインについても共用を意識したものに変えられる例が多くなっている（図 **7.7**）．

d. 参加・体験によるユニバーサルデザイン

ユニバーサルデザインを進めるには多くの関係

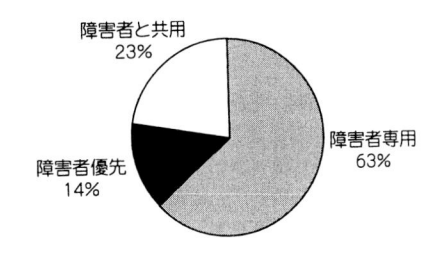

図 **7.6** 国際シンボルマークに対する意識[1]

図 **7.7** 共用を意識したサイン

者の参加と協働による成果を共有することが大切である．その方式のいくつかを紹介する．

① 住民参加：現在は，まちづくりに限らず，各種の計画づくりからコンテストの審査まで，あらゆることの基本に住民参加があるが，参加の形態は，受動的な参加から，より積極的・主体的な参画へと変わっている．また，計画づくりに参画するだけでなく，その後の実践の段階でも積極的に協働で行われるようになってきた．

② ワークショップ：もともとは共同作業・工場の意味であるが，現在では，参加者が主体的に議論に参加したり，言葉だけでなく体や心を使って体験したり，相互に刺激しあい学びあう，グループによる学びと創造の方法として用いられている．この手法は，まちづくりだけでなく，芸術や教育など，様々な分野で実施されている．ワークショップを実施する際には，ファシリテーターやコーディネーターなどのグループのまとめ役が重要な役割を担っている．

③ モックアップ：バリアフリー設計では，条例や規則などの基準が適用されるが，障害者などの実際の使用者にモックアップ（実物大模型）を用いた実験を行い，その設計内容の妥当性をチェックする試みも重要である（**図 7.8**）．国際障害者交流センター（ビッグ・アイ）は，この方式によるモデルプロジェクトであるが，実験への当事者の積極的な参加が不可欠であったことはいうまでもない（**図 7.9**）．

④ タウンウォッチング：まちを知るための観察，点検作業である（**図 7.10**）．ワークショップに比べると提案性が薄いが「百聞は一見に如かず」を実践するために，どこでも気軽に実施できる手法

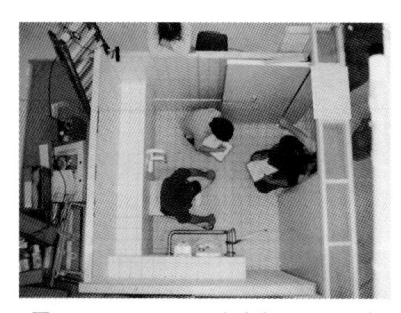

図 7.8 モックアップ（ビッグ・アイ）

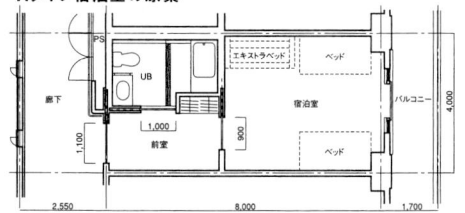

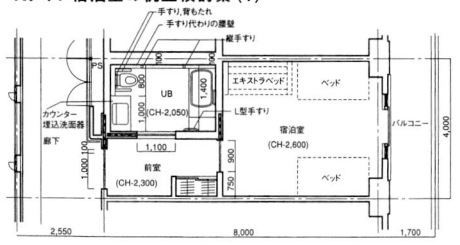

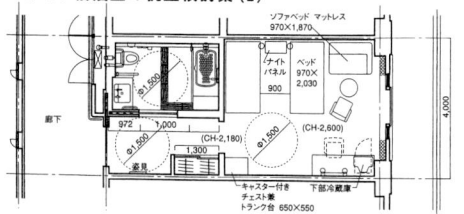

図 7.9 ビッグ・アイの宿泊室[12]

図 7.10 タウンウォッチング（熱海市）

として実施されている．例えば小学校の授業で取り入れられるなど，多くの人が気軽にゲーム感覚で参加できるイベントとして各地で行われている．

⑤ 擬似体験：擬似体験装具と呼ばれる装具を身に付けると80歳程度の高齢者の身体状況を体験できる（**図 7.11**）．これを使った高齢者擬似体験や，車いすを使った擬似体験，アイマスクを使用した視覚障害擬似体験など，一時的に不便さを体験しながら，まちや建物を点検する擬似体験が活

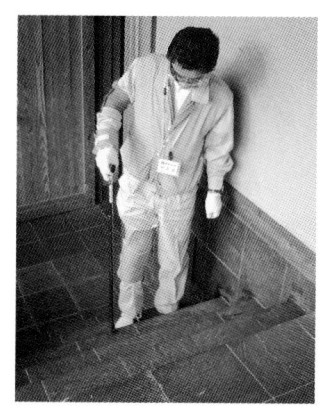

図 7.11 擬似体験装具（熊本県上益城郡）

用されている．これは，ワークショップやタウンウォッチングのプログラムの一環として行われることもある．他人のことはわからないのが常であるが，一時的にでもほかの人の視点でまちを考える貴重な体験である．ただし，あくまで一時的・擬似的な体験に過ぎないことを認識することも大切である．

7.4 アメニティ

a. アメニティの環境計画

アメニティとは，旧・環境庁の環境白書で用いられて以降，快適環境，環境の快適性，居住性のよさの意味でよく使われる言葉であるが，快適な環境，快適性の質や事物を表す概念といえる．安全性（セキュリティ）と両立すべき視点として取り上げられる．その具体的内容は国や時代によってちがうが，「住み心地のよさ」あるいは「快適な居住環境」を構成する複合的な要因を総称しているといえる．19世紀後半の産業革命後，イギリスの都市計画が起源とされ，イギリスの Civil Amenities Act では，アメニティを"the right thing in the right place"と定義している．アメニティは，①環境衛生，②快適さと生活環境美，③保存という3つの複合概念で，イギリス都市計画の基本思想として重要な概念である．

高齢者の生活環境を計画する際にも，アメニティをいかに評価し，具体的な計画内容に反映していくかということが重要になってくる．私達の生活や価値観はこれからも多様に変化していくと思われるが，それぞれの生活者の求めるアメニティの質や量について，絶えずその時代や社会の動きを的確に捉えながら，具体化していくことが必要である．またこれに関する建築を含むあらゆる分野での研究や提案の成果を十分に反映していかなければならない．

都市全体を対象としたアメニティの環境計画では都市アメニティという視点が重要になる．都市アメニティは，住まい，仕事，消費，交通など，毎日の生活の場における環境の快適さ，潤いの程度を意味する．都市アメニティを構成するものは，衣食住を支える基本的な基盤である都市施設をはじめ，身近な生活環境の様々な事物が関係する．場合によっては，近隣とのつきあいやゴミの出し方など，生活に関わる様々なことがらにも関係する．

高齢者に限らず，現代社会に暮らす人々に対し，具体的な癒しの環境づくりにつながる緑や水などの自然要素をはじめ，動物との共生，アートの導入，五感の活用などのアメニティの環境計画が求められている．

b. 緑の環境

自然環境の豊かさは樹木や草花などの緑の質と量の状況をバロメーターに語られることが多い．もともとの生活環境にはこのような緑が豊かに彩られていたが，都市環境の変化と共にアメニティの要素として弱くなってきた現実も否定できない．あらためて，高齢者をはじめとする生活者にとっての緑の役割や効果について再認識する場面が多くなっている．都市環境としては公園や自然緑地などの整備によって，公共空間としての緑によるアメニティの向上を図ろうとしている．また，多くの生活施設の中においても緑を取り入れた建築計画が導入された事例がある（**図 7.12**）．

緑を身体的もしくは精神的に障害のある人たちに対して，その動作能力や社会的適応能力の回復を図るため，導入したものが園芸療法である．治療効果のみならず，子供や高齢者を含む何らかのハンディを負う人の社会的権利や生活の質の向上

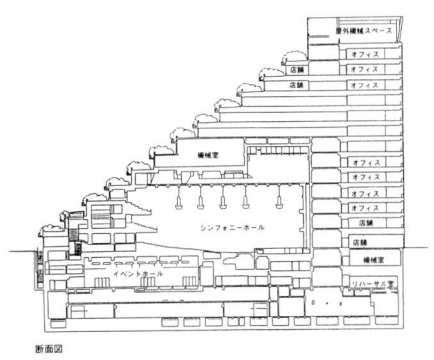

図 7.12 緑を取り入れた建築計画(アクロス福岡)[13]

図 7.13 セラピーガーデン（デンマーク）

を図るという効果が期待できる．さらにノーマライゼーションの考え方に基づいて，あらゆる立場の人に対して，いきいきと暮らしていけるような環境づくりの1つとして展開される必要がある．ガーデニングは身近な生活の中で人が安らぐ緑づくりとして，多くの市民に受け入れられるようになった．セラピーガーデンとして，このような植物のもつ癒し効果を体験し，園芸療法の普及と理解を進めていこうとする試みもある（図 7.13）．

高齢者や障害者の施設では，このような緑を効果的に取り入れた癒しの環境づくりが多く試みられている．住宅においても，生活のあらゆる場面において緑を楽しみ，癒される環境づくりが盛んである．

c. 動物との共生

古来より動物と暮らす生活の場面が多くみられる．単に労働力の対象としてだけではなく，生活のパートナーとしての動物は重要な存在である．高齢者や子供に限らず，犬や猫，小鳥，魚といった生き物は心の支えであり，命の大切さを実感できる．アニマルセラピーとは，動物が人に与える効果を活用した癒しの療法である．正式には AAT（Animal Assisted Therapy）という．言葉は交わせないが，ただそこにいるだけで気持ちが落ち着いたり，癒されたりする効果を利用する．一般的には，集合住宅においては動物を飼育することは禁止されていることが多いが，あえてこのような効果を期待して，高齢者や障害者などの住宅や施設で導入される例がみられるようになった．環境計画としては鳴き声などの音対策，排泄物などの処理問題，近隣住民への安全対策など具体的な課題に対する検討事項も多い．一般の集合住宅においても，特定の高齢者や障害者への配慮ではなく，人の安らぎを得る手法として注目される．

ペットとしての犬と共生する生活から，近隣住民とのコミュニケーションが生まれ，これからの高齢社会における生活のあり方に手がかりを与えていることも確認されている（図 7.14, 7.15）[14]．

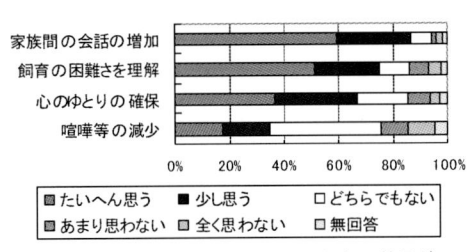

図 7.14 家族間におけるペット犬の効果[14]

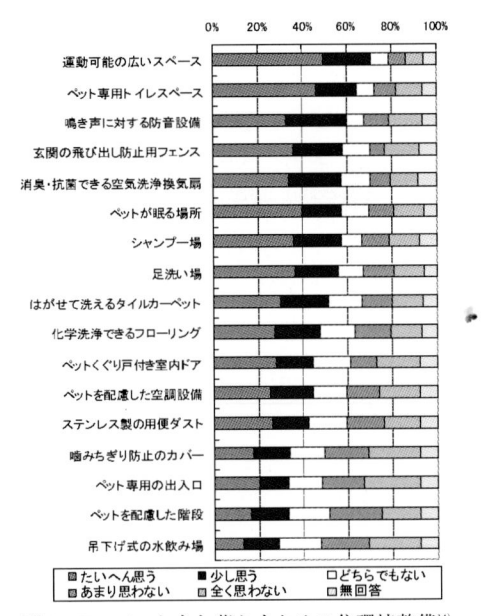

図 7.15 ペット犬と暮らすための住環境整備[14]

d. アートと癒しの要素

アートセラピーとよんでいるものは，美術・音楽・ボディワーク（身体表現）など，多くのジャンルがあり，さらにその中もいくつかの領域に分かれている．対象者も高齢者や障害者，子供，治療としてリハビリテーションを受けている人，ストレスを感じている人など様々である．

建築計画の中で，絵画や彫刻といったアートは，近代建築の中では古代や中世の建築に比して排除されることが多い．宗教建築や心理的な効果を狙った建築ではなおアートを導入し，影響力を及ぼそうとするものもみられる．高齢者や障害者などの利用者や生活者に，癒しの要素としての効果をもたらすアートの役割を再認識することも重要である．アートとして設置され，鑑賞するだけのレベルから，自らアートの制作プロセスを体験することによって，アートの存在や意味の実感を増幅するレベルまで多くのパターンが考えられる（図7.16）．

高齢者の施設や住宅では，純粋のアートではないが，過去の生活に関わる事物を飾ったり，設置したりする事例が多い（図7.17）．これは生活者の心の歴史を大切にし，元の家族との生活の思い出や懐かしい人への想いのきずなを大切にしようとする考え方である．

e. 五感の活用

音を活用したものとして，音楽を療法的に活用することが日常活動に取り入れられている．知的障害者への音楽活動も盛んになってきた．音楽は，音を楽しむものと同時に自分を表現することであり，またコミュニケーションの1つの手段でもある．昔から，音楽は心を癒すものとして生活のいろいろな場面で使われてきた．最近は音楽療法士の認定ということに伴い，音楽と福祉に関心をもつ人たちの間で，音楽療法の方向性，方法論，音楽療法を行う姿勢などについて，広く考えられている．さらに，空気や水と同じように普段あまり意識しない光によって，心安らぐ精神の安定をみつけようとするライトセラピーがある．もとより照明デザインの分野では人の心を癒す光を追求してきた．あらためて光源や素材そして光が存在する環境について，考え直す必要がある．

このような感覚を活用した代表的かつ専門的な事例としてスヌーズレンをあげることができる．光による視覚刺激，音楽による聴覚刺激，香りによる嗅覚刺激，振動や水の動きによる触覚刺激などの刺激が用意され，その中に入って自らの好む刺激を楽しむことができる（図7.18）．ヨーロッパ

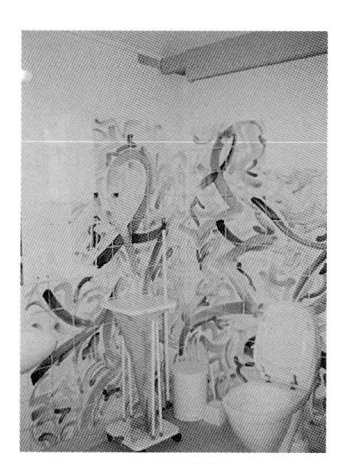

図 7.16 高齢者施設のアート

図 7.17 過去の生活の事物

図 7.18 スヌーズレン

では，施設やデイセンター以外にも，グループホームなどで居間をスヌーズレンの部屋のようにしつらえて，誰もがくつろぎやすい空間にしているところもある．また，高齢者など多くの人たちに安らぎと憩いを与えるものとして応用され，痴呆症や精神障害をもつ人々へのケアとしても大変興味をもたれている．

7.5 モビリティ

モータリゼーションの発達した現代社会では，都市部・農村部を問わず，徒歩や自転車のみの移動では十分なサービスにアクセスできないことが多い．高齢化の進む過疎地域では電車やバスなどの公共交通の整備が期待されるが，現状として十分でない．

タクシーは，近年，高齢者をターゲットとした様々な工夫が行われており，福祉産業として重要な役割を担っている．例えば，車いす用のリフトなどがついた福祉車両を用いて，在宅の高齢者や障害者を，施設や病院などに送迎する移送サービスが行われている．

最近では，従来の福祉タクシーの機能だけでなく，一般のタクシーと同様に「流し」を行い，車いす使用者以外でも利用できるなど，様々な人が利用しやすい形で運営されているユニバーサルタクシーの導入が始まっている．

また，自動車交通に依存する都市交通の体系における環境問題や交通事故などの解消を狙って，LRTなどの路面電車を復活，導入しようとする動きも活発である．

このような都市環境のモビリティに加えて，高齢者を考慮した建築デザインに関わる移動装置を取り上げるものとする．

a. 階段昇降機

住宅における階段に昇降が困難な高齢者などが利用するための移動装置である．日常の階段の幅員がレールなどで制約されることや移乗のしやすさ，移動中の安全性の確保などが大切である（図7.19）．

図 7.19 階段昇降機

図 7.20 段差解消機

b. 段差解消機

玄関の段差など，スロープを設置するにはスペースが足りない場合に有効な移動装置である（図7.20）．表面仕上げを周囲と合わせることによって，使用しない時には存在が気にならない．操作性や安全性の工夫が必要である．

c. エレベータ

エレベータは車いす使用者など，階段やエスカレータでは昇降しにくい人に対して有効な移動装置である．かごの大きさとして，車いすの回転できる直径1,500 mmの円の入るスペースを基本とする．このスペースが確保できない場合は，後進して出るための鏡を設置したり，入口と出口の位置が異なるタイプなどを用いる．出入口の幅員としては車いすの通行を考慮する．ドアの開閉時間や安全装置に注意する．

シースルータイプは内部で転倒などの事故があった場合などに発見されやすい．スイッチボタンを見やすく操作しやすくしたり，かご内外にイスを設置し高齢者の転倒防止を図ったり，休息空間ともする（図7.21）．

7.5 モビリティ

によるバリアフリーが勝るといえる．

e. ムービングウォーク

鉄道駅や空港ターミナルなどでの比較的長距離の水平もしくは多少の起伏を伴う移動に用いられる移動装置である．幅員についてはエスカレータと同様に停止している人と歩行する人とのすれ違いも考慮する．高齢者の場合はとくに乗降口での転倒事故対策が重要である．速度の調整やすべりやひっかかりのない床仕上げ材料の選定が重要である．床勾配についても長時間の立ち姿勢が困難な高齢者のことも考慮した設定が必要である（**図7.23**）．

f. リフト

車いすからベッドや便器などへの移動などの生活行為における介助者の負担を軽減するために，各種のリフトが活用される．必要な場所での移動を行うための天井走行リフト（**図7.24**）や，浴室での移動を助ける入浴リフトなどがある．建築計画として必要な部屋相互の配置や動線を十分考慮することはもちろんであるが，あわせて，リフト

図 7.21　エレベータ

図 7.22　エレベータと共に設置されたスロープと階段

公共施設などではエレベータの館内での配置やサインを工夫し，わかりやすくする配慮が求められる．多くの利用者の生理特性を考慮して，音声案内や触覚案内をはじめ各階案内をきめ細かく行う．

エレベータと共に階段やスロープ，エスカレータなどのほかの垂直移動手段が近接して設置され，利用者にとってわかりやすく選択できる計画が望ましい（**図7.22**）．

d. エスカレータ

公共空間ではエスカレータは速度も速く，処理能力も高いので多用される．しかし，止まっている人と追い越していく人が並列するためには，荷物をもっている場合も考慮した幅員の検討が必要である．移動手すりの速度や位置，乗降口の固定手すりの位置や形状は転倒事故や挟まれ事故の発生を防止するために工夫する．車いすの乗降を考慮してステップをフラットにする装置は，その操作性や本人の心理を顧慮すればエレベータの設置

図 7.23　ムービングウォーク

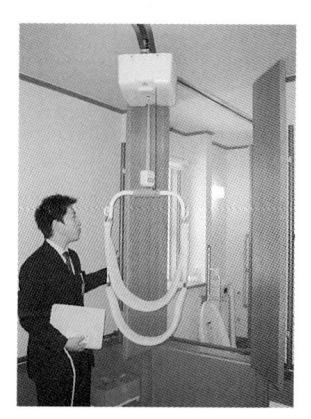

図 7.24　天井走行リフト

7.6 視環境計画

a. 視機能の低下

　加齢による視覚の変化は個人差も大きいが，40歳代後半からといった比較的早い年代から始まり，連続的に進行するのが特徴で，本人には意識されにくい面がある．目の具体的変化としては，水晶体の混濁による光の散乱の増加，グレア感の増加，黄変による色の識別能力の低下，焦点調節能力の低下，瞳孔の明暗順応速度の遅速化，物の存在の知覚の衰えなどがあげられる（図7.25）．

　これら様々な視機能の低下に対する基本的な対応は，明るさを確保することである．生活や何らかの作業において，ものの隅々までよく見ることができるような照度の確保が重要である．また，グレアを生じないような視環境の質向上を図ることが必要となる．

b. 視界の黄変化

　高齢者の視覚能力の低下は，老化によって引き起こされる白内障による水晶体の黄ばみと濁りの進行などにより透過率の低下などが起こる．その結果，明るくないと見えにくいばかりではなく，色の識別能力も低下し，色彩誤認が起こりやすくなる．生活において物が黄色を帯びて見えることなどを引き起こす．

　この黄変化によって，たとえば**表7.5**のような色彩の誤認が生じてくるといわれている．これらに対して，色彩の計画に当たり，識別させるためには明度差をつけるようにするなどの配慮が必要となる．

表 7.5 黄変化による色彩の誤認

白と黄色の区別が付かない
白地に黄色の図を書くと，地の白が黄変化し地と図の区別が付かない
黒地の青文字は地との区別がつきにくい
青色系は暗く黒みを帯び，明るい青色は，曇天のような黒っぽい空になる
ブラウン系は紫がかって見える
明るいグレーは暖かく見え，ピンク色に近くなる
グレー，紫は黒っぽく変化する
緑色は暗緑色に変わり，認識しにくい色とされる
朱・赤は比較的変化が少ない

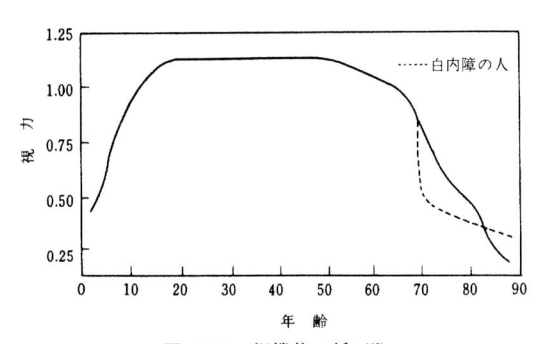

図 7.25 視機能の低下[15]

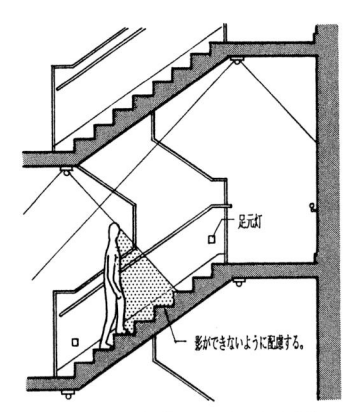

図 7.26 階段における照明[16]

c. 照明計画のポイント

　建築デザインに当たり，採光計画と共に高齢者の視覚特性を考慮した照明計画が求められる（**図7.26**，**表7.6**）．

　① 安全性：安全性の観点からはこれら視機能の低下に加えて，反射力や体力の衰えなど，ほかの身体的特性との関連に配慮する必要がある．中途半端な照明は能力の過信による事故につながりやすい．安全性を第1とし，適材適所に昼は十分な自然光，夜は明るめの照明が確保できるような採光や照明が求められる．

　② 快適性：人間の生活には活動のための明るさと休息のための暗さを必要とし，自然光を取り入れ心身をリフレッシュしたり，好みの雰囲気をつくり心理的安心感，安定感を得る上でも光環境の役割は大きい．

　③ 居住者の意思尊重：できる限り居住者の意思が加えられるような制御や調節機能を備える計

表 7.6 住宅各室の照明・採光計画

室・空間部位	計画のポイント
寝室	ベッド使用時に光源が直接目に入らないよう足元灯を設置 就寝時，主照明の点滅が寝具の位置でできるようにする（リモコンスイッチなど）
廊下・階段	夜間の歩行行動の安全に配慮（人感センサースイッチなど） 夜間の補助照明はグレアを押さえ，照度を配慮
玄関	来客，家人の顔が見えるよう位置・個数を配慮 上下足のはきかえ動作時に影をつくらないよう位置・個数を配慮
リビング	生活パターンに合わせた照明パターンを選択・調整する 高齢者の心身の健康によい影響がある外光の明るさを活かす
便所	調光で半減させるか，スロースタートスイッチを使うなどの配慮
浴室	部屋全体を明るくする 鏡前の洗体時には顔や体が十分見える位置に照明を設置 浴室の壁面・天井などは明度の高い色彩を使用
洗面・脱衣所	洗眼・化粧時に顔がよく見えるよう照明を設置 健康チェックのためにも，演色性のよいランプを使用
キッチン	全体照明に加えて手元の明るさを十分確保 コンロ付近は鍋の中がよく見えるスポット的な照明
食堂	料理が美味しそうに見える演色性のよいランプを使用 油煙や湯気などによる汚れ対策も考慮 ランプの交換性，スイッチの操作性も配慮
段差・階段	足元に影をつくらないような照明器具配置
門・アプローチ	安全性と防犯面を考慮した配置と照度 省エネルギーと防犯を考えセンサーライト 作業の軽減を考え自動点滅器など 夜間景観を考慮したライトアップ照明

図 7.27 採光計画の演出

画を基本とする．高齢化への対応としては，特別な環境を整備するということではなく，通常の視環境を質量の面で向上させ，視機能や身体機能の変化への配慮を行う．住み手の嗜好や感性の表出を大切にし，心理面での快適性を考慮した計画が望まれる．

④ 住環境全体の照明計画：地域の防犯や避難，安心感にもつながるので住宅内部だけでなく，住宅周辺の照明の充実を図ることも重要である．

d. 採光計画のポイント

自然採光は，縦長の窓やトップライトが有効であるが，窓面積の大小，光の量と共に均斉度にも配慮する．採光計画に当たっては，法的に必要な採光面積を確保するだけではなく，高齢者の居住環境として，自然光を取り入れると共に，サンルーム，テラスなど屋外を楽しめる空間の工夫をする．採光による空間をより魅力的にするインナーガーデンや自然の樹木や草花の配置，水辺の演出などにより，自然の豊かさを楽しむよう配慮する（**図 7.27**）．

採光に当たっては，季節による外気条件の変化に対応できる工夫が求められる．ガラスの種類やブラインドやカーテンなどの調光装置にも配慮する．これらの光を受け入れる空間の色彩については高齢者への心理的な影響を顧慮して検討するとよい．

e. 色彩・サイン計画のポイント

高齢者の水晶体の黄濁化に伴う白内障など，色彩世界が変化する状況をよく理解した上で快適性や視認性についての配慮が必要である．サインや表示については誰もが識別しやすいことが必要で，黄濁化後も図と地の間に一定の明度差が保たれるような配色とし，形のわかりやすさ，照明や光の方向についても注意が必要である．複雑な色

彩の使用はかえって混乱を招く場合がある．多数の色を同一の地色の上に並べる場合は，どの色からも明度差3以上を目安に計画する．警告に適した色としては，黄濁化後も比較的変わらない赤色系が有効で，緑色系も明度差に注意して用いると有効であるといわれている．

色温度や演色性などの光の質的側面にも配慮し，用具，器具のデザインについてもよく検討し，お洒落な色彩計画を工夫する．

わかりやすいサインを実現するため，できるだけ読みやすい文字を使用し，用いる図形は単純な形で，明度差などを考慮し視認性の高い色彩を用い，見やすい位置に設置する．一般的に，明朝体よりゴシック体のほうが読みやすいといわれている．また，グレアを感じる素材や照明の位置関係はできるだけ避ける．加齢による視野の狭まりに配慮し，サインの配置を検討する．

7.7 ふれあいコミュニティ

a. 都市化と家族コミュニティの変化

20世紀に農村社会から工業社会へと移り変わり，世界各地で急速な都市化が進行した．農村においては3世帯同居も稀ではなく大家族での生活が主体であったのに対し，都市部では夫婦のみ，夫婦と未婚子または単親と未婚子からなる核家族世帯が増加した．しかし近年は減少傾向に転じ，代わりに単独世帯の比率が増加している．核家族化や単独世帯の増加現象は，最近では都市居住の特徴というだけでなく，若者のいなくなった農村部でも増えており社会問題になっている．さらに家族コミュニティのみならず，住み方，働き方の変化につれて近隣地域でのコミュニティも変化し，高齢化の進展する中で今後の地域コミュニティのあり方が問われている．

b. 地域コミュニティと地域福祉

地域福祉計画では，地域コミュニティは，地域における人のつながりであり，同一地域に生活する人々の生活利害と行動の共通性に関わる生活上の相互関連の体系をさし，人（利用者，生活者）の視点で地域を考え，同居する家族の有無や障害の有無に関わらず，誰もが地域の人々とふれあいながら住み続けることを目指している．

これまで高齢者に対して施設収容型による福祉計画が中心であったが，近年の「施設で集団管理するケアではなく，地域に住みながら必要なケアを受ける」という考え方は，地域を活用してノーマライゼーションの理念を実現させようとするもので，障害者福祉から，高齢者福祉，医療などの分野を超えた共通概念として拡大し，1970年代以降，わが国の大きな福祉政策転換の契機となった．

c. ふれあいコミュニティ計画

地域コミュニティを考えるに当たっては，目先の目的や目標だけを検討するのではなく，横のつながりや既成の各コミュニティが地域で果たしている役割を検討し，既成のコミュニティを活かしながら，従来のやり方に固執せず，新しい意識で地域づくりを行うことが大切である．多様化した現代社会におけるコミュニティの形成は容易ではないが，地域や状況に応じた様々な工夫が求められている．

地域のふれあいコミュニティを生み出す環境計画として，コモングリーンやまちかど広場，集会所など地域で共同の活動を展開するコミュニティ空間を整備する試みが盛んである．これらは一方的に行政が提供する計画ではなく，住民の創意工夫が図られるような参画の場面で生み出されることが望ましい．地域に長く住み続けてきた高齢者にとっても，自らが主体的にその経営や運営に関われるような施設づくりが期待される．地域のふれあいコミュニティのためにはハード面の整備だけではなく，地域のまちづくり協議会や住民による日常の地域安全パトロールや清掃，支え合い活動などが重要である．

地域コミュニティの環境計画には住宅における家族から地域における住民，地域を訪れる人との交流まで，多くのふれあいが想定される．住宅から公共空間の整備まで各種のふれあいの環境計画が求められる．

住宅内における家族，集合住宅における住民の

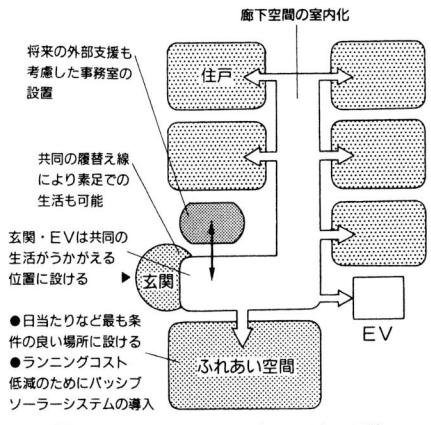

図 7.28 コレクティブハウジング[17]

ふれあいコミュニティの空間と仕掛けについても新たな試みがみられる．食事などの生活行為を共同化するコレクティブハウジングやグループハウスのような形態もある（**図 7.28**）．地域の公共施設・商業施設の中にも，地域住民のコミュニティ機能を担う空間が設けられた事例が出現している．

生活していく上では人だけではなく，動物や自然環境など，多くのふれあいが大切になる．高齢者のみならず，人の心をやさしくし，安心して暮らしていける環境計画の重要な要素である．

参 考 文 献

1) 田中直人：福祉のまちづくりキーワード事典―ユニバーサル社会の環境デザイン，学芸出版社，2004
2) 田中直人・保志場国夫：五感を刺激する環境デザイン―デンマークのユニバーサルデザイン事例に学ぶ，彰国社，2002
3) 田中直人：福祉建築基礎講座テキストIV高齢者の生活環境，社団法人日本医療福祉建築協会，1999
4) 田中直人：バリアフリーから見た公共的トイレの利用実態と意識，日本建築学会近畿支部研究報告集，No.35, 449–452, 1995
5) 田中直人：福祉のまちづくりデザイン―阪神大震災からの検証，学芸出版社，1995
6) 金子仁郎・新福尚武編：老人の精神医学と心理学（講座日本の老人(1)），垣内出版，1976
7) 建設省住宅局住宅整備課監修：長寿社会対応住宅設計マニュアル，高齢者住宅財団，1995
8) 佐藤啓二：痴呆の世界，メデジットコーポレーション，2002
9) 通商産業省：昭和56年度新住宅開発プロジェクト研究開発委託事業研究成果報告書―IV. 高齢者・身体障害者ケアシステム技術の開発（第1分冊総合研究），社会福祉法人日本肢体不自由児協会，1982
10) 国土交通省監修：ハートのあるビルをつくろう，人にやさしい建築・住宅推進協議会，2003
11) 田中直人・岩田三千子：サイン環境のユニバーサルデザイン，学芸出版社，1999
12) TOTO通信 別冊冬，東陶機器株式会社，2001
13) 日本建築学会編：建築と都市の緑化計画，彰国社，2002
14) 城崎恵子・田中直人：ペット犬と暮らす都市居住者の意識―都市環境における癒し要素に関する研究，日本建築学会大会学術講演梗概集，E-2, 51–52, 2004
15) 日本建築学会編：高齢者のための建築環境，彰国社，1994
16) 在宅ケアとバリアフリー住宅，社団法人全国年金住宅融資法人協会，1995
17) 住宅・都市整備公団関西支社：集住体デザインの最前線―関西発，彰国社，1998

8

建築環境工学の基礎

フィリップ・メリル・エンバイロメンタル・センター (2001 年) はアメリカ・メリーランド州にある国内最大の地域環境保護 NPO チェサピーク・ベイ・ファウンデーションの本部として，スミスグループの設計により建設された．

立地の選択に始まり，建物の構造からリサイクルも考慮した材料・再生材の使用，省エネルギーなど，数々の環境に配慮したテクノロジーがこの建物に結集されている．

物理的な環境や環境設備については，専門家に任せておけばいいと思っていないだろうか？　詳細な設備設計については確かにそうだろうが，基本的な物理的原理や設備のしくみを知らずして建築を設計できないはずである．窓のデザイン1つ取ってみても，外観のデザイン面のみから決まるわけではなく，日照や通風など室内環境を快適にすることも考慮しなければならないのだ．本章では，建築設計に必要な最低限の環境工学の知識が得られるように内容をかなり厳選しているので，より詳しいことは各自で参考文献などをたよりに深めてほしい．

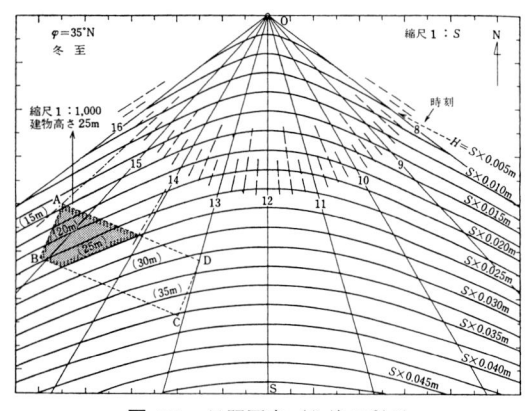

図 8.1 日照図表（北緯35°）[10]

8.1　日 照・日 射

建物への太陽光の差し込みを考える場合，2つの立場がある．1つは，計画しようとする建物がどれくらい日照を受けられるかという立場，もう1つは，計画する建物がどのように周辺地域の日照に影響するかという立場である．とくに後者は，建築基準法における規制が厳しい．また，その規制が及ばない商業地域などにおいても，日照が重要であることは間違いなく，民法でいうところの受認限度を超えてはいけないことになっていることは，あまり認識されていないようなので注意が必要であろう．

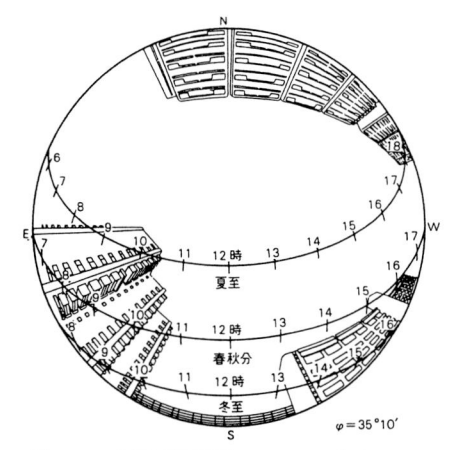

図 8.2 水平面投影図による日照検討の例[10]

a.　計画建物への日照の検討方法

1）周辺建物の影響調査　ある計画地点へ周辺建物からの影がいつ落ちるかという検討には，**図 8.1**のような日照図表を用いる．この図表を計画地点を基準として周辺配置図にかぶせることにより，周辺建物の高さと交差した部分（影を落とす部分）を読みとる．この図では，高さ25 mの建物ABCDが14時5分から15時30分まで当該ポイントに影を落とすことが読みとれる．

よりわかりやすくするために，周辺建物と太陽位置を魚眼カメラのように水平面に投影したものでも同じように検討できる．**図 8.2**の場合，中心点の地表面に冬至にはほとんど太陽が射さないことがわかる．

2）ルーバーの影響　同様に，窓外のルーバーなどによる日射遮蔽の効果を検討する場合にも水平面投射図が利用できる．**図 8.3**より水平ルーバーは夏至のような高い位置の太陽光をほぼ100％遮ること，冬至にはまったく遮らないことが読みとれる．なお，縦ルーバーの効果については各自で考えてみてほしい．

3）日射量の季節変動　窓面に入射する太陽の日射量は，**図 8.4**のように季節変動する．特徴的なのは，夏には南面よりも東西面のほうが量として大きいことである．

4）ガラス面の日射　ガラス面から流入する日射は，**図 8.5**のように吸収や透過などいろいろなルートを経て，結局のところ室内に流入する．したがって，日射遮蔽は，それらを総合的に考える必要がある．基本的には，窓面外側で遮蔽するほうが効果的であることがわかる．

8.1 日照・日射

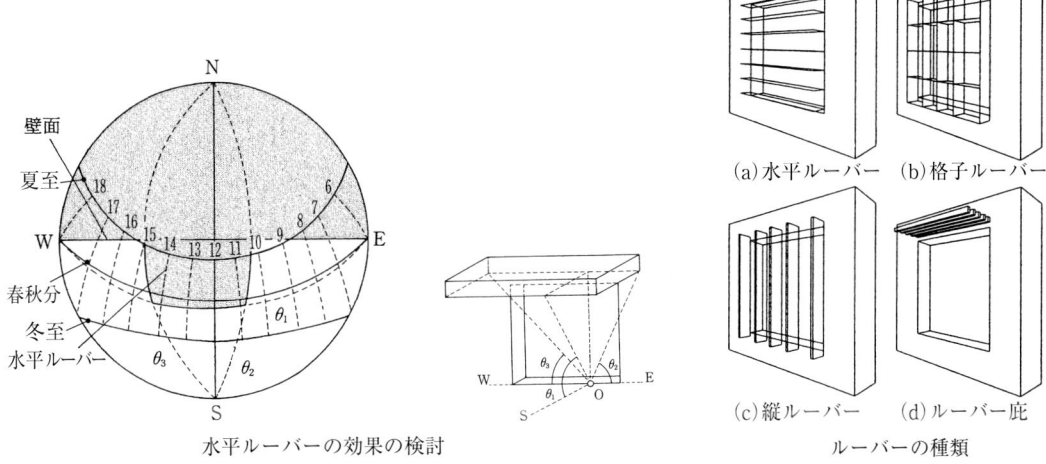

図 8.3 ルーバーによる日照調整の検討（〈建築のテキスト〉編集委員会編：初めての建築環境（学芸出版社））[3]

水平ルーバーの効果の検討

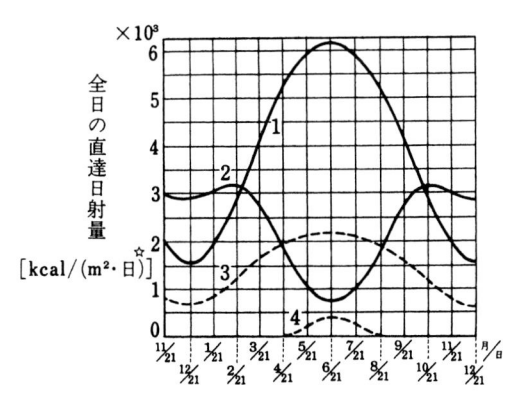

ルーバーの種類
(a) 水平ルーバー　(b) 格子ルーバー
(c) 縦ルーバー　(d) ルーバー庇

図 8.4 各面の直達日射量（北緯 35°）[6]
水平および各方位の鉛直面の受ける 1 日間の直達日射量を示す．1：水平面，2：南面，3：東面，西面，4：北面（日本建築学会編：建築設計資料集成 2（昭和 52 年）による）．

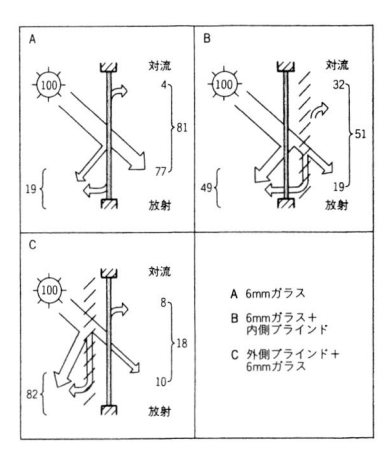

図 8.5 外部日除けの日射遮蔽効果（野原文男）[4]

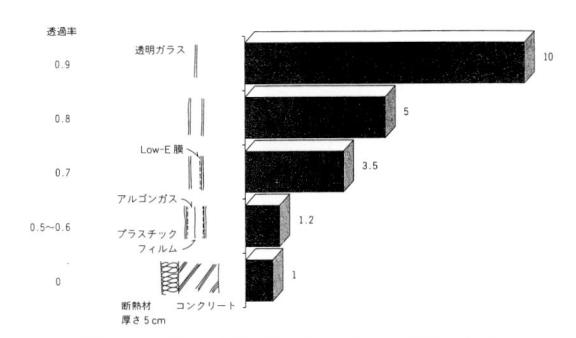

A 6mmガラス
B 6mmガラス＋内側ブラインド
C 外側ブラインド＋6mmガラス

図 8.6 ガラス面の熱エネルギーの貫流のしやすさ（宿谷昌則）[4]
単板ガラスの場合を 10 とする．透過率とは，窓ガラスに入射した〈日射エネルギー〉が，室内側に透過してくる割合．

現在では，以下のようなガラスが窓面からの日射遮蔽用に用いられている．

① 熱線吸収ガラス：ガラス成分に鉄などの金属成分を加えて製造された着色ガラスで，加えた金属が太陽からの放射エネルギーを吸収する．ガラスの色調は外観デザインに大きく影響する．

② 熱線反射ガラス：ガラス表面に熱放射率に優れた金属酸化薄膜を焼き付けたガラスで，太陽からの放射エネルギーを表面で反射させる．可視光線を反射するミラーガラスとして，外観デザインに大きく影響する．

③ Low-E ガラス：特殊な金属膜を表面に施して，遠赤外域の放射率（emissivity）を低くしたガラス（**図 8.6**）．室内からの外部への熱の放出を

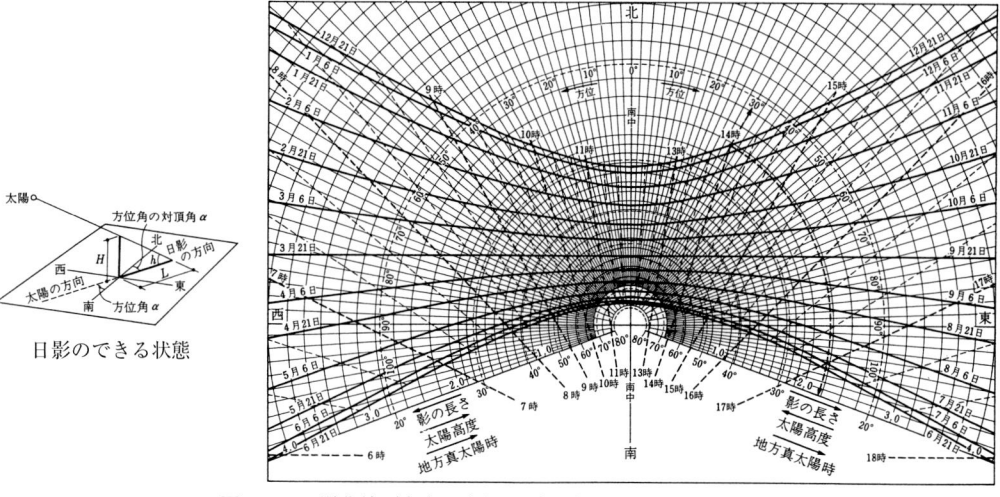

図 8.7　日影曲線（東京，東経 139°46′，北緯 35°41′ のもの）
（日本建築学会編：建築設計資料集成 2（昭和 52 年）による）．

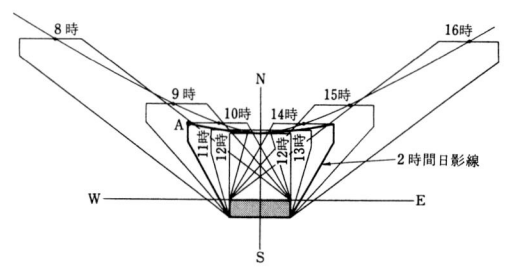

図 8.8　日影時間図（2 時間の場合）[6]
A 点は，建築物によって 8 時から 10 時までの 2 時間日影になる地点である．このような少なくとも 2 時間日影になる分を作図すると，太線で表した形状になり，太線内は建築物による日影が 2 時間以上生じる部分である．

抑制するために用いられる．

b. 周辺地域への日影の検討方法

計画する建物が周辺に落とす影の検討については，日影曲線を用いて日影図を書くことで検討する．図 8.7 はそのための図表であり，基準長さの高さをもつ棒の影を作図することができる．直方体の建物であれば，高さに応じて各頂点についてそれぞれ各時間の影を作図して結ぶことで，日影図ができる．

ただし，日影図はある時刻における影を検討することに使えるが，影を受ける側がどれくらいの間，影になるかは別途，日影になる時間を累積しないといけないので複雑な計算となる．図 8.8 は，直方体の建物が北側にどれくらい影を落とすかという日影時間図である．この図より，建物の高さや南北方向の長さよりも，東西方向の長さが日照時間に強く影響することがわかるであろう．

8.2　採光・照明

a. 光に関する物理量

光の物理量については，図 8.9，表 8.1 に示すよ

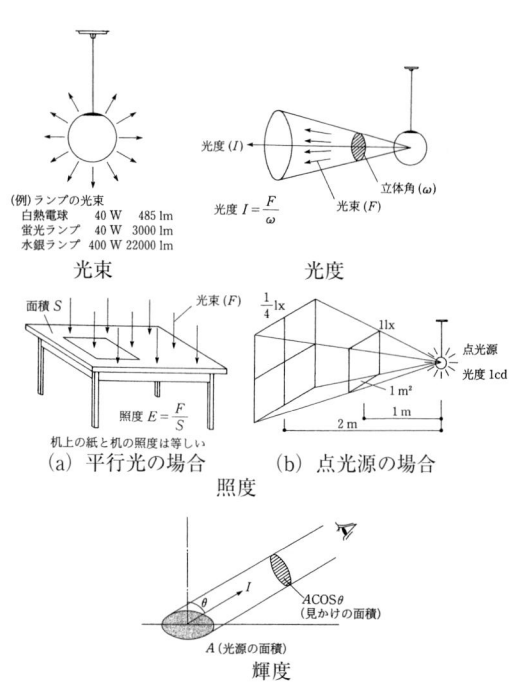

図 8.9　光に関する物理量の説明図（〈建築のテキスト〉編集委員会編：初めての建築環境（学芸出版社））[3]

8.2 採光・照明

表 8.1 光に関する物理量とその単位

測光量	記号	単位	説明
光度	I	カンデラ cd	光源から発散する光のエネルギーの強さを表す。$540×10^{12}$ Hz の放射強度が $1/683$ [W/sr] である方向の光度を 1 cd と定義。$I = F/\omega$，ω = 立体角（sr）
光束	F	ルーメン lm	単位時間に放射される光のエネルギーの量。1 cd の均等点光源からの 1 sr の光を 1 lm（全光束を 4π lm）と定義。$F = I \cdot \text{sr}$
照度	E	ルクス lx	光を受けている面の単位当りの入射光束で，光を受ける面の明るさを表す。$E = F/S$
光束発散度	L	ラドルクス rlx	ある面の発散光束の面積密度。$L = F/S$
輝度	B	スチルブ sb	ある方向の光源または光の反射面や透過面の光度を，その方向への光源の見かけの面積で割った値で，まぶしさの程度を表す。$B = I/S$

1) sr（ステラジアン）は半径 1 m の球の表面の 1 m² の面積が中心において張る立体角．球の立体角は 4π sr．
2) 表中の式は，均等拡散面の場合である．
3) S：面積．

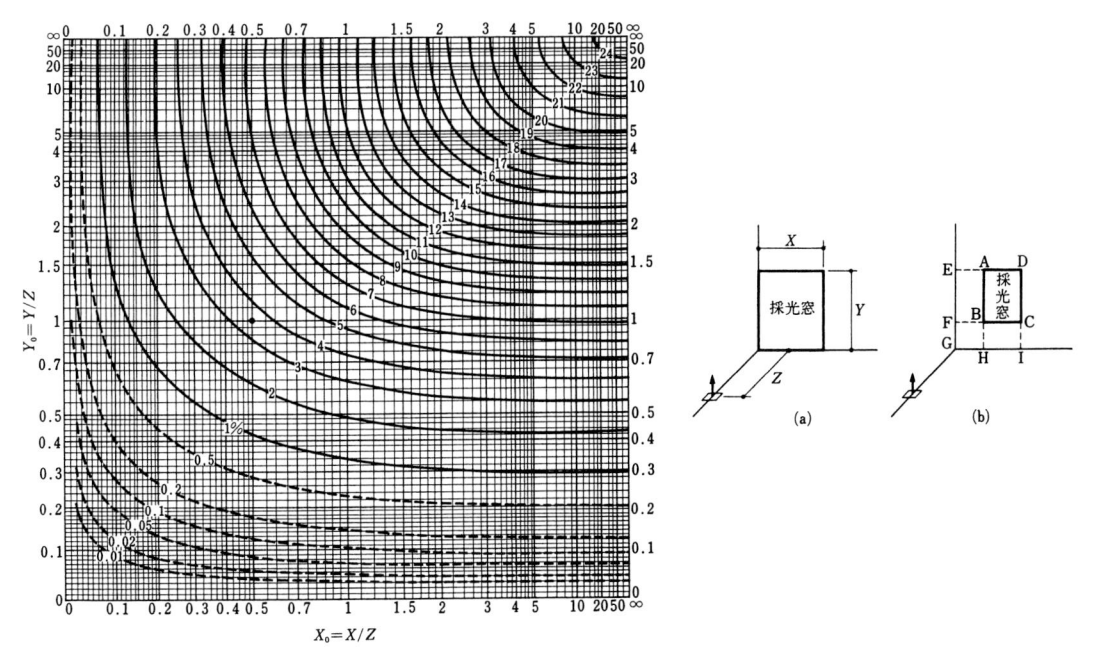

図 8.10 鉛直窓の昼光率[6]

採光窓の昼光率 U は，$U = U_1 - U_2 - U_3 + U_4$
ただし，U_1 は□EGID，U_2 は□EGHA，U_3 は□FGIC，U_4 は□FGHB を採光窓とした場合の昼光率（日本建築学会編：建築設計資料集成 2（昭和 52 年）による）．

うな指標値がある．とくに，光源自体の明るさを示す指標と，照らされる面での明るさを示す指標の違いについては注意したい．

b. 採光計算

窓から入る太陽光による日照は法律上においても重要視されており，建築基準法第 28 条により建物の用途によって有効な開口部面積が決まっている．とくに住宅の開口部面積の基準は厳しい．開口部面積に関してあまり厳しくないオフィスを住宅へコンバージョンする場合のネックとなるこ

ともあるほどである．

開口部での採光計算は図 **8.10** のように行われる．天井面の窓と壁面の窓では，部屋の明るさに及ぼす影響が異なる．建築基準法においては天窓は壁窓の 1/3 で同じ効果があるとみなしている．

c. 照明による照度計算

机の上などの水平面照度は，下記の式で求められる．

$$E = \frac{FNUM}{A} \tag{8.1}$$

E：水平面照度 [lx]，
F：ランプ 1 個光束 [lm]，
N：ランプの個数，
U：照明率＝（作業面に到達する光束）/（光源から発する光束），
M：保守率（0.8 程度），
A：床面積．

照明機器の配置は，照度の偏在がないように太陽光の影響も考えて規則正しく並べることが重要である．また，照度が不足するポイントには別途，配慮が必要となる．

なお，光源の種類によって物の見え方も変化するので，照明の演色性には注意したい．

8.3 熱 環 境

a. 温熱環境指標

一般に温度と湿度によって熱環境を表す指標としているが，さらに温熱環境の 6 要素（空気の温度，湿度，気流，放射，人の代謝，着衣量）をいくつか組み合わせた温熱環境指標も提案されている．

b. 熱 貫 流[2]

暖房時に室内から外に熱が逃げるルートは大きく 2 つある．1 つは，壁（窓含む），天井，床などからの熱伝導によるもの（H_t），もう 1 つは窓，扉，すきま風などからの換気によるもの（H_v）である．

$$H = H_p - H_t - H_v \tag{8.2}$$

H_p：室内で発生する熱量（W），

$H < 0$ ならば室温は下がる．$H = 0$ ならば室温は一定．

H_t を表す代表的なものとして，熱貫流率がある．

$$H_t = AK(t_i - t_o) \tag{8.3}$$

A：壁体の面積（m²），
K：壁体の熱貫流率（W/m²·K），
t_o：屋外気温（K），
t_i：室内温度（K）．

式からわかるように，熱損失は壁体の性質（K）だけでなく，その面積（A）にも関係することがわかるであろう．

K の算出方法は以下のとおりである．

$$K = \frac{1}{\frac{1}{\alpha_i} + \sum_{k=1}^{n} \frac{l_k}{\lambda_k} + r_a + \frac{1}{\alpha_o}} \tag{8.4}$$

α_i：室内側空気の熱伝達率，
α_o：屋外側空気の熱伝達率，
λ_k：壁材 k の熱伝達率，
l_k：壁材 k の厚さ，
r_a：中空層の熱抵抗．

λ_k が小さいものを断熱材として用いる．例えば，グラスウール（0.035〜0.051 W/(m·K)）．

図 **8.11** は，以上の算定式の中で熱伝導に絞ったものを壁の断面で説明したものである．

c. 結 露

一般に空気中には水蒸気として水が存在するが，温度が低下するなどして水蒸気として存在できなくなる（飽和空気）と，小水滴（湯気や霧など）となって浮遊する，あるいは材料表面で凝結する．これを結露と呼ぶ．結露は，発生場所によ

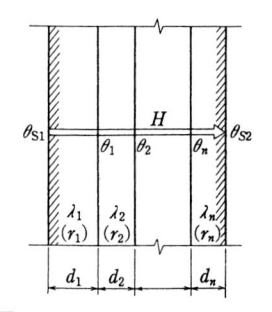

図 **8.11** 壁の温度分布と熱流[9]

って〈表面結露〉と〈内部結露〉に分けられる．一般にガラスのような非透湿性の材料では表面結露のみ生じる．一方，透湿性のある材料のケースでは，湿気が内部まで浸透して内部結露もする（図8.12）．

結露するかどうかを壁断面の計画時に判別するには，各地点の想定水蒸気圧に対応する飽和温度（露点）を図8.13から求めて，想定温度との大小を比較する．

求めた壁内の各ポイントでの温度が露点より高ければ結露は起きない．窓や壁の表面結露を防止するには，①室内の湿度を抑える（水蒸気発生を抑える，空調機や換気扇などによる除湿など），②壁面表面の温度低下を防ぐ（断熱材の使用）などが必要である．また，暖房している部屋に隣接する暖房していない部屋においても，結露が起こりやすいので注意が必要となる．さらに，壁の内部結露を防止するには，壁内に水蒸気が進入しないように室内側に防湿層を入れることなども必要となる．

d． 蓄 熱[1]

比熱 C とは，ある物質 1 kg の温度を 1℃ 上昇させるのに必要な熱量のことである．その物質 m kg を 1℃ 上昇させるのに必要な熱量（$Q = mC$）は熱容量と呼ばれる．コンクリートの比熱は水の比熱（4.2）の 1/5 程度（0.88）でありそれほど大きくないが，多量に使われることで熱容量は非常に大きくなる．建物の熱容量が大きいと，外気温の変動から材料の温度変化は時間的に遅れる．したがって，夏季の昼間に熱せられた RC 造の内部は夜間までも暑いことになる．

一方，こうした材料の特性を利用する方法として蓄熱がある．ピーク時の熱負荷を緩和する目的で，別の時間帯に蓄熱材に熱エネルギーを蓄えておき，必要なときに放熱するしくみである．蓄熱には，躯体を蓄熱体として利用するものや，蓄熱材の顕熱（水や石の温度差利用），潜熱（氷や硫酸ソーダ水和塩の融解熱とその前後の潜熱利用），化学反応を利用する方式がある．それぞれの蓄熱原理は，以下のとおり．

① 顕熱蓄熱材：
$$Q = C \cdot \rho \cdot V \cdot \Delta\theta \quad [\text{J}] \qquad (8.5)$$
② 潜熱蓄熱材：
$$Q = \rho \cdot V \cdot \gamma + C \cdot \rho \cdot V \cdot \Delta\theta \quad [\text{J}] \qquad (8.6)$$
③ 化学蓄熱材：
$$Q = n \cdot Q_r \quad [\text{J}] \qquad (8.7)$$

Q ：蓄熱量 [J]
C ：比熱 [J/kg·K]，
ρ ：密度 [kg/m³]，
V ：体積 [m³]，
$\Delta\theta$ ：温度差 [K]，
γ ：融解/凝固の潜熱 [J/kg]，
n ：モル数 [mol]，
Q_r ：反応熱 [J/mol]．

一般に広く採用されている水蓄熱槽としては基礎部分を利用した蓄熱槽がある．これは，基礎部

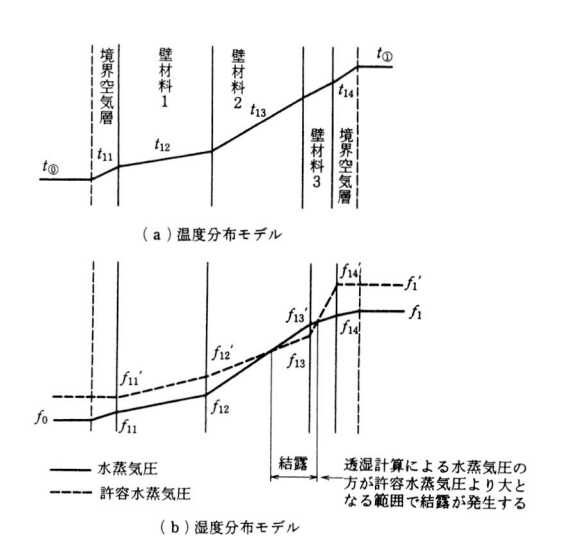

図 8.12 結露発生のメカニズム

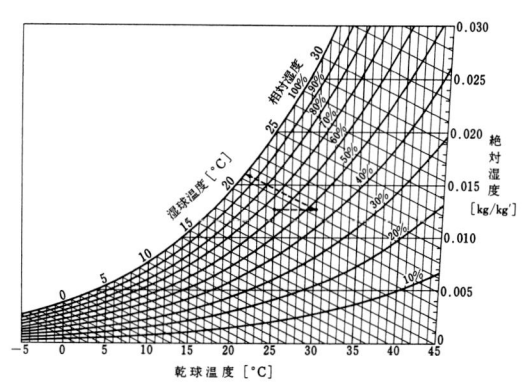

図 8.13 空気線図（日本建築学会編：建築設計資料集成 1「環境」（昭和 53 年）による）[6]

8.4 空気環境

a. 換気と通気の違い

換気の目的は，人間の呼吸や燃焼機器への酸素供給ならびに熱，臭気や汚染物質の除去である．そして最低限の換気量が基準として定められている．一方，通気とは主として中間期（春秋）に大量の空気を室内に循環させることで快適な環境をつくり出そうとするものである．

b. 必要換気量

必要換気量とは，室内で人が快適に過ごせるような空気の清浄度を保つために必要な，換気される最低限の空気量をいう．必要換気量 Q は，

$$Q = \frac{K}{P_a - P_o} \tag{8.8}$$

Q：換気量 [m³/h]，
K：汚染物質の発生量 [m³/h]，
P_a：汚染濃度の許容量 [m³/m³]，
P_o：外気の汚染濃度 [m³/m³]．

Q は部屋の大きさによって変わるので，比較しやすい換気回数という指標も用いられる．換気回数 n とは，換気量 Q を室容積 V で除した値で，1時間に室内の空気が何回入れ替わるかを示すものである．

$$n = \frac{Q}{V} \tag{8.9}$$

n：換気回数 [回/h]，
V：室容積 [m³]．

排出すべきものは，熱，ガス，ほこり，臭気など様々なものがあるが，一般に CO_2 濃度を指標とし，その許容濃度を基準とした換気量を選定する．建築基準法では，CO_2 の許容濃度を 0.1 %（= 1,000 ppm）としており，計算すると 1 人当りの必要換気量は，$Q = 20$ m³/(h·人) となる．

ただし，空調時の換気は，せっかく空調した空気を排出することになり空調負荷の増加につながる．そのために省エネルギーの工夫が求められる．

c. 換気方法

1) 自然換気－重力換気 空気は温度により重量が異なり，暖かい空気は上昇することを利用して換気する（図 8.14）．そのために必要な高低差（H）が決められている．また，高層建築もボイド空間を換気に利用することが多い（図 8.15）．自然換気量は（8.10）のとおりである．

$$Q = \alpha \cdot A \sqrt{\frac{2 \cdot \Delta P}{\rho}} \tag{8.10}$$

α：流量係数
A：合成開口部面積 [m²]
ΔP：圧力差 [N/m²]
ρ：空気密度 [kg/m³]

このうち $\alpha \cdot A$ は，複数の開口部がある場合，図 8.16 のように合成した値を算定する．

2) 風による換気 風力換気の換気量は（8.11）のとおりである．

$$Q = \alpha A v \sqrt{C_1 - C_2} \tag{8.11}$$

v：風速 [m/s]
C_1：風上側風圧係数
C_2：風下側風圧係数

ただし，図面上でいくら風の道を考えても，そ

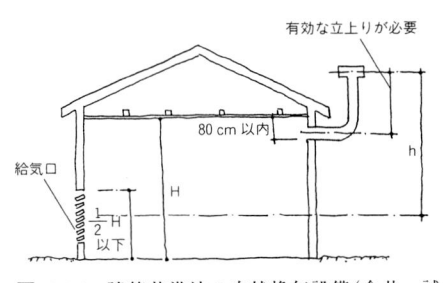

図 8.14 建築基準法の自然換気設備（金井　誠ほか）[4]

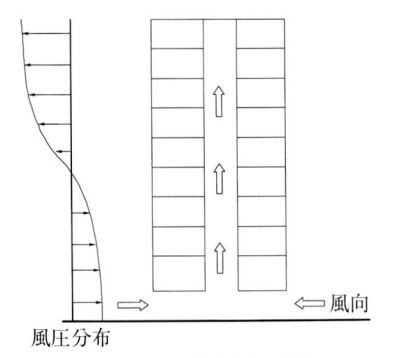

図 8.15 高層建物の換気

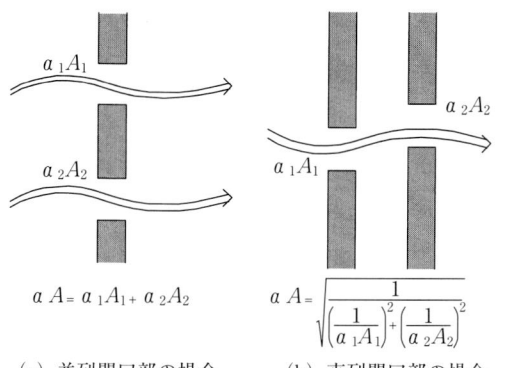

$$aA = a_1A_1 + a_2A_2$$

(a) 並列開口部の場合

$$aA = \sqrt{\dfrac{1}{\left(\dfrac{1}{a_1A_1}\right)^2 + \left(\dfrac{1}{a_2A_2}\right)^2}}$$

(b) 直列開口部の場合

図 8.16 複数窓における換気量の計算

図 8.17 建物周囲の風の流れ(金井 誠ほか)[4]

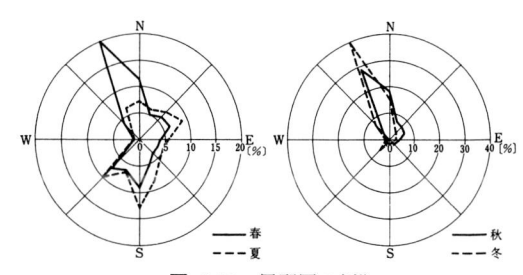

図 8.18 風配図の例[9]

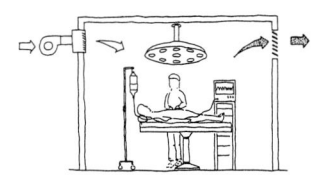

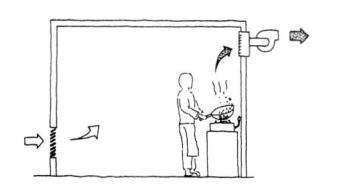

第1種換気　　　　第2種換気　　　　第3種換気

図 8.19 換気方法の種別(金井 誠ほか)[4]

う都合よく風が吹いてくれるとは限らない．必ず現地での風向を確かめることが肝要である(**図8.17**, **8.18**)．また，ビル風など，計画する建物により風の変化が生じることもあるので注意したい．

3) 機械式換気　換気方法は吸気側と排気側での換気方法により，**図8.19**のような種類に分けられる．台所や便所などは原則として第3種換気方式とする．

8.5　空調設備

a. 空調の考え方

冷暖房や空調の考え方は**図8.20**のとおりである．基本的には，気体あるいは液体の媒体を使って熱エネルギーを移動させるシステムである．最近では，直接空気を吹き出さない輻射冷暖房や温

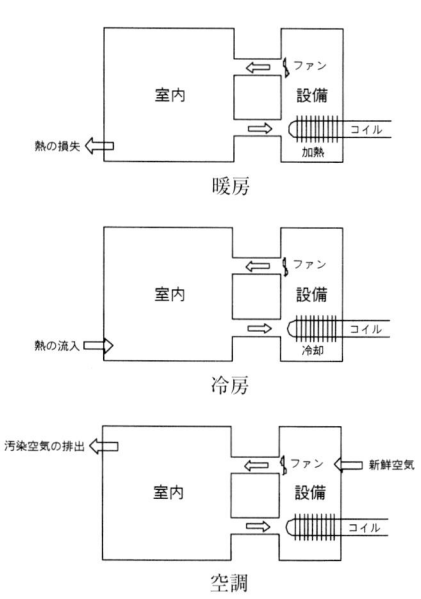

図 8.20 対流による冷暖房のしくみ
コイルでは，空気と水が熱エネルギーをやりとりする．ファンは，室とコイルの間で空気を循環させる．空気を冷やす場合は冷水を，温める場合は温水をコイルの中に流す．

水式床暖房も広く使われるようになってきている．

b. 空調の方式

空調設備は，冷暖房だけでなく，空気自体の清浄も求められている．空調の負荷は，①取り入れた外気を室内の温湿度に変化させるのに要する負荷，②室内の人体や照明・OA機器などの発熱を処理するのに要する負荷，③周囲の壁や窓を貫流して出入りする負荷の3つに大別される（**図 8.21**）．

空調システムとしては，①〜③すべて中央の機器で対処するもの（セントラル方式）と，負荷の時刻変動が大きい③のみ室内機器で対処するもの（個別空調方式）がある．

負荷③がほかの①②に比べて少ないのは地下室や劇場，②が少ないのは住宅やホテルのような居住施設である．それぞれの特性にあった空調設備が求められる．

1) セントラル方式　室内側にファンコイルユニット（**図 8.22**）を設け，そこで室内側と熱交換を行い，それを配管を通して中央に運ぶ方式．

2) 個別空調方式　一般的にはヒートポンプパッケージ空調方式．冷房時に，屋内機内部で室内の熱を吸収した冷媒が，屋外機で熱を放出することにより，熱が内部から外部へと放出されるしくみ．暖房時には，逆のことが起こる．インテリアゾーンでは，主として照明，OA機器や人間からの発熱を処理する．ペリメータゾーンでは，主として外気や日射による熱を処理する．

c. 空調機械室の計画

機械室は，大きく空調機械室，衛生機械室，電気室の3種類に分けられる．それぞれの設備機械室に必要な面積は，**図 8.23**に示すように建物の用途と規模に応じてほぼ決まっている．とくに空調設備の面積がほかの設備面積よりはるかに大きいことから，その計画が重要であることがわかるであろう．なぜ空調機械室に大きな面積が必要かというと，冷凍機やボイラーといった冷温熱源を発生する大型装置やセントラル方式の空調機などが設置されるからである．

空調機械室の位置は，上述の大きな機械を設置するために地階に設けるのが一般的である．また，屋上階にはクーリングタワーなどが設置される．こうした地階あるいは最上階に空調機械室を設ける場合のそれぞれの長所短所を整理したのが**表 8.2**である．基本的には建物の用途や規模などが影響するが，熱源装置には様々な種類があり，その組み合わせも多様であることから，それらの

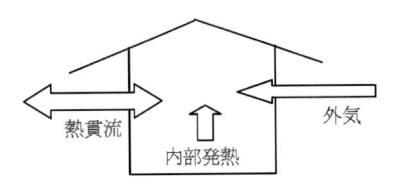

図 8.21　空気の負荷の種類

図 8.22　ファンコイルユニット

表 8.2　主機械室位置の比較

	地階機械室	最上階機械室	別棟に設けるエネルギーセンター
長所	構造上問題が少ない 防音，防振の対処がしやすい	外気，排気をとりやすい（全外気運転もしやすい） 冷却水配管，煙突は短い	地階型，最上階型の両者の長所をもつ
短所	竣工後の機器搬入困難 地階の階高が高くなり，工費がかさむ 外気，排気の経路に制約が多い 冷却水配管，煙突が長くなる	構造上の負担が大きい 騒音，振動の発生する恐れがある	建築計画上，とりにくい

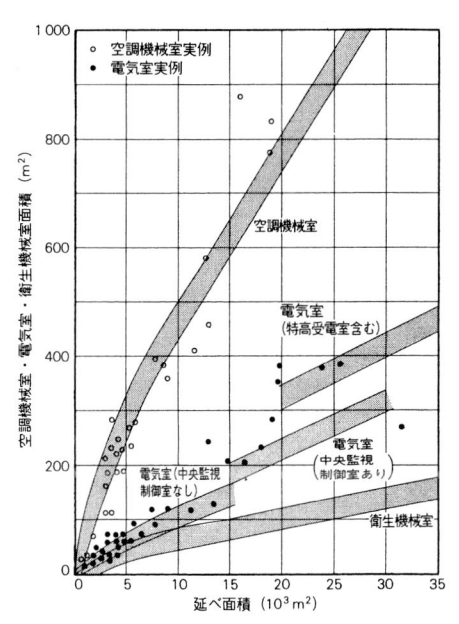

図 8.23 延べ面積と各設備機械室面積(事務所建築)[8]

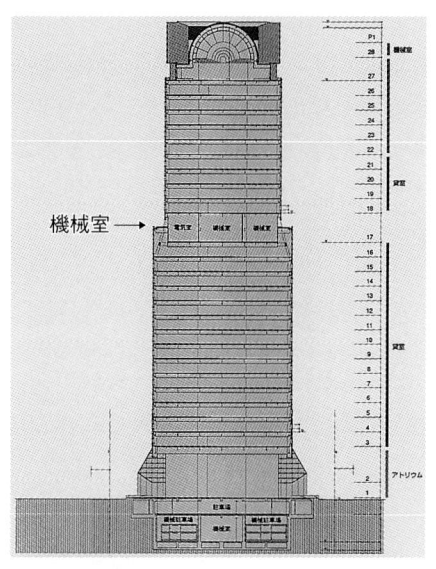

図 8.24 機械室を中間階に設置した例(ピアスタワー)

位置は設計時に十分な検討を必要とすることがわかるであろう．なお，超高層になると中間階に機械室を設置することもある(図 8.24)．

空調機械室内の計画では，基本的には主要機器の大きさならびに維持管理や分解修理に必要な広さを勘案して，天井高，床荷重，搬入路などの計画を行う．とくに，設備は建物自体よりはるかに頻繁に故障するし，寿命も短い．したがって，修理するためのスペース，あるいは機器交換のための搬入路の計画には十分注意が必要である．

8.6 音環境

a. 音の量と単位

音圧：大気圧からの粗密の変化量 [Pa]．

音圧レベル：$SPL = 20 \log_{10}(P/P_o)$．

(ここで P_o は $2 \times 10^{-4} \mu$ bar の音)

音の強さ：単位面積を単位時間に通過するエネルギー．

音の強さのレベル：$IL = SPL$．

騒音レベル：JISにより騒音計で測定した騒音の大きさ．

音の大きさのレベル：周波数により感度が異なるのを補正したレベル．

b. 音の性質

音は，光と違って障害物の裏側にも回折により伝わることができるので，思わぬ所まで伝わることもある(3.2.1 項参照)．

最近では通風を重視して風の通り道を設ける場合がある．しかし，こうした音の性質に配慮がないと，集合住宅での風の通り道を介した近隣の生活音被害や，オフィスでの自然通風による前面道路からの交通騒音被害などが生じる．

c. 遮音

音は壁面に伝わると，反射，吸収，透過によってほかの部位に伝播する(図 8.25)．したがって，ほかの部屋への騒音を減らすには，まず音の透過

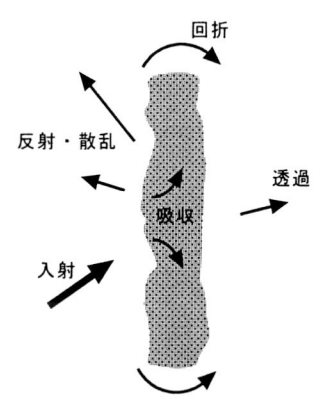

図 8.25 外部からの音のゆくえ[10]

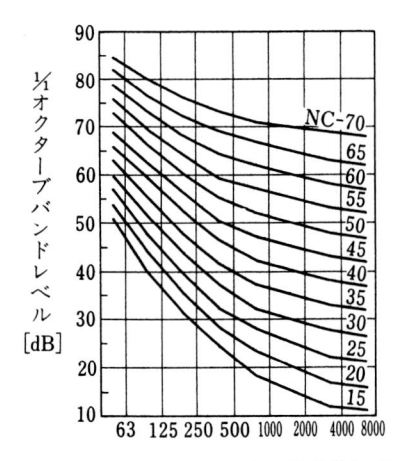

図 8.26 NC 曲線[6]
（日本建築学会編：建築設計資料集成 1「環境」
（昭和 53 年）による）

を減らす必要がある．そのためには，①壁の隙間をなくす，②壁を重たくする，③床を柔らかくするなどの対策が求められる．壁面での音の透過損失は，次式で表される透過率で示される．

$$\tau = \frac{I_t}{I_i} \tag{8.12}$$

I_t：透過音のエネルギー，
I_i：投射音のエネルギー．

ただし，壁内を伝搬してほかの所に被害を及ぼすことがあるので，別途注意が必要である．とくに集合住宅の廊下での靴音などの高い衝撃音は意外に遠方まで伝わる．

材料面での対策は NC 値で評価される（図 8.26）．この値が大きいほど防音に優れていることになる．ただし，当該材料がいくら防音に優れていても，設計や施工面での対策もおろそかにできない．

d．残響時間

一定の強さの音を急に止め，室内の音の強さレベルが 60 db 下がるのに要する時間．いくつかの提案があるが，室容積と使用目的により最適な残響時間が提案されている（図 3.30 参照）．基本的に室の容積に比例し，吸音力にほぼ反比例する．

8.7　給排水・衛生器具

a．上水の流れ

水道管から，一旦，高置水槽に揚水され，そこから重力による給水が一般的であった．最近は水道自体が高圧になっているので，直接給水が多くなってきており，その場合，高置水槽は不要である（図 8.27）．

b．中水の流れ

中水とは雨水を貯水槽に貯めておき，トイレ洗浄や散水用の水として利用することである．中水利用は省エネルギーにもなるが，上水と間違わないように設備計画上の工夫を必要とする．

c．下水の流れ

下水の種類は**表 8.3** のような種類がある．これらの下水の排水方式には**表 8.4** のような種類がある．すなわち，雨水はそのまま河川に放流させ，汚水や雑排水は，末端に終末処理場が完備された公共下水道がある地域においてはそのまま下水道に排水させる（合流方式あるいは分流方式 A）が，下水道が未整備の地域では浄化槽を設けて排水する（分流方式 B，C）．

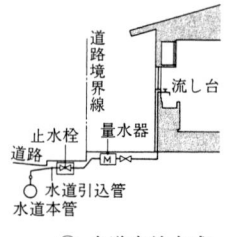

① 水道直結方式　　② 高置タンク方式

図 8.27　上水道のしくみ[6]

表 8.3　下水の種類[6]

種　類	内　　容
汚　水	大・小便器や汚物流しなどからの排せつ物を含む排水
雑排水	汚水以外の洗面器，流し，浴槽などからの排水
雨　水	屋根および敷地などからの降雨水および排水
特殊排水*	有毒，有害なものを含んだ排水や，放射性物質を含んだ排水

＊一般の排水系統へ直接流してはならない

8.7 給排水・衛生器具

表 8.4 排水方式[6]

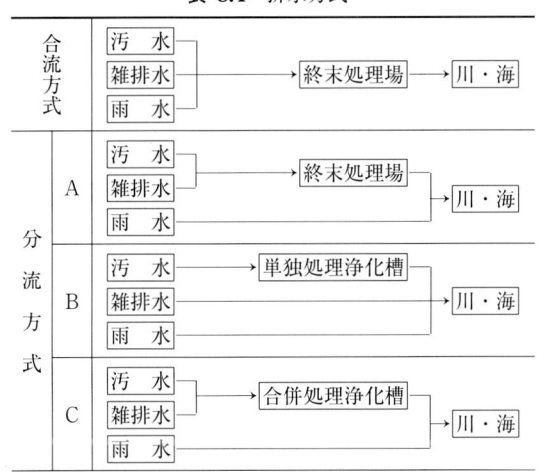

合流方式	汚水／雑排水／雨水	→ 終末処理場	→ 川・海	
分流方式 A	汚水／雑排水／雨水	→ 終末処理場 → 川・海		
分流方式 B	汚水／雑排水／雨水	→ 単独処理浄化槽 → 川・海		
分流方式 C	汚水／雑排水／雨水	→ 合併処理浄化槽 → 川・海		

注）し尿浄化槽のうち，汚水だけを処理するものを単独処理浄化槽といい，汚水と雑排水を処理するものを合併処理浄化槽という

　排水設備は，そうした排水を下水道などへ流すための設備であり，その計画に当たって排水が確実に，かつ衛生的に行われるようにすることが重要である（**図 8.28**）．

　上層階や地下階をもつ建物の排水の方式としては，**図 8.29**に示すような重力式と機械式がある．重力式は排水設備が下水道の位置よりも高い場合に，排水を重力により自然落下させる方式である．この重力式においては，横走管（図中の排水横主管，排水横枝管）はなるべく短くなるように計画すると共に，管径に応じた適切な勾配を必要とする．また，通気管を適切に設けないと，後述するトラップの破封が起こるので，注意が必要である．一方，機械式は，地下階など重力式の排水ができない場合に，機械ポンプにより下水道の位置まで強制的に汲み上げる方式である．なお，住宅など小規模な建物での機械式は，エネルギー効率の面からもメンテナンスの面からもあまり勧められない．

　排水設備には，管の途中を水で満たすこと（封水）で排水管からの有害ガス，悪臭，虫などが室内に侵入するのを防ぐ装置（トラップ）が設けられている．この封水が，蒸発あるいは自己サイホン作用などで流れてなくなってしまうこと（破封現象）が起きるとトラップの役目を果たさないので，それを防ぐために**図 8.29**にあるような通気管

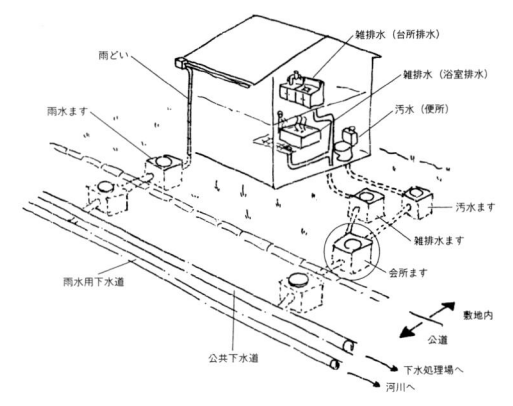

図 8.28 下水道のしくみ（大塚雅之）[4]

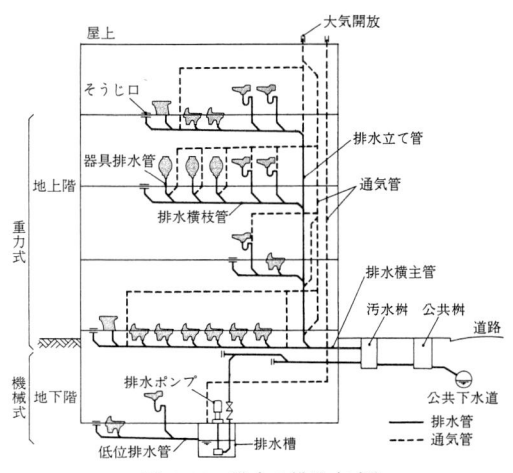

図 8.29 排水の排除方式[6]

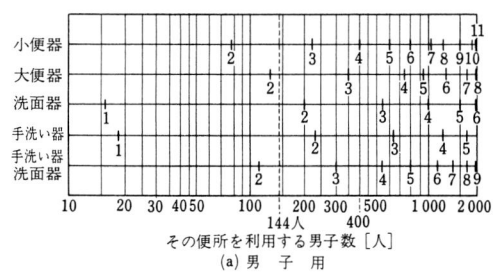

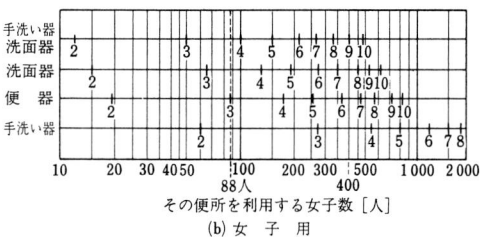

図 8.30 便器，洗面器，手洗い器の個数[6]
従業員数の男女比を約3：2と仮定し，外来者として男子20％，女子10％程度を割増しする．端数のある場合は切り上げる．
（日本建築学会編：建築設計資料集成3「単位空間Ⅰ」（昭和55年）による）

表 8.5 衛生器具数の算定（利用が集中する施設における場合)[5]

施設名	人員密度 (男女別)	性別	衛生器具 の種類	使用頻度*	占有時間 (sec)	サービスレベル(最大待ち時間, sec)		
						レベル1	レベル2	レベル3
劇場・ 映画館 など	客席数×0.5	男子	大	0.05	250	120	250	400
			小	0.3	30	15	30	60
			洗	0.3	15	8	15	30
	客席数×0.7	女子	便	0.3	75	40	75	150
			洗	0.3	20	10	20	40
学　校	男子の定員	男子	大	0.02	180	30	60	90
			小	0.3	30	15	30	60
			洗	0.3	10	5	10	20
	女子の定員	女子	便	0.25	60	30	60	90
			洗	0.25	20	10	20	40

*（休憩時間中の使用人数)÷(男女別の客数または生徒数)

を設ける．

d. 衛生器具数の算定

便所の衛生器具数の算定には，建物用途の違いからくる利用状況の違いを考慮する．すなわち，オフィスなどのように常時利用される場合には〈待ち行列理論〉を用いた確率的な算定方法がある．

$$平均同時利用数＝到着率×占有時間 \quad (8.13)$$

一方，劇場における休憩時間の集中利用のように，ある一定時間に利用が集中する場合には，休憩時間内に処理するためにそれなりの器具数を用意する必要がある．いずれにせよ，往々にして女子側の器具数が少ないという苦情が多いので，配慮が求められる（図8.30）．

e. 集中配置と分散配置

器具を集中配置するか分散配置するかは様々な要因があるが，分散配置する場合は，それぞれ対象人数を個別に設定して器具数の算定をする．くれぐれも全体で器具数を算定して，それを各所に分割することをすると不足がちになるので注意しなければならない（表8.5）．

参　考　文　献

1) (財)日本建築設備・昇降機センター：建築設備検査資格者講習テキスト（下巻）平成14年度版, 2002
2) 同（上巻）1998
3) 〈建築のテキスト〉編集委員会編：初めての建築環境, 学芸出版社, 1997
4) 「建築の設備」入門編集委員会編：「建築の設備」入門, 彰国社, 2002
5) 岡田光正, 柏原士郎, 横田隆司：パソコンによる建築計画, 朝倉書店, 1988
6) 柏原士郎監修：建築計画, 実教出版, 1995
7) 新建築学大系編集委員会編：新建築学体系34—事務所・複合建築の設計, 彰国社, 1982
8) 日本建築学会編：建築設計資料集成5「単位空間Ⅲ」, 丸善, 1982
9) 板本守正ほか：環境工学（四訂版）, 朝倉書店, 2002
10) 松浦邦男・高橋大弐：エース建築環境工学Ⅰ—日照・光・音—, 朝倉書店, 2001

索　引

ア　行

アイソアコースティックカーブ　53
明石海峡大橋　67
悪臭　80, 93
アクティブ手法　105
アクティブソーラー　108
アクロス福岡　83, 127
芦原義信　6, 45
アダプタブル　162
アダプタブルステージ　47
アーチ　38
アートセラピー　167
アトリウム　100
アニマルセラピー　166
アーバニア志賀公園　132
雨仕舞　41
雨戸　42
雨樋　97
雨漏り　93
雨漏り防止の原則　23
網入りガラス　42
アメニティ　5, 165
アメリカンインディアン　22
アラブ世界研究所　63
アリーナ形式　71
アルコーブ　129
アレグサンダー，C.　50
安全性　138, 165
アンビエント　112
アンビエント域　79

いす座　35
伊勢おはらい町　134
一時待機場所　141
伊根　20
いのしし口　138
癒し効果　95
癒しの環境　165
色
　　──温度　63, 64, 172
　　──景観　91
　　──対比　90
　　──の心理的作用　89
　　──の表示　89
　　──の分類　89
陰影　91
陰翳礼賛　65
インテリジェントビル　112
インナーガーデン　171
インフィル　152
隠蔽的擬態　134

ヴァナキュラー　124
ウィーン楽友協会大ホール　70

wind catcher　20
ウォーターウォール　86
浮床　45
鶯張り　47, 74
雨水　97
雨水浸透性舗装材　98
雨水利用　128
打ち水　85, 98
宇宙船地球号　2
梅田スカイビル　118
宇目町役場庁舎　119

エアシャワー　79
エイジング　151
衛生器具　188
AAT　166
エキスティックス　6
エキスパンドメタル　62
エコー　69
SI住宅　95
エスカレータ　51, 169
ADA　159
NC値　186
1/f 揺らぎ　78
LRT　168
エルゲン　80
エレベータ　139, 168
エレベータシャフト　71
エレベータ避難　141
園芸療法　131, 165
演色性　64, 172
煙突効果　78

オアシス21　135
横走管　187
黄濁化　157
黄変化　170
OMソーラー　116
大阪大林ビル　112
大阪ガスビル　152
大阪市水上消防署　142
屋外空間　6
屋上緑化　21, 56, 112, 127
汚水　97
小津安二郎　47
音
　　──の焦点　69
　　──のマスキング効果　74
オープン・エアダクト　79
オルセー美術館　153
音圧　185
音圧レベル　185
音楽療法士　167
音響設計　68
温水式床暖房　183
温泉　94

オンドル　48, 85
温熱環境　83
　　──の6要素　180

カ　行

開口部　77
開口部面積　179
介護保険　161
外周壁　29
回折　185
階段　143
階段室型集合住宅　31
階段昇降機　168
外断熱　83, 117
回転ドア　41
外部空間　100
開閉方式　36
界壁　71
香り　82
かおり風景　80
化学物質過敏症　149
過去の生活の事物　167
カスケード利用　112
ガス漏れ　82
仮設建築　119
風の道　50
風の道計画　88
可聴音　68
合掌造　45
活断層　7
桂離宮　49
ガーデニング　166
カーテンウォール　25, 29, 40, 42, 114
可動壁　25, 26
花頭窓　39
可動ルーバー　136
カーペット　56
壁の高さ　26
かぼちゃのお家　67
茅葺き屋根　18, 19
ガラスのカテドラル　62
ガラスブロック　24, 29
換気　32, 81, 182
換気回数　182
環境共生　124
環境共生建築　125
環境共生住宅　98
環境共生住宅市街地モデル事業　131
環境計画　101
環境ホルモン　4
環境倫理学　3
換気率　150
雁行配置　130
関西国際空港　78
間接光　34, 61

カンポ広場　54

機械式換気　183
機械室　73, 185
危機対応能力　142
気候解析図　88
季節風　111
擬態　134
北側採光　34
輝度　179
規模計画　10
休憩スペース　159
九龍半島　10
QOL　160
強化ガラス　42, 135
共鳴器　71
共用　163
共用サービス　163
共用品　163
魚眼カメラ　176
居住環境　130
気流止め　83
均斉度　171

空間演出　76
空間のヒエラルキー　51
空中歩廊　129
空調機械室　184
空調システム　184
空調ダクト　73
グッゲンハイム美術館　53
倉敷アイビースクエア　126
グランドライン　48
クリアストーリー　38
クリモグラフ　2
クーリングタワー　184
グリーンコンシューマー　5
クリーンルーム　79
クールアイランド　88
クールチューブ　109
グループハウス　173
車いす使用者　52
グレア　170
群集事故　9, 10, 143
群集制御　144

蹴上げ寸法　53
ケアプラン　161
景観照明　66
蛍光灯　65
継時対比　90
ゲシュタルト心理学　27
下水　186
結露　18, 84, 150, 180
煙制御　140
建設残土減量法　127
建築環境・省エネルギー機構　132
建築基準法　60, 176, 179, 182
建築式庭園　99
兼六園　96

後期高齢者　156
高気密化　107
高気密・高断熱住宅　117, 148

光源　64
公衆便所　94
公衆浴場　94
構造材　55
光束　179
光束発散度　179
高断熱・高気密住宅　83
高断熱性ガラス　136
交通バリアフリー法　159, 162
光度　179
勾配屋根　18
勾配床　45
神戸ルミナリエ　66
香料　82
高齢者　156
　――，身体障害者等が円滑に利用できる特定建築物の建築の促進に関する法律　161
　――，身体障害者等の公共交通機関を利用した移動の円滑化の促進に関する法律　161
　――の事故　160
氷蓄熱　109
国際化　9
国際障害者交流センター　164
国際シンボルマーク　163
国立国会図書館関西館　60
コージェネレーション　113
腰壁　24
ゴシック建築　17
コーディネーター　164
コートハウス　28
コフカ，K.　9
コミュニティ　146
コメルツバンク　78
コモングリーン　172
小屋根　17
コールドブリッジ　84
コレクティブハウジング　173
コロセウム　120
コンクリート打ち放しの壁　28
コンサートホール　69
コンテナ　119
ゴンドラ　151
コンバージョン　33, 179
コンポスター　127
コンポスト　131

サ 行

菜園スペース　129
採光　32
在郷軍人病　32, 148
採光計画　113, 170
採光計算　180
採光面積　171
彩色　89
在宅サービス　161
サイトライン　53
サイホンの原理　96
サイン計画　8, 159
サウンドスケープ　36, 74
阪田小屋　67
サクラダファミリア　36

ささやきの回廊　69
雑排水　97
サーペンタイン・ギャラリー　62
残響時間　70, 186
産業廃棄物　119
サンルーム　171

仕上げ材　55
CIAM　4
JTBビル　114
ジェコブス，ジェーン　145
シェルター　5
ジェンネ旧市街の大モスク　151
CO_2排出量　153
視覚　60
視覚障害者用ブロック　136
シカゴ窓　40
色彩計画　89
色彩誤認　170
軸組構造　28, 39
軸組式構造　31
シケイロス　27
刺激応答性　157
指光本能　139
自己サイホン作用　187
ししおどし　73
自然エネルギー　104, 128
自然換気　78, 182
自然光　106
自然的環境　2
持続可能な社会　5
下地窓　39
質感　91
シックハウス症候群　4, 30, 32, 81, 107, 118, 130, 148, 150
シックビルディング症候群　32, 148
室容積　70
自動回転ドア　142
視認距離　26
視認性　90
CPTED　144
社会的環境　2
シャッター　42
ジャン・マリー・チバウ文化センター　129
住居改善　160
住宅環境　158
住宅金融公庫　132
住宅の省エネルギー　116
集中配置　188
集熱機器　108
住民参加　164
シューボックス型　70
書院造　39, 51
ショーウインドウ　35
省エネルギー　3, 60, 96, 104
消臭　81
上水　186
正倉院　24
照度　179
照明器具　65
照明計画　170
照明率　180
常緑樹　101

索　引

植栽　101
除湿　181
白川郷　45
市立豊中病院　140
人工環境　7
人工照明　60, 63
人口密度　10
新住宅開発プロジェクト―高齢者・身体
　障害者ケアシステム技術の開発
　158
新宿NSビル　112
振動　73
シンドの住宅　78

水害　142
水琴窟　73
水上住宅　124
スイス学生会館　104
水平避難区画　141
水平面照度　67, 180
スクラップ・アンド・ビルド　153
スクリーン　62
スケルトン　152
スタジオ　71
ステンドグラス　38
ストラッツの生活曲線　156
ストリート・ファニチャー　75
ストレス　4
スヌーズレン　167
スペクトル　68
スポーツ競技場　50
スラブ　26
スロープ　51, 52, 144, 169
座り動作　157

生活の質　160
清家清　46
清浄度　79
精神病院　36
生態系　2, 126
生物保護　3
西武ドーム球場　144
世界保健機関　138, 148
積石造建築　151
積雪　19
脊椎の湾曲度　156
セキュリティ　165
世代間倫理　3
セラピーガーデン　166
ゼロ・エミッション　118
前期高齢者　156
センスベリー　105
潜熱　87
全面カーテンウォール　31

造園　99, 100
騒音　8, 68, 71
総揮発性有機化合物　149
素材　91
組積式構造　29
組積造　31, 37, 115
組積造建築　28
袖壁　24
外付けブラインド　110

ソニービル　51
ソーラーチムニー　113
ソーラーバッファー　114

タ　行

体感温度　85
台所　93
ダイニングキッチン　94, 111
大名屋敷　96
太陽光発電　142
太陽光パネル　116
太陽電池　108
ダイレクトゲイン　107
タウンウォッチング　164
高床　85
高床式　49
高床式住居　48
多機能トイレ　163
卓越風　111
タスク　112
タスク域　79
ダストドーム　87
多層ガラス窓　72
立ち動作　157
脱臭　81
ダニアレルゲン　149
タピストリー　29
WHO　138, 148
ダブルスキン　29, 110
ダブルスキン化　136
ダブルハング　39
多目的トイレ　163
たれ壁　24
丹下健三　17
段差　159
段差解消機　168
断熱　111
断熱気密性能　85
断熱材　83, 180
断熱性能　109
断熱戸　86
段鼻　143

地域景観　128
地域コミュニティ　129
地域性　90
地域暖房システム　107
地域福祉計画　172
地下街　34
地下室　49
地球温暖化　2, 104
地球環境・建築憲章　125
地球の有限性　3
蓄煙効果　140
蓄熱　85, 106, 181
蓄熱原理　181
痴呆高齢者　158
茶室　39
昼光照明　33, 60
駐車場　50
中水　186
中水道　131
中和壁　104

調光材料　111
超高層集合住宅　12
長寿社会対応住宅設計指針　160
長寿命化　152
超世代　162
頂側窓　33
頂側光　60

通気　182
通気管　187
通風　31, 32, 76, 109
妻入り　20
妻籠　129

庭園　99, 100
定住　124
低周波音　72
TVOC　149
適応色　91
デ・ステイル　90
手すり　42, 143
デッキプレート　55
テート・ギャラリー現代美術館　153
田園都市　4, 99
点字ブロック　45
天守閣　50
天井　17
天井走行リフト　169
天井高　50
転倒事故　45

透過率　186
東京国際フォーラム　140
東京都臨海副都心清掃工場　134
同時対比　90
透水性舗装　126
動線　144
透明断熱材　111
東洋思想　90
ドクシャデス　6
都市アメニティ　165
トップライト　21, 23, 33, 171
ドミノシステム　40, 49
ドーム球場　47
豊田市美術館　62, 135
トラップ　97, 187
ドラフト　117
トランスジェネレーショナル　162
トレビの泉　95

ナ　行

内断熱　83
ナイトパージ　107
内部結露　181
名護市庁舎　78, 111
ナポレオンⅢ世　4

におい　80
二重壁　24
二重窓　111
二重床　152
24時間換気システム　150
日常災害　142

日建設計東京ビル　114
日射遮蔽　109, 176, 177
日射量　176
日照　176
日照図表　176
二方向避難　139
日本住宅性能表示基準　72
日本電気本社ビル　76
日本貿易振興会アジア経済研究所　79
入浴リフト　169
ニュータウン　4, 66
ニューマン, オスカー　145
人間定住社会　6

NEXT　21 126, 152
熱緩衝帯　114
熱貫流率　180
熱橋　84
熱線吸収ガラス　41, 177
熱線反射ガラス　177
熱帯夜　88
熱抵抗　180
熱伝達率　83, 180
熱伝導率　29, 41
熱輻射　110
熱容量　181

ノイズ　68
能舞台　47
軒　16
のこぎり屋根　34
ノーマライゼーション　159, 172

ハ 行

排煙　32
排煙設備　140
バイオマス　107, 118
排水　97
排水方式　187
ハイデラバード　20
排熱　87, 107
廃熱利用　106
履き替え　46
掃出し窓　35
白熱電球　65
博物館　25
半蔀　39
場所性　7
パーソナルスペース　9
発光ダイオード　63
パッシブ手法　105
パッシブソーラー　107
バッファーゾーン　73
ハートビル法　159, 161
花と緑の協定　132
ハノーヴァー国際博覧会日本館　127
バビロニア人　9
ハーフティンバー　37
はめ殺し窓　28
パラペット　151
バリアフリー　8, 53, 130, 158
バリアフリーデザイン　95, 162
バルコニー　35, 43, 100, 139, 152

パルテノン神殿　51
ハレとケ　90
阪急グランドビル　140
反射グレア　60
バンダリズム　145
パンチングメタル　62
ハンディキャップ　5
パンテオン　38, 61

ビオトープ　96, 98, 126, 132
日影曲線　178
日影時間図　178
日影図　178
東本願寺　135
光ダクト　34
光の教会　61
ピークカット　106
非顕在化　134
庇の出　19
BGM　71
ビッグ・アイ　134, 141, 164
必要換気量　148, 182
ヒートアイランド現象　21, 30, 87, 105, 127
ヒートブリッジ　84
ヒートポンプ　184
避難計画　138
避難経路　35, 139
避難行動　138
避難所　141
避難バルコニー　141
避難用スロープ　141
比熱　181
標識的擬態　134
表面結露　181
日除け　41, 85
平入り　20
ビル衛生管理法　148
ビル風　76
広島平和記念公園　49
ピロティ　6, 40, 49, 142

ファサードエンジニアリング　114
ファシリテーター　164
ファンコイル　184
ファーンズ・ワース邸　49
VOC　149
風圧係数　76
風景式庭園　100
風除室　41, 56, 76, 107
風水思想　7
風土　7, 8, 129
風土性　22
風配図　183
風力換気　182
風力発電　107
深沢環境共生住宅　126
福祉機器　162
福祉タクシー　168
輻射冷暖房　183
舟屋　20
ブーミング　71
フライングバットレス　38
フラッシュオーバー　139

フラッターエコー　69
フラー, バックミンスター　22
ブランコ　151
フランス国会図書館　63
フランス窓　39
フリーアクセスフロア　46, 55, 152
ブリーズ・ソレイユ　61
プルーイット・アイゴー団地　144
ふれあいコミュティ計画　172
文化遺産　21
分散配置　188

ペアガラス　84, 111
ベアリングウォール　25
平均演色評価数　64
壁面緑化　30, 113, 127
ベークアウト　130, 149
ペット　166
ベネチア　96
ペリメータ　184
ペリメータゾーン　113
ベルリン・フィルハーモニック・コンサートホール　53, 70
便所　93

防煙垂れ壁　140
防火　20
防火区画　139
防湿層　84, 181
放射冷却　87
防水層　19
防熱性能　110
防犯環境設計　144, 145
防犯設備　146
防風林　101
保水性　88
保存要望書　153
ホテルニュージャパン　139
ホール, E.T.　10
ボールト　38
ホルムアルデヒト　149
ポンピドーセンター　54
本福寺水御堂　62
ポンペイ　93

マ 行

まぐさ　38
間仕切壁　24
待ち行列理論　188
まちづくり協議会　172
街の色　91
町屋　11, 37, 124
窓の大きさの最低基準　33
マンハッタン計画　22

水勾配　52
水蓄熱　109
水蓄熱槽　181
水の形状　95
水廻り　93
水上　48
museum fatigue　35
ミラーガラス　27

索引

未利用エネルギー　106
民家　115, 120

ムービングウォーク　169

迷惑施設　134
メゾン・エルメス　66
メニル・コレクション美術館　61
面積効果　89
メンテナンスラダー　151

木造住宅　17
木造骨組み　48
モザイク　56
モスク　99
モータリゼーション　167
モックアップ　164
モビリティ　167

ヤ 行

夜間蓄熱　106
夜景　29
屋根　16
屋根の家　16
ヤマザクラ　87

有機的建築　55
誘目性　90
床座　35, 46
床下換気　85

床蓄熱　116
床の遮音性能　45
雪冷房　109
ユニテ・ダビタシオン　16
ユニバーサルタクシー　168
ユニバーサルデザイン　130, 158, 162

用途転用　153
養老天命反転地　54
浴室　94
横浜港大さん橋国際客船ターミナル　55
吉田兼好　28
4階建の制限　50

ラ 行

ライトアップ　67
ライトシェル　113
ライトセラピー　167
live end dead end　70
ライフサイクル　105
ライフサイクルコスト　135, 147
落水荘　48
落葉樹　101, 116
ラスキン　3
ラセン状のスロープ　53
ラーメン構造　31
ランドマーク　80

陸屋根　18

リサイクル　118, 127
リスク　146
リニューアル　119
リフト　169
リベスキンド　27
緑被度　102
リラクゼーション　73

ルーバー　110, 176
ルーフバルコニー　145

レジオネラ症　148

Low-E ガラス　110, 177
老眼　157
籠城区画　141
老年性痴呆　158
ログハウス　37
路地　146
露点　181
ローテンブルグ　20
ローパーティション　26
ロールスクリーン　111
ロンドン市庁舎　110

ワ 行

ワインヤード型　71
ワークショップ　164
和辻哲郎　8

編著者略歴

柏原士郎（かしはら しろう）

1941年　徳島県に生まれる
1968年　大阪大学大学院工学研究科修了
　　　　大阪大学大学院教授を経て
現　在　武庫川女子大学生活環境学部生活環境学科教授
　　　　大阪大学名誉教授
　　　　工学博士
主　著　地域施設計画論―立地モデルの手法と応用（鹿島出版会，1991年）
　　　　建築デザインと構造計画（朝倉書店，1994年）

建築デザインと環境計画　　　　　　　　　　定価はカバーに表示

2005年5月25日　初版第1刷
2009年5月10日　　　第3刷

編著者　柏　原　士　郎
発行者　朝　倉　邦　造
発行所　株式会社　朝倉書店
　　　　東京都新宿区新小川町6-29
　　　　郵便番号　162-8707
　　　　電話　03(3260)0141
　　　　FAX　03(3260)0180
　　　　http://www.asakura.co.jp

〈検印省略〉

© 2005 〈無断複写・転載を禁ず〉　　新日本印刷・渡辺製本

ISBN 978-4-254-26629-0　C 3052　　Printed in Japan

前千葉大 丸田頼一編

環境都市計画事典

18018-3 C3540　　A5判 536頁 本体18000円

様々な都市環境問題が存在する現在においては、都市活動を支える水や物質を循環的に利用し、エネルギーを効率的に利用するためのシステムを導入するとともに、都市の中に自然を保全・創出し生態系に準じたシステムを構築することにより、自立的・安定的な生態系循環を取り戻した都市、すなわち「環境都市」の構築が模索されている。本書は環境都市計画に関連する約250の重要事項について解説。〔項目例〕環境都市構築の意義／市街地整備／道路緑化／老人福祉／環境税／他

服部岑生・佐藤 平・荒木兵一郎・水野一郎・戸部栄一・市原 出・日色真帆・笠嶋 泰著
シリーズ〈建築工学〉1

建築デザイン計画

26871-3 C3352　　B5判 216頁 本体4200円

建築計画を設計のための素養としてでなく、設計の動機付けとなるように配慮。〔内容〕建築計画の状況／建築計画を始めるために／デザイン計画について考える／デザイン計画を進めるために／身近な建築／現代の建築設計／建築計画の研究／他

宇田川光弘・近藤靖史・秋元孝之・長井達夫著
シリーズ〈建築工学〉5

建築環境工学
―熱環境と空気環境―

26875-1 C3352　　B5判 180頁 本体3500円

建築の熱・空気環境をやさしく解説。〔内容〕気象・気候／日照と日射／温熱・空気環境／計測／伝熱／熱伝導シミュレーション／室温と熱負荷／湿り空気／結露／湿度調整と蒸発冷却／換気・通風／機械換気計画／室内空気の変動と分布／他

環境デザイン研究会編

環境をデザインする

26623-8 C3070　　B5判 208頁 本体5000円

より良い環境形成のためのデザイン。〔執筆者〕吉村元男／岩村和夫／竹原あき子／北原理雄／世古一穂／宮崎清／上山良子／杉山和雄／渡辺仁史／清水忠男／吉田紗栄子／村越愛策／面出薫／鳥越けい子／勝浦哲夫／仙田満／柘植喜治／武邑光裕

日本建築学会編

都市・建築の 感性デザイン工学

26635-1 C3052　　B5判 208頁 本体4200円

よりよい都市・建築を設計するには人間の感性を取り込むことが必要である。哲学者・脳科学者・作曲家の参加も得て、感性の概念と都市・建築・社会・環境の各分野を横断的にとらえることで多くの有益な設計上のヒントを得ることができる。

前東大 高橋鷹志・前東大 長澤 泰・東大 西出和彦編
シリーズ〈人間と建築〉1

環境と空間

26851-5 C3352　　A5判 176頁 本体3800円

建築・街・地域という物理的構築環境をより人間的な視点から見直し、建築・住居系学科のみならず環境学部系の学生も対象とした新動向を提示。〔内容〕人間と環境／人体のまわりのエコロジー（身体と座、空間知覚）／環境の知覚・認知・行動

前東大 高橋鷹志・前東大 長澤 泰・新潟大 西村伸也編
シリーズ〈人間と建築〉3

環境とデザイン

26853-9 C3352　　A5判 192頁 本体3400円

〔内容〕人と環境に広がるデザイン（横山俊祐・岩佐明彦・西村伸也）／環境デザインを支える仕組み（山田哲弥・鞆田茂・西村伸也・田中康裕）／デザイン方法の中の環境行動（横山ゆりか・西村伸也・和田浩一）

萩島 哲・佐藤誠治・菅原辰幸・大貝 彰・外井哲志・出口 敦・三島伸雄・岩尾 繧他著
新建築学シリーズ10

都市計画

26890-4 C3352　　B5判 192頁 本体4600円

新編成の教科書構成で都市計画を詳述。〔内容〕歴史上の都市計画・デザイン／基本計画／土地利用計画／住環境整備／都市の再開発／交通計画／歩行者空間／環境計画／景観／都市モデル／都市の把握／都市とマルチメディア／将来展望／他

前日大 板本守正・千葉工大 市川裕通・芝工大 塘 直樹・前九大 片山忠久・東工芸大 小林信行著
学生のための建築学シリーズ

環境工学（四訂版）

26856-0 C3352　　A5判 216頁 本体3900円

好評の旧版を、法律の改正や地球環境問題への配慮など、最新の情報に基づいて書き改めたテキスト。多数の図・表・データを用いて、簡潔かつわかりやすく解説。〔内容〕気候／熱環境／伝熱／湿気／換気／音響／日照／採光・照明／色彩

前京大 松浦邦男・京大 高橋大弐著
エース建築工学シリーズ

エース建築環境工学 I
―日照・光・音―

26862-1 C3352　　A5判 176頁 本体3200円

建築物内部の快適化を求めて体系的に解説。〔内容〕日照（太陽位置、遮蔽設計、他）／日射（直達日射、日照調整計画、他）／採光と照明（照度の計算、人工照明計画、他）／音環境・建築音響（吸音と遮音・音響材料、室内音響計画、他）

京大 鉾井修一・近大 池田哲朗・京工繊大 新田勝通著
エース建築工学シリーズ

エース建築環境工学 II
―熱・湿気・換気―

26863-8 C3352　　A5判 248頁 本体3800円

I巻を受けて体系的に解説。〔内容〕I編：気象／II編：熱（熱環境と温熱感、壁体を通しての熱移動と室温、他）／III編：湿気（建物の熱・湿気変動、結露と結露対策、他）／IV編：換気（換気計算法、室内空気室の時間変化と空間変化、他）

上記価格（税別）は 2009 年 4 月現在